주대환의
시민을 위한
한국현대사

주대환의

시민을 위한

"나는 4·19의 시만 읽은 게 아니라
5·16의 밥도 먹고 자랐다"

한국현대사

나무
나무

우리는 이제야 한국을 어슴푸레 이해하기 시작했다

젊은 시절 나는 혁명가가 되고 싶었다. 하지만 이제 와서 돌이켜보면 지금까지 나는 과연 '무엇을 하는 사람'인지 분명하지 않았다. 혁명가 도 못 되고, 노동운동가도 못 되고, 정치가도 못 되었다. 나는 마지막 으로 작가가 되기 위해 노력하고 있다. 이 책은 작가 지망생인 내가 《좌파논어》에 이어 쓴 두 번째 책이다.

1980년대나 1990년대에 태어난 청년들은 외모·능력·사고방식이 나에게는 간혹 딴 나라 사람 같아 보인다. 그들은 나에게 '선진국' 사 람들이다. 나와 다른 남의 의견을 '쿨하게' 인정하고 존중하는 그들의 모습에서 나는 그들이 내가 젊은 시절 선망하던 선진 민주주의 나라 에 태어난 사람이라는 사실을 깨닫는다.

젊은 시절의 나는, 내가 진리를 인식할 수 있다고, 나의 이성이 옳고 그름을 판단할 수 있다고 생각하였다. 심지어 똑똑한 내가 먼저 진리를 파악하여 남을 가르쳐야 한다고 생각하였다. 한참 뒤늦게 나는 절대적 진리는 알 수 없다는 사실을 깨달았다. 내가 틀림없는 진리라 믿었던 모든 것들이 회의의 대상이 되는 경험을 하면서 나는 불가지론(不可知論)에 다가갔다. 선진국 사람이 되는 과정을 거친 것이 아닌가 싶다.

하지만 내가 도달한 그곳에서 나를 맞이한 것은 나의 두 아들이었다. 나는 부지런히 달려왔지만, 나름대로 열심히 공부하고 반성하고 사색하였지만, 20대·30대 청년들은 바로 내가 힘겹게 도착한 그 지점에서 출발하고 있었다. 나의 노력은 기껏해야 물살이 센 여울에서 헤엄치는 물고기처럼 떠내려가지 않으려는, 시대에 뒤떨어지지 않으려는 몸부림에 지나지 않았다는 것을 깨달았다.

지난 40여 년 동안 나의 생각의 틀은 모택동 사상, 레닌주의, 마르크스주의, 페이비언 사회주의, 루스벨트의 뉴딜 진보주의를 거쳐 왔다고 느낀다. 비유적으로 이야기하면 나의 사상은 유라시아의 베이징·모스크바·베를린을 거쳐 도버 해협을 건너서 영국으로 갔다가, 다시 대서양을 건너 미국으로, 그리고 이제 태평양을 건너서 한국으로 돌아오고 있다. 이제야 한국을 어슴푸레 이해하기 시작한 것 같다.

베를린까지는 대다수 옛 동지들과 함께 갔다. 그러나 도버해협을 건널 때는 옛 동지 가운데 몇 사람만 함께 바다로 갔다. 마침내 영국에서 미국으로 건너갈 때는 거의 나 혼자였다. 대서양은 너무 넓어서, 흡사 콜럼버스의 배처럼 사람들이 잘 타려고 하지 않았다. 그런데 또 태평양이라니! 이 책의 집필이 나에게는 미국으로부터 한국으로 돌아오는 여정이었다는 느낌이다. 나는 태평양을 건너서 우리나라로, 나의 조국으로 돌아왔다. 행복하다. 그리고 나의 동지와 적, 모두에게 감사하다.

이 책은 2014년 가을부터 2015년 겨울까지 광주에서 매월 두 번째 목요일 저녁에 이루어진 '향연'에서 나눈 이야기를 뼈대로 하였다. 오랜 벗 황광우 선생이 자신이 운영하는 고전연구원에서 '고전 읽는 교사 모임', '철학하는 엄마 모임' 회원 분들과 우리나라 현대사를 주제로 대화할 수 있는 자리를 만들어주셨다. 그 자리에서 자유롭고 즐거운 대화를 나누어 주신 분들 덕분에 이 책을 만들게 되었다.

사실을 말하면, 내 딴에는 상당한 용기를 내어야만 했다. 우리나라에서 진보 진영과 보수 진영을 가르는 기준은 바로 대한민국 현대사를 보는 관점이 아닌가? 한국 현대사는 이념 전쟁의 치열한 전투가 벌어지는 전장(戰場)이 되어 있으며, 자유로운 논의는 사실상 금지되어 있다. 자신이 속한 진영에서 상식이 된 어떤 견해에 대해 의문을 제기하는 순간 그는 정체성을 의심받게 된다. 그래서 광주의 그 편안한 대화의 자리에서조차 나는 때때로 주저하지 않을 수 없었다.

2016년 한 해는 현대사를 다시 공부해서 광주에서 얻은 녹취록을 보충하는 시간이었다. 1년 동안 숙성의 기간을 거친 셈이다. 이렇게 이 책이 만들어지는 지난 2년 여 동안 격려해주신 많은 분들, 그중에서도 특히 고 김용기 죽산 조봉암 기념사업회 회장님과 김진현 민세 안재홍 기념사업회 회장님, 그리고 나의 집필을 물심양면으로 도와주신 친구 분들의 얼굴을 떠올리며 일일이 깊이 고개 숙여 감사의 인사를 드리지 않을 수 없다.

나는 이 책에서 감히 '새로운 사관(史觀)'으로 대한민국의 70년 역사―1945년 해방부터 2015년까지―를 바라보고자 하였다. 나는 이 사관에 '뉴레프트(new left) 사관'이라는 이름을 붙였다. 뉴레프트 사관이 비판·극복하고자 하는 '올드레프트 사관'이 '민족주의 사관'이라면 나의 새로운 사관은 '민주주의 사관'이라고 할 수도 있을 것이다.

마음 깊이 나는 '뉴라이트(new right) 사관' 혹은 '자유주의 사관'과의 지적인 대결을 염두에 두고 이 책을 썼다. 왜냐하면 '민족주의 사관'은 학문적으로는 도저히 지탱하기 힘든 신화(神話)에 바탕을 두고 있으므로 조만간에 사라지리라고 믿기 때문이다. 그러나 당장의 생활 현실에서는 '민족주의 사관'의 힘은 너무나 크고, 나는 그에 도전하여 극복해나가야 하는 처지에 있다. 1980년대 민주화 운동의 열기 속에《해방 전후사의 인식》이 만든 프레임에 여전히 갇혀 있는 1964년생들이 아직 50대 초반밖에 되지 않았기 때문이다. 이 책의 말미에 붙여놓은, 2013년에 그들에게 내가 보낸 편지를 보시면 이런 사정을 짐작할 수 있을 것이다. 그들로부터 답장을 나는 아직 받지 못하였다.

2017년 1월, 북한산 아래 무너미마을에서

주대환

차례

어떤 관점으로 우리 현대사를 볼 것인가

어떤 관점으로 우리 현대사를 볼 것인가

이렇게 좋은 자리를 만들어주신 황광우 선생님을 비롯한 여러분께 감사 인사를 드립니다. 드릴 말씀이 너무 많아서 어디서부터 시작해야 할지 모르겠습니다.

우리 한 개인의 운명을 결정하는 것은 어떤 부모 밑에서 태어났느냐, 어떤 자질이나 성품을 가지고 태어났느냐, 어떤 스승이나 친구를 만났느냐 등 여러 가지가 있겠습니다만, 어떤 나라에서 태어났느냐 하는 것도 매우 중요하겠지요. 우리는 대한민국이라는 나라에서 태어났습니다. 그래서 대한민국이라는 나라가 어떤 나라인지를 알아야 합니다. 우리나라가 어떤 나라인지를 알기 위해서는 경제학이나 정치학 등 사회과학의 도움을 받아야 하지만, 그에 앞서 우리나라의 역사를 알아야겠습니다. 그래서 우리나라 현대사를 공부할 필요가 있습니다.

대한민국이 어떻게 탄생되었는가, 어떤 나라로 언제 어떻게 탄생되었는가에 대해서 오늘 저는 말씀드리고자 합니다. 먼저 이 자료를 같이 봐주시기 바랍니다. 유미정 선생님, 한번 읽어주실래요? 큰 소리로 읽어주시기 바랍니다.

학동은 서기 1921년 4월 3일 상주 주공 선회의 삼남으로 태어나 1981년 3월 28일 사망하다. 20세에 윤우례와 결혼하여 슬하에 5남 4녀를 두었다. 성품이 온후하고 너그러우며 효성으로 부모의 뜻을 받들었고 형제들을 돕는 데 사심을 버리고 우애하였다. 가사를 돕기 위해 교육의 혜택을 받지 못한 아쉬움을 가슴에 담고 농촌의 가난함 속에서도 남달리 자식 교육에 헌신적이어서 손금이 다 닳도록 밤낮을 가리지 않고 자식 교육에 열과 성을 다하는 헌신적 모습을 보여 5남을 대학 교육까지 마쳐 자식들을 모두 훌륭하게 성장시켰다. 우례는 서기 1923년 7월 25일 파평 윤공 우동의 장녀로 태어나 1982년 9월 11일 사망하다. 남편에게는 훌륭한 내조를 하여 집안을 번성케 하고 자식들의 성공을 위해서 온몸을 바쳐 헌신한 어머니였다. 이 땅의 어느 부모가 소중하지 않으리오만 당당하고 정직하고 근면 성실하게 자식을 위해서라면 뼈가 부서지고 살가죽이 갈라져도 조금도 두려워하거나 망설임 없이 모든 걸 바친 두 분을 9남매의 뜻을 모아 여기 글을 새겨 길이 기억하고자 합니다. 서기 2004년 4월 5일 세움

이것은 비문(碑文)입니다. 전라남도 장흥군 관산읍 성산리, 상주 주씨의 집성촌에 있는 어떤 평범하고 작은 무덤 앞의 비문입니다. 제가

상주 주씨라서 종친회 모임을 따라가본 적이 있습니다. 그 동네 앞 길가에 있는 무덤 앞에서 이 비석을 발견하고는 무심코 비문을 읽다가 저도 모르게 눈물을 흘렸습니다. 저는 여기서 특히 '당당하고 정직하고'라는 문구, '뼈가 부서지고 살가죽이 갈라져도 조금도 두려워하거나 망설임 없이 모든 걸 바친'이라는 대목에서 눈물이 났습니다. 5남 4녀를 두었다고 했는데요, '5남을 다 대학을 보냈다'는 부분은 정확한 사실을 담고 있지 않습니다. 진실을 담고 있을지는 몰라도 사실을 모두 담고 있지는 않는 것입니다. 5남을 다 대학을 보낸 것은 아닙니다. 틀림없이 차남이나 삼남, 사남은 고등학교까지밖에 못 보냈을 거예요. 장남과 막내를 보냈겠지요. 그리고 차남과 삼남, 사남은 공고나 상고를 나와서 직장 생활을 하면서 나중에 야간대학이나 통신대학을 다녔을 것입니다. 그러나 비문에는 그렇게 쓰지를 않지요. 다 대학을 보냈다고 씁니다. 그 비석의 뒷면을 보니까, 사진을 찍어 오지 않았지만, 손자 손녀 들의 이름이 적혀 있었습니다. 아들 다섯 명과 며느리 다섯 명, 딸 네 명과 사위 네 명, 그 슬하에서 난 친손자와 외손자, 대충 보니까 보통 한 집에 두 명씩 낳고 두 집 정도는 세 명씩 낳았더라고요. 그러니까 친손자는 열두 명쯤 되고, 외손자는 한 열 명쯤 되는 것 같았습니다. 친손자, 외손자 합쳐서 스물두 명. 이 두 분의 인생을 어떻게 볼 수 있을까요? 저는 이렇게 봅니다. 이 두 분의 인생은 굉장히 성공한 인생이다.

이 사람들을 가난하다고 말할 수 있겠습니까? 요즈음 젊은이들에게 9남매를 낳아서 기르라고 한다면 무어라고 하겠습니까? 웬만한 중소기업 사장이거나 수백억대 재산과 수억대 소득을 가지고 있는 사람이 아니고서는 9남매를 어떻게 길러서 다 대학에 보내겠습니까? 이 사람들이 가난한 사람입니까? 이분들은 대한민국에서 아주 특이한 경우가 아닙니다. 주학동, 이분을 보십시오. 삼남이라고 했잖습니까? 이분의 아버지가 대단한 지주가 아니었다면 삼남은 물려받을 큰 땅이 없었을 거예요. 아마 어릴 적에는 남의 집 머슴살이도 했을지 모릅니다. 그런데 이분들은 건국과 동시에 이루어진 농지개혁으로 자기 땅을 갖게 되었습니다. 자기 땅을 갖게 된 자영농 부부는 이렇게 열심히 일했습니다. 그리고 그 자녀들은 열심히 공부를 했습니다. 이것이 대한민국 역사를 만들어온 것입니다. 저는 오늘 이분들의 입장에서 대한민국 역사를 한번 봐야 하지 않겠나, 이렇게 생각을 합니다. 이것이 제가 생각하는 뉴레프트(new left) 대한민국 사관(史觀)입니다.

우리나라는 지금 크게 두 쪽으로 나뉘어서 역사 전쟁을 하고 있습니다. 혹시 여기 역사 선생님도 계시는지 모르겠습니다만, 지식인들 모두가 이 역사 전쟁에 직간접적으로 참여하고 있습니다. 한편은 다른 한편을 종북이라고 하고, 한쪽은 다른 한쪽을 친일파라고 합니다. 친일파와 종북의 양대 진영으로 나뉘어서 교과서 전쟁, 역사 전쟁을 여러 해째 치열하게 벌이고 있습니다. 그런데 저는 그 양 진영의 사관, 한쪽은 민족주의 사관이겠고, 한쪽은 뭐라고 할까요, 자유주의 사관, 흔히 말하는 뉴라이트(new right) 사관이 있습니다만, 이 두 사관과는 다른 제3의 사관으로 대한민국 역사를 보면 어떨까 하는, 그러면 왜 안 되나 하는 말씀을 드리고 싶은 것입니다. 그 제3의 사관이 뉴레프트 사관이고, 민주주의 사관이며, 다른 말로 하면 '대한민국을 긍정하는 좌파'의 사관이라고 할 수도 있을 겁니다. 저는 이것이 진정한 '민중의 사관'이라고 생각합니다.

뉴레프트 사관

미리 배포해 드린 자료, 〈뉴레프트 대한민국 사관을 약술하다〉를 읽으신 분들은 아시겠지만, 사실 이 글은 오늘 강의를 위하여 일부러 쓴 것은 아닙니다. 작년 2013년 초 어느 날 문득 계산을 해보니까 1964년생, 저보다 딱 열 살 젊은 후배들의 나이가 50세가 되었더라고요. 얼마나 기뻤는지 모릅니다. '이놈들도 늙는구나! 그래, 너희들도 쉰 살이 되었지!'라고 속으로 쾌재를 불렀지요. 제가 이 친구들을 1984년에 만났습니다. 저는 대학을 네 번에 나눠 다녔어요. 마지막에 복학해서 석 달을 다녔는데, 그때 83학번 세 친구를 사귀었습니다. 지금 한 사람은 전주에 살고 있고, 한 사람은 부산에 살고 있고, 한 사람은 서울에 살고 있는데, 그 사람들이 H·K·P입니다. 좀 더 정확하게 H는 한 모씨고, K는 김 모씨고, P는 박 모씨입니다. 저보다 10년 후배인 이 친구들이 저를 얼마나 괴롭혔는지 몰라요. 아니, 제가 그 친구들을 괴롭혔겠지요. 정말 지난 30년 동안 많은 생각의 차이 때문에 친구지만 만나면 싸웠어요. 10년 후배들하고 말입니다. 그래서 그 친구들에게 공개적으로 편지를 쓴 것입니다. "니들도 50세 되었지, 건방진 놈들아!" 그러면서 '페이스북'에다 공개 편지를 썼어요. 〈뉴레프트 대한민국 사관을 약술하다〉라는 그 글입니다.

이것을 보고서 이인우라는 분이 연락을 했어요. 《르몽드 디플로마티크》라는 월간지가 있습니다. 당시에 《르몽드 디플로마티크》를 《한겨레신문》에서 맡아서 발행하고 있었어요. 《한겨레신문》의 이인우 기자가 편집장을 맡고 있었는데, 그분으로부터 연락이 온 겁니다. 실은 이인우 씨를 그전에도 본 적이 없지만, 그 이후에도 본 적이 없습니다. 개인적으로는 모르는 분인데 연락이 왔어요. 〈뉴레프트 대한민국 사관을 약술하다〉를 《르몽드 디플로마티크》에 게재할 수 없겠느냐는 겁니다. 그래서 몇 글자 고쳐서 2013년 3월호에 실었습니다. 이인우 씨가 '편집자의 말'에다가 이 글에 대해서 자기 소감을 길게 썼습니다. 아마 그 사람도 이 나이 대에 해당되는가 봐요. 그런데 오늘 제가 이런 말씀까지 드리면 여기서 쫓겨날지도 몰라요. 제가 사실은 요즈음 죽산(竹山) 조봉암 선생에게 건국훈장을 추서해야 한다는 주장을 하고 다닙니다. 그런 운동을 좀 벌이고 있는데, 특히 이런 일은 정부나 보수 쪽 사람들도 동의를 해줘야 하는 일이기 때문에 보수 진영의 여러 사람들한테 이야기를 했어요. 행사장에서 만나면 이야기하고, 전화로도 하고요. 그래서 얼마 전에 조갑제 선생을 만났어요. 다들 아시지요? 워낙 유명한 분이니까요. 그분에게 죽산 조봉암 선생에게 건국훈장을 추서해야 할 이유를 설명하고 나서 저의 취지를 보충 설명하고자 〈뉴레프트 대한민국 사관을 약술하다〉를 보내드렸습니다. 그랬더니 답장이 오기를, 〈조갑제닷컴〉에다 이 글을 게재해도 되겠느냐는 겁니다. 그래서 잠시 고민했지요. "〈조갑제닷컴〉에다 글을 싣는다면 황광우 선생을 비롯한 동지들이 이해해주실까?" 그래서 피해 나갈 핑계를 댔습니다. 이 글에 '진보적 민주주의'라는 표현이 있어요. 조갑제 선생이 "진보적 민주주의는 통합진보당 강령에 나오는 말이고, 요즈음 헌법재판소에서 통합진보당 정당 해산 사유로 다투고 있는 핵심 쟁점이어서 그 말을 좀 바꾸면 안 되겠느냐?"고 제안했기 때문에 제가 답변을 보냈습니다. "안 된다. 그 개념은 해방 당시에 널리 쓰이던 매우 좋은 말이다. 루스벨트 대통령이 내놓은 뉴딜 정책 시대의 미국이 바로 진보적 민주주의가 실현된 나라이고, 또 대한민국이 진보적 민주주의 나라로 건국되었다고 나는 생각한다. 통합진보당 친구들이 뜻이나 알고서 왜곡해서 쓰고 있는지 모르겠으나 원래는 그런 개념이 아니다"라고 말입니다. 사실 이미 진보적 민주주의 나라로 대한민국이 건국되었는데, 새삼스럽게 진보적 민주주의를 강령에 내걸었으니 시대착오적인 통합진보당 친구들다운 무식한 위장이고, 이를 또 김일성주의로부터 온 것으로 몰고 가는 검찰 공안 당국의 무식함도 대단하지요. 그런데 이런! 그분은 한 자도 고치고 않고 '진보적 민주주의'라는 단어 옆에다 "이것은 통진당의 진보적 민주주의와는 뜻이 조금 다른 것 같다"라는 '편집자 주'를 달아서 올렸더라고요. 그래서 〈뉴레프트 대한민국 사관을 약술하다〉는 매우 진보적인 매체인 《르몽드 디플로마티크》에도 실리고, 아주 보수적인 매체인 〈조갑제닷컴〉에도 실린 글입니다. (웃음)

1980년대 민주화 운동 진영에서는 《해방 전후사의 인식》이 공인된 현대사 교과서였습니다. 거기에는 대한민국의 건국이 그렇게 아름답고 자랑스러운 역사로, 또는 긍정적으로 묘사되어 있지 않습니다. 학창 시절에 그 책을 읽은 세대가 이른바 486세대입니다. 이들이 민주화 운동을 주도하면서 민주화 운동 진영에서 널리 통용되고 공유된 대한민국 역사관 속에서 대한민국의 탄생은 매우 부끄러운 일이었습니다. 심지어 대한민국을 태어나지 말았어야 할 나라로 생각하기도 했습니다. 이렇게 생각하는 것이 하나의 유행이고 멋이었습니다. 김구를 비롯한 민족주의 세력을 배제하고 친미파인 이승만이 친일파들과 손잡고 세운 단독정부로 생각한 거지요. 민족의 염원인 통일 정부를 세우지 못하고, 친일 청산도 제대로 하지 않았고, 농지개혁은 북한에서는 무상몰수 무상분배를 했는데 남한에서는 유상몰수 유상분배를 하여 실패로 끝나고, 그래서 봉건 잔재가 남아서 남한은 여전히 식민지 반봉건 사회다, 노골적인 식민지는 아니라고 하더라도 최소한 신식민지라고 해야 한다는 겁니다. 여전히 민족 해방과 부르주아민주주의 혁명의 단계에 머물고 있다, 그리고 정통성은 오히려 북한의 조선민주주의인민공화국에게 있는 것이 아니냐, 그쪽은 어쨌든 독립운동, 항일 투쟁을 한 사람들이 만든 나라가 아니냐, 특히 친일 청산과 농지개혁을 철저히 한 것은 인정할 수밖에 없지 않나, 하는 그런 생각이 있었습니다. 그리고 이런 관점은 오늘날까지 민족주의 사관에 긴 그림자를 드리우고 있고, 이를 집중적으로 비판 공격하는 것이 뉴라이트 사관이라 할 수 있습니다.

그런데 문제가 그렇게 간단하지 않다는 사실이 점차 드러나고 있습니다. 최근에 연세대학교 박명림 교수가 연구를 해보니까 북한의 농지개혁의 구체적인 실상이 그렇게 간단하지 않다는 겁니다. 농지개혁을 해서 농민들에게 토지를 나누어 주었어요. 맞아요. 지주들에게 무상몰수해서 무상분배했습니다. 그런데 국가에서 40퍼센트 세금을 거두어 갔답니다. 그러면 지주가 그냥 국가로 바뀐 것입니다. 농민들이 농지를 사고 팔 수도 없고, 그러니 사실은 소유권이 없는 거지요. 그러다가 잘 알다시피 1950년대 중반쯤에 집단농장화를 했어요. 그러니까 농민의 입장에서 보면 다시 빼앗긴 겁니다. 40퍼센트라고 하면 보통 소작료가 일제 강점기에는 50퍼센트까지 되었습니다. 50퍼센트 소작료라는 것은 '살인적'이라는 말도 부족한 정도입니다. 그러니 일제 강점기보다는 조금 줄었다고 볼 수 있지만, 여전히 엄청난 고율의 소작료를 국가에 낸 것입니다. 그에 비하면 남한에서는 유상몰수 유상분배라고 하지만 소출의 30퍼센트를 5년만 내면 내 땅이 되었습니다. 30퍼센트의 상환이 부담스러워 분배받은 땅을 포기한 사람은 아무도 없는 것 같습니다. 그러니 애초부터 남한과 북한의 농지개혁은 비교 대상이 아닌 것이지요. 그런데 우리는 농민의 입장에서 현실을 보지 않고, 무상몰수 무상분배와 유상몰수 유상분배라는 명분을 비교했으니 얼마나 관념적이었던가요?

해방 당시 85퍼센트의 농민이 소작농이었습니다. 물론 여기에는 순수한 소작농도 있습니다. 내 땅이 한 평도 없이 100퍼센트 소작하는 사람도 있고, 소자작농, 즉 내 땅이 1000평 있는데 2000평이나 3000평을 소작하는 사람도 있고, 자소작농, 즉 2000평 가지고 있는데 1000평을 소작하는 사람도 있었습니다. 여하튼 조금이라도 남의 땅을 소작하는 사람이 85퍼센트였다는 거지요. 순전히 내 땅을 가지고 자작·자영하는 사람이 그렇게 많지 않았어요. 지금은 농민이 얼마 안 되니까 '뭐 대단한 문제를 이야기하나?' 하실 수도 있지만 당시에는 국민의 70퍼센트가 농민이었습니다. 그러면 공무원과 교사, 군인, 공장 노동자를 빼고 나면 거의 모든 국민이 농민이었다는 말입니다. 또 70퍼센트의 농민 중에서 85퍼센트가 소작농이었다는 말은 소작농이 전체 국민 가운데 절반 이상이었다는 말과 같습니다. 그분들을 대대로 소작농이라는 천형으로부터 해방시킨 것이 1949년의 농지개혁이었습니다. 그것은 우리 2000년 민족사에서 가장 큰 사건이었다고 저는 생각합니다.

원래 토지혁명이란 것이 쿠데타나 혁명의 슬로건으로 자주 등장하나 실제로 이루어지기는 참으로 어려운 일입니다. 여기서 잠깐 설명을 하고 넘어가겠습니다. 임야나 소택지도 포함하자는 뜻으로 좌파에서는 '토지혁명', '토지개혁'이라는 단어를 선호하였지만, 1949년에 실제로 이루어진 개혁은 농경지만을 대상으로 하였기 때문에 '농지개혁'이라고 부르기도 합니다. 토지혁명이든 농지개혁이든, 이것은 엄청난 유혈혁명이 일어나도 잘 안 되는 겁니다. 필리핀 보십시오. 많은 정변이 있었으나 여전히 그 나라는 대지주들이 지배하고 있습니다. 지주들의 저항은 질기고도 질긴 것입니다. 최근에 TV 드라마도 방영되었습니다만, 정도전이 토지혁명을 외쳐 빈농들의 지지를 받아서 고려를 무너뜨리고 조선을 세웠으나 실제로 농민들에게 토지를 나누어주지는 못했습니다. 지주들과 타협했던 것입니다. 농민들의 입장에서 보자면 사기당한 것이지요.

멕시코에서는 두 번의 혁명이 일어나서 두 번의 농지개혁을 실제로 했습니다. 그런데 한 10년 지나고 나면 어떻게 됩니까? 농민들이 땅을 지주에게 팔고 다시 농업 노동자로 들어갑니다. 농민들에게 경영 능력이 없으면 땅을 나누어 주어도 소용이 없습니다. 라틴아메리카에서는 흔히 '라티푼디움'이라는 대농장을 경영합니다. 그곳의 농업 노동자들은 작업 지시를 받고 사탕수수 농장이나 커피 농장에 가서 일합니다. 그들이 열심히 일하고 싶어서 새벽에 일하러 들어가면 "너, 사탕수수 훔치러 들어왔냐?" 하면서 쫓아냅니다. 열심히 일하고 싶어도 일할 수가 없어요. 들어오라고 하면 가서 일하고, 나가라고 하면 나가는 겁니다. 그러던 사람들에게 땅을 나누어 주고 "해봐" 하면 할 수 있을까요? 못합니다. 온갖 종류의 씨앗을 갈무리해놓고, 배가 고파도 내년의 농사를 위하여 씨앗을 간수하고, 토질에 맞는 농작물을 구석구석 심은 뒤 비료를 주어야 합니다. 소와 돼지와 닭을 길러야 합니다. 이게 바로 사장이고 경영자거든요. 그러니까 자기 책임하에 독립적으로 경영을 하는 것이 그리 쉬운 일이 아닙니다. 우리나라의 소작농은 남의 땅을 빌리지만 경영자였습니다. 그래서 땅을 분배받았을 때 경영을 해냈으나, 멕시코에서는 지주한테 팔고 거기에 다시 농업 노동자로 들어가버렸던 것이 아닌가 싶습니다. 이렇게 여러 가지 사정으로 토지혁명은 쉽게 성공하지 못합니다.

자유와 평등의 나라

저는 우리나라 건국과 동시에 이루어진 토지혁명이야말로 다윗과 솔로몬의 시대, 주나라 문왕과 무왕의 시대 이래로 성공적인 토지혁명이 아니었을까 하고 생각합니다. 구약성경을 보면 선지자들이 다윗과 솔로몬의 시대를 자주 이야기합니다. 왜 그러겠습니까? 그때 나라가 제대로 돌아갔다는 거지요. 비록 작은 나라지만 다른 나라가 넘볼 수 없는 강소국(強小國)이었다는 말 아닙니까? 왜 강소국이냐? 전부가 주인이고, 전부가 자기 땅을 가지고 있고, 처자식이 있으니까 왜적이 쳐들어오면 목숨 걸고 싸웠거든요. 노예들은 차라리 나라가 무너지기를 바라는데 노예들 중 누가 목숨 바쳐 싸우겠습니까? 그래서 다윗과 솔로몬의 시대를 이야기하는 것인데, 그때는 희년(禧年)의 율법이 잘 지켜졌어요. 희년의 율법이라고 하는 것은 교회 다니시는 분들은 잘 아실 겁니다. 7 곱하기 7 해서 49, 더하기 1 해서 50년마다 토지를, 그 사이에 사고 판 토지를 원래 주인에게 돌려주는 겁니다. 그리고 채무노예도 전부 해방시키는 것입니다. 채권 채무도, 빚도 다 없었던 일로 합니다. 희년의 율법은 빈부 격차가 확대되는 것을 막기 위한 고대 유대인들의 고유한 제도였습니다. 그런데 유대인들이 희년의 율법을 지키지 않으면서 나라가 무너져갔습니다.

선지자들이 와서 "율법을 지켜라, 이 독사의 자식들아!"라고 마구 외치면서 도덕적 타락을 질타합니다. 흔히 보수 신학자들이 모른 척 하지만 그 핵심에는 희년의 율법을 지키라고 하는 메시지가 있는 것입니다. 도덕적 타락은 다른 데서 오는 것이 아닙니다. 만약 어떤 사람이 조상으로부터 많은 토지를 물려받았다면 열심히 일할 필요가 없습니다. 딴짓이나 하면서 다른 욕심을 채우려 할 것입니다. 자연히 도덕적으로 타락하게 됩니다. 아예 토지가 없는 사람은 그런 사람들대로 근면 성실한 생활을 포기하고 타락합니다. 그렇게 해서 사회 전체가 타락하는 것입니다. 희년의 율법을 지키라는 선지자들의 질타는 정전법(井田法)을 지키라는 공자(孔子)와 맹자(孟子)의 외침과 아주 비슷합니다. 정전법은 주나라 문왕과 무왕의 시대에 지켜졌다고 합니다. 그래서 주나라는 강한 나라가 되고 천하를 통일하여 종주국이 되었습니다. 땅을 우물 정(井) 자로 9등분하여 주위의 땅들은 여덟 가족이 농사짓고, 한가운데의 땅은 함께 농사지어 나라에 세금으로 바치니, 대체로 전체 소출의 10분의 1이라고 보았던 것입니다. 그런데 춘추전국시대에 모든 나라가 군비 경쟁을 벌이면서 10분의 2 이상 세금을 거두어 가니 백성들이 죽어나는 거지요. 그리고 정전법은 무너지고 평민들 사이에도 빈부 격차가 발생하여 농사지을 땅이 없어지니 아마 노예가 되거나 도둑이 되는 사람들이 많았던 것 같습니다. 공자가 극기복례(克己復禮)를 외칠 때, 도덕의 타락을 질타할 때, 그 핵심에는 바로 정전법을 지키라는 요구가 있었던 것입니다. 그래서 저는 대한민국의 농지개혁이야말로 다윗과 솔로몬의 시대, 문왕과 무왕의 시대 이후 가장 성공적인 토지혁명이라고 생각합니다.

이렇게 생각하면 문제가 매우 심각한데요, 말하자면 저는 '좌파'에서 가장 중요하게 생각하는 '평등'이라는 가치가 바로 대한민국의 유전자다, 이런 주장을 하는 것입니다. '우파'에서 '자유'를 강조하면서 대한민국은 자유의 나라라고 하고, "그 자유를 지키기 위해서 공산당과도 싸우고 목숨을 바쳤다, 너희들은 그걸 폄하하다니 대한민국 국민이 될 자격이 없다", 막 이렇게 주장하지 않습니까? 그러면서 "야,

너희들은 그런 것도 모르고, 북한이 얼마나 나쁜 놈들인지를 모르고, 공산당이 얼마나 나쁜지 모르고 그런다"고 이야기하는데, 저는 또 다른 목소리로 "평등이라는 가치도 대한민국의 떳떳한 유전자다, 평등을 주장하는 우리가 저 먼 유럽의 이야기, 스웨덴이나 독일의 이야기를 하는 것이 아니다, 바로 우리나라의 역사와 현실을 말하는 것이다"라고 외칩니다. 그러면 왜 안 될까요? 저는 여러분에게 묻고 싶습니다. 왜 우리는 우리나라 역사 속에서 미래를 찾고, 우리가 지켜야 할 가치를 찾고, 아름다운 꿈의 근거를 대면 안 될까요? 구약성경의 선지자들과 공자와 맹자, 심지어 오바마도 그렇게 하고 있는데요.

오바마의 연설을 들어보면, 자주 미국 건국의 정신으로 돌아가서 이야기를 하거든요. 항상 이게 굉장히 중요합니다. 초심으로 되돌아갑니다. 보십시오. 한 인간에 대해서도 그렇습니다. 이력서를 낸다, 어디 가서 면접을 본다 하면 무엇을 제일 먼저 묻습니까? 생년월일, 본적, 너 어디에서 언제 태어났느냐, 이게 중요하거든요. 저는 태어난 시점이 중요하다고 봅니다. 사주팔자(四柱八字)가 중요합니다. 대한민국이 태어난 시점이 좋았다, 대한민국의 사주팔자가 좋다, 저는 그렇게 생각합니다. 제2차세계대전이 전체주의 파시즘에 대항하는 연합국의 승리로 끝났잖아요. 그 시기는 세계사가 진보의 방향으로 크게 출렁일 때입니다. 전승국 영국에서 전쟁 영웅 처칠을 제치고 노동당 정부가 들어섰어요. 사실상 최초의 노동당 단독정부입니다. 여러분은 영국을 어떻게 생각하실지 모르겠지만, 세계사의 근대는 영국에서 시작되었습니다. 뉴턴과 다윈이 영국 사람입니다. 자본주의와 산업혁명과

근대 민주주의가 모두 영국에서 시작되었습니다. 그 영국에서 노동당 정부가 들어선 것이 1945년, 이때 상황입니다. 우리나라의 제헌 헌법, 글자 하나하나에도 그 시대의 영향이 고스란히 느껴집니다. 찬찬히 읽어보면 새삼 놀랍습니다.

조선대학교의 이영록 교수가 쓴 《우리 헌법의 탄생》을 한번 읽어보시기 바랍니다. 제헌 헌법이 어떻게 탄생했나? 흔히 알려지기로는 유진오 선생이 바이마르 헌법을 베낀 걸로 되어 있는데, 그렇게 단순하지 않다는 것을, 저 독립협회 시절부터 우리나라 독립운동의 전통이 녹아 있기도 하다는 것을 밝히고 있습니다. 우리는 흔히 젊은 시절 제헌 헌법을 무시했습니다. 그저 장식적인 헌법이었다, 실제로 지켜지지 않았다고 생각했거든요. 하지만 그렇지 않습니다. 결국 모든 것은 이미 당시에 결정되었고, 지금까지도 큰 틀에서 크게 벗어나지 않았습니다. 예를 들어볼까요? 요즈음도 시시때때로 개헌 이야기가 나오잖아요. 그럴 때마다 권력 구조가 쟁점이 됩니다. 제왕적 대통령제가 문제니까 내각제나 이원집정부제로 바꾸자는 주장이 있습니다. 그런데 제헌 헌법 당시에 대통령제인데 내각제적 요소가 살짝 섞여 있었고, 지금까지도 그렇습니다. 1997년 대통령 선거에서 김대중과 김종필이 '내각제 개헌'을 조건으로 합의해서 정권을 잡았는데도 내각제 개헌은 성공하지 못했습니다. 김대중이 김종필을 속인 걸까요? 저는 아니라고 생각합니다. '경로의존성'이란 것이 무섭습니다. 내각제적인 요소가 약간 가미된 대통령제는 우리나라의 전통이라고 할 수 있습니다.

제헌 헌법에서 자유민주주의 요소만이 아니라 사회민주주의적인 요소도 발견할 수 있다고 누구나 인정합니다. 그래서 바이마르공화국 헌법의 영향을 크게 보는 것 같습니다. 국민의 권리로서 자유권만이 아니라 사회권을 명시하고 있다는 겁니다. 바이마르공화국 헌법에서 사회권이 처음 명문화되었다는 것이 아마 정설인 것 같습니다. 자유권만이 아니라 사회권까지 명시한 그런 헌법을 채택하여 건국하고, 그리고 바로 농지개혁에 들어간 거지요. 혁명을 해도 잘 안 되는 농지개혁이 어떻게 가능했을까? 그래서 저는 운이 좋았다고 말하는 것입니다. 달리 설명할 길이 없어요. 대한민국이라는 나라가 언제 태어났느냐는 그 시점이, 사주팔자가 중요하다고 봅니다. 1948년이라는 상황은 중국에서 중화인민공화국이 성립하기 직전입니다. 중국에서 장제스(蔣介石) 군대가 타이완으로 밀려나고 있을 때예요. 지도를 펼쳐놓고 동아시아를 보면, 중국이 어마어마한 비중을 차지하기 때문에 미국 입장에서 보면 동아시아를 다 넘겨주게 생겼습니다. 그러니까 큰일 났다, 일본·타이완·남한에서 농지개혁을 해야 한다고 생각한 겁니다. 왜? 농지개혁이 당시에 가장 중요한 인민의 요구이고, 이것을 갖고서 마오쩌둥(毛澤東) 군대가 중국 인민의 지지를 얻어서 장제스 군대를 대륙에서 밀어내고 있었거든요. 그러니까 미국이 동아시아 3국에서 예방 혁명을 하지 않을 수 없었던 겁니다. 남한에서도 마찬가지로 남로당이 토지개혁을 요구해 농민들의 압도적 지지를 받고 있었습니다.

저는 인촌(仁村) 김성수 같은 사람도 훌륭한 분이라고 생각합니다. 당대 최대의 지주이자 최초의 자본가가 아니겠습니까? 경성방직을

1950년에 발행된 지가증권. 건국과 동시에 이루어진 농지개혁은 성공적인 토지혁명이었다.

만든 분이지요. 그 지주의 대표자가 대세를 인정해버린 겁니다. 농지개혁은 피할 수 없는 대세다. 그래서 결사반대를 하지 않습니다. 이제 이승만 대통령이 조봉암을 부릅니다. 그리고 이렇게 말합니다. "당신이 농림부 장관을 맡아줘." 갑자기 무슨 꿍꿍이인가 싶어 조봉암이 "저는 농지개혁에 대해서 매우 다른 생각을 가지고 있습니다"라고 이야기해요. 그러자 이승만 대통령이 "그래, 당신 마음대로 안을 내봐"라고 하지요. 스물세 살이나 어린 후배이니 아마 거의 반말로 이야기했을 겁니다. 그래서 조봉암이 당시의 좌파 연합 전선인 민전(民戰, 민주주의민족전선) 출신의 진보적 경제학자 강정택과 강진국 등을 농림부 차관, 농지국장으로 기용하여 농지개혁법안을 만들었고, 이 안은 나중에 거의 그대로 국회에서 통과됩니다. 그런데 더 재미있는 것은

1949년 당시 농지개혁을 하려고 보니 이미 대상 면적의 절반 이상이 줄어든 겁니다. 왜냐? 대세가 워낙 기울다보니 벌써 지주들이 땅을 헐값으로 팔아버린 거예요. 인척 관계에 얽혀 있으면 거의 거저 주기도 하고 말입니다. 결국은 전쟁이 터져 인민군이 내려와서 보니 이미 농지개혁이 끝난 상황이었습니다.

여러분, 여기서 생각을 한번 해봅시다. 요즈음도 살아 계시는 고령의 할아버지들이, 매우 보수적인 정치 성향을 가진 그분들이 뜻밖에도 빨치산 투사들을 왜 존경할까요? 신출귀몰한다는 영웅으로, 아까운 천재들로 기억하고 있습니다. 그래서 우리는 흔히 그 사람들이 훌륭하고 멋진 사람이기 때문에 존경한다고 생각합니다. 저는 문제가 그렇게 간단하지 않다고 생각합니다. 저는 가장 근본적으로는 바로 자기들에게 직접적 혜택을 준 사람이기 때문에 존경한다고 생각합니다. 물론 그분들의 인품이 훌륭할 수도 있지요. 하지만 인품이 훌륭한 사람은 그분들 말고도 많이 있거든요. 빨치산 투사들도 바로 자기들에게 땅이 분배되는 데에 도움이 되었다는 것을 잘 아신다고 저는 생각합니다. 이게 무슨 이야기냐 하면, 패자의 주장이 실현되기도 하는 역사의 간지(奸智)이고, 역사는 만인의 합작품이라는 이야기입니다. 남로당의 빨치산 투사들이 토지혁명을 부르짖으면서 싸우고, 중국에서 공산혁명이 성공하려 하고, 북한에서는 무상몰수 무상분배한다고 그러지, 이승만은 한민당을 누르기 위해서 조봉암에게 농지개혁의 실무 책임을 맡겨버리지……. 이 모든 것들이 작용해서 남한에서 이런 기적이 일어난 것입니다.

자영농의 나라

그래서 대한민국의 소작농이 모두 자영농으로서 새 나라의 국민이 됩니다. 완전한 새 출발이지요. 그 사람 입장에서 대한민국을 바라보십시오. 대한민국이 '나의 나라'예요. 그렇습니다. 대한민국은 자영농의 나라로 건국되었습니다. 1950년대의 농민들은 문맹률이 높고, 그래서 흔히 말하듯이 민도(民度)가 낮았다고 합니다. 한글도 잘 모르고 해서 아무나 찍었다, 아니면 막걸리와 고무신을 받고 아무에게나 투표했다, 이러는데 제가 보기에는 자기 이익에 매우 충실하게 아주 정확하게 찍었어요. 매 순간순간마다. 1948년의 제헌국회의원 선거와 1950년의 2대 국회의원 선거 결과를 보면 당시의 국민들이 결코 어리석지 않았다는 것을 알 수 있습니다. 1952년과 1956년의 대통령 선거, 그리고 1963년의 대통령 선거 결과도 대단합니다. 저는 자영농을 비롯한 당시의 국민들이 대한민국의 당당한 주인으로서 주권을 행사했다고 생각합니다. 결코 만만하지 않은 나라의 주인 노릇을 한 것입니다.

저는 우리 대한민국은 전근대적 신분 질서의 잔재가 깨끗하게 청소되었다는 의미에서도 평등한 나라라고 생각합니다. 저는 자주 이야기합니다. "우리나라는 전 국민이 양반인 나라다." 제가 초등학교 동창회 모임에 가보면 가끔 친구들이 집안 이야기를 합니다. 경주 김(金)씨, 김해 김씨, 전주 이(李)씨, 경주 박(朴)씨 등 대부분이 다 왕족입니다. 전주 이씨가 거의 300만 명 가까이 된다는 이야기도 있습니다. 그렇게 된 이유가 또 재미있는데, 조선 말기부터 근대에 이르기까지 성이 없던 사람들이 성을 만들면서 기왕이면 왕족이 되자고 하여 전주 이씨가 많아졌다는 것입니다. 왕(王)씨 말고도 전(全)씨나 옥(玉)씨도 고려 왕족이라는 주장도 있습니다. 그런가 하면 다른 성씨들도 모두 대단한 분들의 후손입니다. 그렇다면 우리나라 국민의 절반은 왕후(王侯)의 후손이고 절반은 장상(將相)의 후손입니다. 그래서 제가 생각을 해봤습니다. 우리나라는 정말 좋은 나라다. 홍길동의 꿈이 실현된 나라다. 모든 국민이 다 귀족이 되었다는 것은 대단한 일 아닙니까? 물론 공짜는 없습니다. 엄청난 희생이 있었습니다. 나라가 망하여 40년 가까이 식민지 압제하에 고통을 받았습니다. 그리고 한국전쟁에서 인구의 10분의 1이 죽거나 다쳤습니다.

조선이라는 나라가 망할 때, 양반 귀족들이 정말 비겁한 모습을 보여주었습니다. 왕족들이 앞장서서 나라를 갖다 바치고 모두들 일본 귀족 작위를 받았습니다. 우리가 친일파들의 행태를 이야기하지만, 정말 죽일 놈들은 왕족이었습니다. 대한제국의 귀족들은 바로 일본 귀족으로 편입되었습니다. 세상이 바뀌니까 그 기회를 틈타서 노비 출신으로 무엇을 좀 해보자고 했던, 물론 그중에는 악질적인 일본 밀정 노릇을 한 놈도 있겠지만, 그런 이들은 피래미 같은 놈들입니다. 어쨌든 그렇게 해서 왕족에 대한 미련이 완전히 사라졌습니다. 3·1운동 때부터 이미 왕정복고 이야기는 나오지 않습니다. 그리고 양반들의 행태도 전혀 귀족답지 못했지요. 소수를 빼고는 모두들 제 살기에 바빴습니다. 그래서 양반 귀족에 대한 권위 인정이나 존경심이 없어져버렸어요. 그러니까 길가에서 시비가 붙으면 "이 양반아!

눈이 어떻게 된 거야?" 이렇게 소리칠 정도로 양반이 경멸의 대상이 되었습니다.

제 말씀은 세상일이 참 역설적이라는 이야기입니다. 차라리 나라가 망한 것이 잘된 일이다? 물론 그런 말은 아닙니다. 문창극 같은 사람은 "이게 다 하느님이 우리 민족에게 주신 시련이다"라고 합니다. 저도 잘못 이야기하면 그렇게 되니까 조심해야겠습니다. 하지만 역사에서 불행한 일은 가끔 매우 역설적인 결과를 가져옵니다. 흔히 프랑스 혁명을 부러워하고, 우리는 왕의 목을 자른 역사가 없다고 말합니다. 하지만 글쎄요, 귀족과 양반, 전근대적 신분 질서의 흔적으로 치자면 프랑스보다 우리나라에서 더 찾아보기 힘들지 않을까 싶습니다. 사실 아무리 철저한 혁명이라도 귀족의 씨를 완전히 말려버릴 수는 없잖아요. 그런데 우리나라는 나라가 망하면서 성리학 교리에 매달려 지내던 무능하고 완고한 양반들이 밀려드는 근대의 물결에 휩쓸려 맥을 못 춥니다. 최종적으로 한국전쟁이 닥쳐서 전근대적 신분 질서의 잔재를 청소한 것 같습니다. 제가 80대 노인들과 이야기해보면, 전쟁 전까지도 시골 동네에는 노비가 있었다고 해요. 물론 많은 숫자는 아니고, 시골의 양반집에 '고지기'라고 해서 노비가 있었답니다. 이 사람들이 '도련님' 하고 존대를 하고 자기는 반말했다는 거예요. 그런데 전쟁이 끝나고 그런 풍습이 사라져버렸다고 합니다. 전쟁이 모든 것을 바꾸어버린 것입니다.

한국전쟁은 전선이 두 번씩 국토를 확 휩쓸고 지나갔습니다. 물론 국토의 남단으로는 한 번밖에 안 내려왔지만 말입니다. 대신에 남부는 이미 격렬한 빨치산 투쟁을 치렀지요. 그러면 제가 그 당시 노비의 자식이었다면 왜 고향에 멍청하게 있었겠습니까? 이미 그 전쟁이 일어나기 전에 세상을 뒤집어버리자는 빨치산에 가담하든지, 아니면 전쟁 중에 미군 부대를 따라다니든지 하지 않았겠어요? 아니면 서울이나 부산으로 가서, 거기서 열심히 일해가지고, 돈 벌어가지고 새로운 삶을 살아야지 하지 않았겠어요? 아버지가 노비였다고 내 자식까지 노비로 만들 이유가 없잖아요. 그 좋지 않은 기억을 왜 물려줘요. 내가 열심히 노력해서 얼마든지 바꿀 수 있는 기회가 왔는데⋯⋯. 그러니까 전쟁 중의 사회 변화는 격렬하게 진행되었을 것 같습니다. 사람들은 피난하고 월남하면서 뒤섞이지 않았을까요? 그래서 제가 흔히 하는 비유로, 부산 국제시장 길거리에서 좌판을 펼쳐 장사하고 있는데, 내가 함경도 함흥에서 대대로 지주고 양반이었다고 경상도·전라도 시골 구석에서 온 노비 출신 아무개에게 "너, 나한테 반말하지 마" 그럴 수 있었겠어요? 그럴 수 없거든요. 그러니까 전쟁의 아비규환 속에서 살아남은 것만 해도 다행한 일인데 반상(班常)을 따질 겨를이 없었던 겁니다. 그래서 저는 전근대적 신분 질서의 잔재까지도 없어진 것이 아닌가 싶습니다.

우리 입장에서는 천만다행입니다. 조상들의 희생으로 우리는 좋은 나라에 살게 되었습니다. 선조들에게 감사드립니다. 저는 전쟁이 끝난 직후에 경상도 시골 마을에서 태어나서 낙동강 지류의 강둑으로 소 먹이러 다녔어요. 제가 어릴 적에 우리 동네 아이들과 함께 소 먹이러 다니던 모습, 해가 저물 때 배가 불룩한 소를 몰고 동네로 돌아오던 모습을 사진으로 찍어서 걸어놓는다면 요즈음 아이들은 이게 베트남인가, 인도네시아인가 그럴 겁니다. 하지만 우리가 태어난 그 나라는 봉건 잔재를 청산했기 때문에 지난 60년 동안 엄청난 속도로 발전하였습니다. 저 또한 공부 조금 열심히 했더니 서울 가서 황광우 선생 같은 분도 만나고, 저런 훌륭한 사람들과 친구도 하고, 저는 밥 먹다가도 정말 다행이야, 이 시대, 이 나라에 태어나서 감사하다고 생각합니다. 특히 초등학교 입학하자마자 다윈과 뉴턴을 배우기 시작한 것, 과학을 배운 것에 대해 아주 감사하게 여깁니다. 제가 만약 조선 시대에 태어났으면 아무리 운이 좋아도 그만한 나이에 천자문이나 외우고 있었을 겁니다. 저는 우리나라가 그렇게 반봉건적인 지주-소작 관계의 질곡을 타파하고, 전근대적 신분 질서의 잔재를 청산하고, 새로운 나라로 출발했다는 것을 다행으로 생각합니다. 이러저러한 우연과 필연이 뒤섞여서 결국 대한민국이라는 나라가 태어났는데, 그러면 대한민국이라는 나라는 무어냐? 대한민국은 사람에 비유한다면 사생아다. 태어나자마자 죽을 뻔한 홍역도 치렀다. 홍역은 한국전쟁이지요. 저는 이렇게 생각합니다.

좋은 유전자를 갖고 태어난 사생아

사실 대한민국의 출생 과정을 이야기하면 부끄러운 점도 많습니다. 당당하게 이야기할 만한 것이 없습니다. 우리 독립군 수만 명이 진격해서 일본군을 물리치고 나라를 자력으로 해방시키지 못했습니다. 이

1948년 8월 15일 서울 중앙청 광장에서 열린 대한민국 정부 수립 선포식

탈리아만 해도 이탈리아 공산당 중심의 레지스탕스들이 미군이 들어오기 전에 무솔리니를 자력으로 붙잡아 처형하고 파시스트 정권을 무너뜨렸습니다. 우리는 그런 역사가 없습니다. 임시정부의 광복군은 전투를 한 번도 하지 않았습니다. 해방 당시에 일제와 싸우고 있던 유일한 집단은 옌안(延安)의 독립동맹 산하 조선의용군이었지만, 그 역시 중국공산당 팔로군의 지휘하에 있었습니다. 그래서 우리는 부끄러워합니다. 게다가 해방 후에도 미국과 소련이 오고, 그 외세를 등에 업은 채 서로 실컷 싸우기만 하다가 분단도 되고, 심지어 동족상잔의 전쟁까지 했으니 굉장히 부끄러운 점이 많습니다. 특히 대한민국은 미 군정과 우익이 야합하여 낳은 자식으로 보입니다. 하지만 사생아

라고 해서, 야합을 해서 태어난 아이라고 해서 훌륭한 유전자를 갖지 말라는 법이 있느냐 이겁니다. 공자도 사생아였습니다. 그래서 저는 이렇게 생각합니다. "대한민국은 야합으로 태어난 사생아인지도 모르지만, 훌륭한 유전자를 갖고 태어난 나라다. 자유와 평등의 나라다. 전근대적 신분 질서의 잔재가 깨끗하게 청소된 구대륙 유일한 나라다." 신대륙에는 미국이라는 나라가 있습니다. 구대륙에서는 이렇게 깔끔하게 전근대적인 요소가 청소된 경우가 없습니다. 이것이 쉽지 않은 경우거든요. 우리나라가 구대륙에서, 유라시아 대륙 전체에서 유일하지 않을까 생각해보는 것입니다.

이제 서서히 제 이야기를 마무리지어야 할 것 같습니다. 흔히 '평등' 가치를 더 중요하게 생각하는 사람들이 진보좌파, '자유' 가치를 더 중요하게 생각하는 사람들이 보수우파라고 알고 있습니다. 그래서 보수우파는 자유의 나라 대한민국을 더 사랑하는 사람들이라는 자부심을 가지고 있고, 진보좌파는 '촌스러운' 보수우파와는 달리 서유럽 선진국으로부터 세계적 수준의 '평등' 가치와 문화를 더 갖고 오자는 사람들로 알려져 있습니다. 하지만 저는 달리 생각합니다. 우리가 생각하는 좌파적 가치, '평등' 역시 원래부터 이미 존재하는 대한민국의 유전자다, 이것이 저의 생각입니다. 저는 우리나라 역사 속에서 평등 유전자를 재발견하자는 이야기를 하고 있습니다. 또 지금 이 시점, 새삼스럽게 자유와 평등의 나라로서 대한민국을 강조하는 이유는 무엇인가? 그 이유는 바로 그 대한민국의 기둥 하나가, 평등이라는 기둥이 흔들리고 있기 때문입니다. 평등이라는 기둥이 쓰러지면 자유라는 기등도 쓰러질 것입니다. 그래서 자유와 평등의 나라, 대한민국이 무너질 수도 있다는 것입니다. 그러면 그렇게 되는 이유는 무엇입니까? 바로 우리나라가 많이 발전하였기 때문입니다. 역설적이지요? 대한민국의 그동안의 성공, 특히 자본주의의 발전으로 인해서 불평등이 심화되어 자유와 평등의 나라 대한민국이 위태롭다고 저는 봅니다.

불평등의 정도를 나타내는 대표적 지표로는 가처분소득 지니계수(Gini係數)가 있습니다. 해마다 정부 통계청에서 8700 가구를 조사하여 발표하고 있습니다. 우리나라는 거의 OECD 평균치로 나타나고 있습니다. 그렇다면 불평등이 그렇게 심하지 않은 나라라고 볼 수 있습니다. 물론 원래는 이보다도 훨씬 평등한 나라였고 꾸준히 악화되고 있지만, 아직은 그렇게 심각하지 않은 것으로 보입니다. 그런데 동국대학교 김낙년 교수가 자세히 연구를 해보니, 통계청의 지니계수 조사 방법에 문제가 있더라는 것입니다. 소득이 많은 사람들이 조사에 잘 응하지 않더라는 겁니다. 그래서 이분이 국세청 자료를 가지고 통계청의 발표를 교정해보니 우리나라가 OECD 국가들 중에서 다섯 번째로 지니계수가 높더라는 겁니다. 거의 미국 수준인데, 미국 역시 제2차세계대전 이후 지금 가장 지니계수가 높은 상황이에요. 지금 미국도 한국도 매우 심각합니다. 우리나라는 자영농의 나라로 건국되었고, 중산층이 두터운 나라로 유명했지만, 아주 빠른 속도로 불평등한 나라로 바뀌고 있습니다. 그에 따라 청년 실업과 노인 빈곤 문제가 심각하고, 자살률은 높고 출산율은 낮고, 청소년이 행복하지 않은 나라가 되고 있습니다. 바로 이런 현실이 대한민국의 역사 속에서 평등이라는 유전자를 재발견하라고 우리에게 요청하고 있습니다. 여러분도 다 읽어보셨을 그 유명한 책《역사란 무엇인가》에서 E. H. 카는 '역사는 현재와 과거 사이의 끊임없는 대화'라고 말하지 않았습니까? 바로 지금 우리야말로 '현재와 과거의 대화'로써 살아 있는 역사를 재구성해야 할 때라고 저는 믿습니다.

그래서 우리 생각의 습관들조차 재검토하자는 것입니다. 보수우파만 나라를 사랑하고 지키자며 외쳐야 할 이유가 있습니까? 진보좌파도 대한민국을 지키자고 외치면 왜 안 되지요? 진정으로 이 나라를 사랑하는 자가 누구인가를 두고 경쟁할 수도 있다고 저는 생각합니다. 자유와 평등의 나라를 지키자고, 이제 자유와 평등만으로 부족하다면 연대와 인간애, 동포애의 정신으로 대한민국을 살기 좋은 나라로 만들자고 함께 외칠 수도 있지요. 그래서 멀지 않은 미래에 지금까지 우리나라 민주주의의 역동성을 담보해온 이념 구도, 민주화 세력과 산업화 세력, 진보와 보수, 친북(親北)과 친미(親美)라는 대립 구도가 완전히 새롭게 재편되리라고 봅니다. 저는 조금 용감하게 우리나라 보수 진영이 조만간에 친중(親中)이 될 거라고 예언합니다. 왜냐하면 중국공산당 지도부의 귀족주의, 엘리트주의랑 보수의 정서가 통하거든요. 중국공산당 지도부는 민주주의를 끔찍하게 싫어합니다. 민주정(民主政), 데모크라시는 원래 서양에서 온 것이니까요. 대한민국이 동아시아에서는 데모크라시가 정착한 나라입니다. 또 기독교도 뿌리내렸습니다. 중국 사람들이 보기에는 서양 문명이 동아시아에 교두보를 확보한 것입니다. 한류에 묻어 들어오는 민주주의와 기독교에 신경이 쓰이지 않을 수 없습니다. 그래서 통일을 하려면 한국의 보수우파가 중국의 엘리트들을 안심시키고 달래는 역할을 해주어야 합니다. 한국의 보수우파가 통일이라는 민족의 대업(大業)을 이루기 위하여 기꺼이 사대주의 전통을 이어받아 친중이 될 거라고 봅니다. 그러면 진보좌파는 친미가 될 수도 있겠지요. 너무 혼란스럽습니까? 상상을 해보자는 이야기니 이 정도로 넘어갑시다.

150년 전쯤에 일본의 개화사상가 후쿠자와 유키치(福澤諭吉)라는 사람이 탈아입구론(脫亞入歐論)을 주장했습니다. 아시아를 벗어나서 유럽으로 들어가자는 거지요. 그런데 지금 와서 보니까 한국이 '탈아입구'를 했습니다. 자본주의와 과학기술 문명은 일본과 중국에서 뿌리를 내렸습니다. 하지만 기독교는 중국과 일본에서 뿌리를 내리지 못하고, 민주주의는 일본에서 절반쯤만 실현되었습니다. 자본주의와 과학기술 문명, 기독교와 민주주의 모두가 뿌리를 내린 곳은 중국도 아니고 일본도 아니고 한국입니다. 한국은 동서양 문명이 만나는 지점이 되어버렸습니다. 서양 문명이 동아시아에 확보한 교두보이자 동아시아의 문화가 서양 문명과 만나서 융합되는 바로 합류의 지점이 된 것입니다. 유교나 불교가 한국만큼 생활과 문화에 잘 혼합되어 있던 나라도 흔치 않습니다. 그런데 바로 여기에 기독교가, 그것도 천주교와 개신교가 동시에 또 뿌리를 내리다니! 정말 대단합니다. 절 바로 옆에 교회와 성당이 나란히 공존하고 있습니다. 또 집집마다 유교식 제사를 지냅니다. 케이팝(K-Pop)이나 한류 문화가 세계를 휩쓰는 것도 결코 우연이 아니라고 저는 생각합니다.

우리가 대한민국의 미래에 대하여 나름대로 비전을 제시하고 주장을 펼치는데, 이런 입장을 이름하여 '뉴레프트(New Left)'라고 부르고자 합니다. 그러면 왜 뉴레프트냐? 뉴레프트라 이름을 붙일 때는 대칭이 되는 올드레프트(Old Left)가 있겠지요? 그것은 우리의 오랜 전통이자 저 식민지 종속국 시절부터 내려오는 겁니다. 그래서 '후진국형 진보'라고 제가 말하는 것입니다. 그에 비하여 우리의 뉴레프트는 '선진국형 진보'라 할 수 있습니다. 식민지 종속국, 또는 후진국 시절에는 나라의 독립이 우선적인 과제가 됩니다. 그다음에 근대화, 자본주의 발전, 민주화 등을 해야만 했습니다. 그래서 '민족민주운동'이라고 했습니다. 그 당시에는 좌파라고 해도 실제 행동은 우파와 별로 다르지 않았습니다. 무정부주의자들이 독립운동을 하고 있습니다. 공산주의자들도 민족 독립운동을 하고 있습니다. 관념으로는 무정부주의나 공산주의, 그리고 온갖 좌파 사상을 펼치지만, 행동은 독립운동을 하고 자본주의 발전시키고 민주주의 도입하고, 그런 일을 하고 있습니다. 우파와 하나도 다를 게 없습니다. 그것은 식민지 종속국 좌파 지식인들의 숙명이었습니다. 우리는 젊은 시절 민주화 운동을 할 때, 마르크스주의자라는 자의식을 가지고 있으면서도 장준하·문익환·백기완 같은 우파 민족주의자들과 함께했습니다. 1992년 대통령 선거 때까지도 백기완 선생을 우리의 대통령 후보로 내놓았습니다.

그런데 이제는 그럴 필요가 없습니다. 우리나라는 지금 선진국이 되었습니다. 지금의 20·30세대 청년들은 선진국 사람입니다. 그래서 실제로 좌파를 할 수 있고, 또 해야만 하는 때가 온 겁니다. 이제 '평등' 가치를 주장할 수 있을 뿐만 아니라 그럴 필요가 있는 역사적 시대가 온 거예요. 그래서 젊은 시절에 민주화 운동을 하면서 머릿속에 가졌던 생각이라는 것을 전부 뒤집어서 남의 것인 양 나로부터 떼어내서 바라볼 필요가 있는 겁니다. 1920년대 코민테른에서 식민지 종속국 공산주의자들에게 내린 지령을 되짚어볼 필요가 있습니다. 민족해방 투쟁을 할 동안에는 민족주의자들, 내셔널 부르주아지와 손을 잡고 민족해방전선을 결성해라, 그래서 신간회도 만들고 그렇게 했습니다. 이제 그런 시절은 까마득한 옛날이 되었습니다. 오늘 저와 함께 서울에서 와서 저기 앉아 있는 우리 홍기표 선생이 저에게 "민족주의 유전자를 뺀 좌파를 하라"고 지령을 내렸어요. (웃음) 하지만 민족주의 유전자는 독립운동, 민주화 운동에 참여한 좌파의 맥을 이은 우리에게는 너무나 익숙한 것입니다. 그래서 홍기표 선생이 1970년생이지만, 실은 1970년 이전에 태어나신 분들 가운데 저와 입장을 같이하는 분을 만나기 힘듭니다. 1983년생 청년 글쟁이 한윤형 같은 사람이 저와 뜻을 함께하는 동지라는 사실도 우연이 아닌 것 같습니다. 하지만 20·30세대 청년들이 등장하고 있으니 뉴레프트 사회민주주의 사관이 올드레프트 민족주의 사관으로부터 독립해 나와서 뉴라이트 자유주의 사관과 맞장을 뜨는, 그리하여 한국의 이념 지형과 정치 구도까지도 선진국형으로 바꾸는 날이 곧 오리라고 생각합니다. 오랜 시간 경청해주셔서 감사합니다.

농지개혁을 알아야 현대사가 보인다

농지개혁을 알아야 현대사가 보인다

오늘 이 자리에는 서울에서 저와 같이 오신 최건섭 변호사께서 함께 하고 있습니다. 최 변호사는 학생 시절 황광우 선생님하고 저와 더불어 같은 학생운동 단체인 '한국사회연구회'에서 활동했고, 이후 노동운동 시절 '인천민주노동자연맹'에서도 같이 활동했던 분이며, 뒤늦게 사법고시 공부를 해서 변호사가 되신 분입니다. 서울에서 현대사 공부 모임 '세수포럼'을 쭉 같이 해오고 계십니다. 오늘 저하고 같이 광주에 오신 것은 아마 황광우 선생님이 보고 싶어서인 것 같기도 하고, '세수포럼'에서도 대충 진행하더니 여기 와서 또 엉터리로 강의하지 않나 감시하러 오신 것 같기도 합니다. (웃음)

지난달에는 우리나라 현대사에 대한 관점을 주로 이야기했다고 한다면, 오늘은 제가 뉴레프트(New Left) 사관에서 가장 중요하다고 생각하는 농지개혁에 대해서, 그리고 건국을 전후한 시기에 활약한 주요 인물들의 캐릭터에 대해서 말씀드리겠습니다. 다음 달 11월 13일 목요일에는 제헌 헌법을 이야기하고요, 그다음 달 12월 11일 목요일에는 결국에는 분단과 단독정부 수립으로 이어진 해방 정국의 치열했던 좌우 대립과 제 역할을 다하지 못해서 대한민국 건국 과정에 큰 오점을 남긴 반민특위(反民特委, 반민족행위특별조사위원회)에 대하여 말씀드리겠습니다. 이렇게 하여 올해의 저의 '현대사 이야기'는 네 번에 걸쳐서 해방 전후사, 즉 대한민국 탄생을 전후한 이야기들을 풀어가도록 하겠습니다. 추운 겨울에는 두어 달 쉬다가 내년 봄부터 다시 4·19 혁명과 5·16 군사정변 이야기를 먼저 한 다음 그 이후의 현대사 이야기를 이어갈까 합니다. 사실 그 후의 이야기는 우리가 살면서 직접 경험한 시대의 것이기 때문에 역사가 아닌 셈이기도 합니다.

제가 초등학교 1학년에 입학한 때가 5·16 군사정변이 일어난 해입니다. 저의 입장에서 보면 5·16 군사정변까지가 공부를 해서 알게 된 역사이고, 그 후는 역사가 아닐 수도 있는 겁니다. 또 저는 사료를 뒤져서 역사를 전문적으로 연구하는 학자는 아니고, 좋게 말하면 역사에 대해 사색하는 역사철학자인 셈입니다. 그래서 지난번에 했던 사관에 관한 이야기 중에서 들으실 만한 부분이 그나마 조금 있었을지 모르겠는데, 지금부터 하는 이야기는 저도 공부를 해가면서 드리는 말씀이어서 많이 부족하고 두서가 없을 수도 있습니다. 미리 여러분의 양해를 구합니다.

사관의 중요성

사관(史觀)이 왜 중요하냐? 만약 우리가 '황광우 선생님'이라는 분에 대해서, 그가 살아온 역사에 대해서 서술하거나 정리를 한다고 하더라도 어떤 관점에서 보느냐에 따라 완전히 달라질 수가 있는 것입니다. 저 사람 훌륭한 사람이다, 노력하는 사람이다, 성실한 사람이다, 그러면 그런 사건과 그런 행동들만 서술하게 될 것입니다. 그런데 저 사람은 게으르고 주변 정리도 잘 안 하는 사람이다, 이렇게 정반대의 방향에서 이야기하면 그런 면이 또 있거든요. 그러면 또 그런 면만 서술해서 전혀 다른 역사가 나올 수 있겠지요. 한 개인의 역사도 그러한데, 하물며 수백만, 수천만 명의 삶의 궤적이 쌓인 역사는 보는 관점에 따라서 얼마나 달라질 수 있겠습니까? 그래서 사관이 중요한 것입니다. 사실(事實), 팩트(fact)를 중요시한다는 말을 많이 하지만, 사실 아닌 것을 조금도 보태지 않고도 얼마든지 전혀 다른 역사를 쓸 수 있다는 것입니다. 왜? 사실은 많으니까요. 사실은 너무나 많거든요. 그 많은 사실들 중에서 어떤 사실을 뽑아내느냐, 어떤 사실을 뽑아내서 엮느냐, 스토리로 쭉 이어가느냐가 중요합니다. 사실 아닌 것은 하나도 없으면서도 전혀 다른 이야기가 되는 것입니다. 그래서 관점이라는 것이 중요하다고 말할 수 있습니다.

1980년대에 '사회 구성체 논쟁'이란 것이 있었습니다. 온갖 운동권 정파들이 저마다 이론을 내놓고 추종자를 끌어모으려고 애를 썼습니다. 그렇지만 기의 다 모조품들이었어요. 그런데 오리지널이 있었습니다. 뭐냐? 바로 동아시아에서 일어난 거대한 중국 혁명 과정에서 형성되고, 혁명의 성공으로 막강한 권위를 갖게 된 모택동 사상, 마오이즘(Maoism), 마오이즘의 식민지반(半)봉건론이 있었습니다. 그 엄청난 권위는 당시 동아시아의 좌파 진영 전체를 덮고 있었습니다. 당시의 우리 역시 바로 이 이론으로, 또는 이 이론의 변종으로 당대 한국 사회를 설명하려고 했습니다. 북한의 주체사상이라는 것도 바로 이 이론에서 벗어나지 않는 것입니다. 그런데 문제는 학생들이, 바로 우리가 농촌 봉사 활동을 가보면 지주나 소작인이 없는 겁니다. 아니, 이론에 따르면 지주의 수탈에 허덕이는 소작농이 있어야 하는데, 바로 그들이 도시의 노동자와 손잡고 혁명의 주역이 되어야 하는데, 소작농이 없는 겁니다. 그런데 이상한 것은 그 현실과 이론의 엄연한 차이를 누구도 알아차리지 못했다는 점입니다. 그저 눈을 뜨고 바라보면 그냥 보이는 뻔한 현실도 관점을 달리해버리면 보이지 않습니다. 흡사 동화 속의 벌거벗은 임금님처럼, 임금님이 화려하고 멋진 옷을 입지 않았을 리가 없으니 벌거벗은 임금님이 보이지 않는 것입니다. 하지만 어린아이의 눈에는 그것이 보이지요. 장상환 교수, 당시에는 대학원생이었을 겁니다만, 그런 분들이 농촌을 조사하니 소작농이 없더라는 보고서를 내고 논문을 쓰기도 했지만, 당시 사람들이 가진 생각의 큰 틀을 바꾸지는 못했습니다.

　당시의 NL파, 주사파들은 한국을 식민지반봉건사회라고 주장하였습니다. 그러다가 1990년대에 넘어가서는 식민지반(半)자본주의사회라고 말을 바꾸었어요. 물론 북한에서 그렇게 입장을 바꾸어서 방송을 했을 겁니다. PD파들은 신식민지국가독점자본주의라고 했습니다. 큰 차이는 없습니다. 결국 식민지반봉건론을 통째로 버리지 않고 조금씩 수리를 해서 쓰려고 한 것이에요. 식민지라고 하든 반식민지라고 하든 신식민지라고 하든 여하튼 제국주의의 수탈하에 있고, 또 봉건적·전근대적 제도나 문화를 완전히 청산하지 못하여 온전한 자본주의가 발전할 수 없으며, 근대화를 이룰 수 없는 사회라는 이야기입니다. 지난 30여 년 우리는 이런 생각으로부터 벗어나기 위해 노력하였습니다. 여전히 우리는 우리 선배 세대, 박현채·리영희 선생을 비롯한 스승들의 아름다운 정신은 이어받으면서, 그분들의 한계를 극복해 나가는 과정에 있는지 모르겠습니다. 아무리 훌륭한 지성을 가진 사람이라도 누구든지 진공 속에서 사는 것이 아니라 시대라는 공기 속에서 살아가는 것입니다. 그러므로 아무리 존경하는 스승에게서 가르침을 받았더라도 세상 사물만큼은 나의 눈으로 보아야 합니다.

제가 나누어 드린 그림이 있습니다. 이 그림부터 먼저 보시지요. 이 그림이 참 중요합니다. 세계은행에서, 발음이 맞는지 모르겠는데요, 다이닝거(Deininger)라는 학자에게 의뢰했어요. "아시아, 라틴아메리카, 아프리카 26개 나라를 조사해봐라"라고 해서 연구한 결과를 도표로 간단히 정리한 것입니다.

X축의 숫자 0.9, 0.7, 0.3은 토지 소유의 지니계수입니다. 다 아시겠지만, 지니계수는 흔히 소득의 불평등 정도를 나타내는 지수로 사용되고 있습니다. 하지만 여기서는 토지 분배의 불평등도를 지니계수로 나타낸 것입니다. 이론적으로 완전하게 평등하다고 한다면 지니계수

초기 토지 분배의 상태와 경제성장의 관계

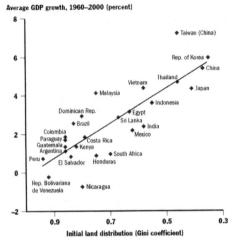

Average GDP growth, 1960–2000 (percent)

클라우스 다이닝거, 〈성장과 빈곤 감소를 위한 토지 정책〉, 《2003년 세계은행 정책 연구 보고서》

는 0이 됩니다. 그리고 단 한 사람이 모든 토지를 다 소유하고 있다면 지니계수는 1이 됩니다. 세계은행에서 조사를 의뢰한 것은 1960년 시점 토지 소유의 지니계수입니다. 가장 오른쪽에 어느 나라가 있습니까? 대한민국이 있습니다. 그리고 쭉 가서 가장 왼쪽에 어느 나라가 있습니까? 페루가 있습니다. 그다음에 베네수엘라, 아르헨티나 같은 나라가 있습니다. Y축은 1960년부터 2000년까지 40년 동안의 연평균 경제성장률입니다. 가장 높은 타이완이 있고요, 두 번째로 대한민국이 있습니다. 차이나(China)는 대륙 차이나입니다. 1979년 덩샤오핑(鄧小平)의 '개혁·개방'이 있었고, 그 후 2000년까지 20년간 급속도로 경제성장을 하게 되는데, 평균을 내다보니까 세 번째 높은 것으로 나온 듯합니다. 그래서 이 그림은 무엇을 보여줍니까? 초기 1960년 시점의 토지 분배의 지니계수가 낮을수록 그 후 40년간의 평균 경제성장률이 높다는 사실입니다. 즉 토지 분배가 평등하면 할수록 장기 경제성장률이 높다는 것이지요.

농지개혁을 알아야 현대사가 보인다

이것을 보면 제2차세계대전 직후 중국·북한·북베트남의 공산혁명의 압력을 받아 예방 혁명 차원에서 철저한 농지개혁을 실시한 동아시아 나라들이 주로 오른쪽 상단에 모여 있습니다. 반면에 오래된, 그래서 반쯤은 봉건적이라고도 할 수 있는 대농장 라티푼디움을 해체하는 데 실패한 라틴아메리카 나라들이 왼쪽 하단에 모여 있습니다. 아르헨티나 같은 나라는 우리나라의 보수 지식인들 사이에서 페론주의의 복지 포퓰리즘 때문에 망한 나라, 한때 세계 5대 부국의 하나였다가 포퓰리즘 때문에 망한 나라로 일컬어지고 있습니다. 그런데 강원용 목사의 자서전 《역사의 언덕에서》를 보면 이런 이야기가 나옵니다. 1970년대에 어떤 사람의 초청을 받아서 아르헨티나에 갔는데, 대문에서 집까지 두 시간을 차를 타고 들어갔답니다. 그래서 "아, 이 나라는 발전할 수 없겠구나!"라고 느꼈다는 것입니다. 직감적으로요. 왜? 그렇게 넓은 땅을 가진 대농장주의 자식은 열심히 공부할 필요가 없습니다. 그리고 그 대농장에서 일하는 농업 노동자들은 열심히 일하고 싶어도 일할 곳이 없습니다. 만약 열심히 일하고 싶어서 아침 일찍 낫을 가지고 들어가면 "너, 여기서 뭘 훔치러 왔나?" 하면서 쫓아 낼 테니까요. 오직 지시에 따라 "들어와" 하면 들어가서 일하고, "나가" 하면 나가야 하는 것입니다. 그리고 그 자식들은 열심히 공부하고 싶어도 할 수가 없습니다. 열심히 일하지 못하고, 일하지 않는 부모가 자식을 학교에 보낼 수 있겠습니까?

그래서 라틴아메리카의 나라들이나 필리핀처럼 토지개혁을 못한 나라들은 경제가 발전하지 못한 것입니다. 근본적인 원인은 다른 곳에 있지 포퓰리즘에 있지 않습니다. 당시 브라질의 룰라(Lula) 대통령을 인터뷰한 《중앙일보》 2004년 8월 16일 자를 보십시오. 기자가 묻습니다. "브라질처럼 풍부한 자원을 가진 나라에 어째서 5000만 명이 넘는 절대 빈곤층이 존재하는 겁니까?" 그러자 룰라 대통령이 대답하였습니다. "한국은 과거 50년대에 농지개혁을 했지만 브라질은 그러지 못했고, 아직도 그것이 풀어야 할 숙제입니다. 브라질의 경제는 사회개혁 없이 심각한 불균형 성장을 해왔던 것이 문제지요." 와! 룰라, 이 사람 초등학교밖에 안 나온 사람 맞습니까?

그림의 왼쪽 하단을 살펴보시지요. 베네수엘라도 이 동네에 있습니다. 베네수엘라의 공식 국명이 'Republica Bolivariana de Venezuela' 입니다. 아마도 볼리바르(Simón Bolívar), 스페인에 대항한 독립 투쟁의 영웅을 기리는 이름일 겁니다. 그런데 우리나라 좌파 중에는 베네수엘라를 좋아하는 분들이 많았습니다. 심지어 21세기 새로운 사회주의의 모델로 기대를 보내기도 하였습니다. 하지만 이 나라는 차베스(Hugo Chavez)라는 독재자가 석유를 수출한 돈으로 빈민을 구제하는 수

이승만 대통령(가운데)이 농촌 시찰을 하고 있다.

준이었습니다. 우리나라처럼 농지개혁을 해서 자영농이 열심히 일하
고, 그 자식들이 열심히 공부해서 현대 학문과 과학기술을 발전시키
고, 산업을 발전시키고, 민주주의를 발전시킨 나라가 아닙니다. 이미
대학교를 졸업한 사람이 대학원 가기 힘들다고 우등상 받은 초등학생
을 부러워하는 꼴입니다. 한국이 대학교 졸업하고 대학원 들어가려는
학생이라면, 베네수엘라는 아직 초등학교도 졸업하지 못한 학생이라
는 거지요. 차베스가 석유 팔아서 그 돈 가지고 현금을 나눠준다든지,
밥을 나눠준다든지, 그런 수준입니다. 나라가 토지개혁을 통해 농민
들이 자립해서 열심히 일하고, 그 자녀들이 열심히 공부하도록 만들
어준 그런 대혁명을 한 것이 아니에요. 라틴아메리카의 많은 나라들

이 여전히 농지개혁을 하지 못하여 자본주의 경제 발전을 제대로 하지 못하고 있습니다.

농지개혁의 중요성을 바로 도표가 말해주고 있습니다. 이만큼 객관적이고 과학적인 설명이 어디 있겠습니까? 이런 설명이 없으니까 "박정희·정주영·이병철을 만난 것은 우리 민족의 행운이다"라는 이야기가 나오는 것입니다. 그런 설명에 많은 사람이 고개를 끄덕이고 있습니다. "맞아. 박정희라는 위대한 지도자와 정주영과 이병철이라는 기업가의 '무대포 정신'이 없었다면 우리나라의 경제가 이렇게 쉽게 발전했겠나?" 하고 생각하게 된다는 것입니다. 그것이 쉬운 설명입니다. 그런데 다른 나라에도 그렇게 나라를 발전시키고 싶은 지도자가 없었겠습니까? 다른 나라에도 그런 기업가가 없었겠습니까? 그런데 왜 결과가 다를까요? 전 국민이 열심히 일하고 열심히 공부하는 대한민국이라는 나라와 그렇지 못한 필리핀이나 라틴아메리카 여러 나라들의 가장 근본적인 차이는 그런 우연적이거나 피상적인 것이 아닙니다. 근본적인 차이에 바로 농지개혁이 자리 잡고 있는 것입니다.

어쩌면 그 차이의 뿌리는 더 깊은 데까지 이어지는지도 모릅니다. 멕시코의 경우는 아주 특이한 경우인데요, 멕시코 혁명은 1910년에 시작되어 엄청난 열정으로 1917년 새로운 헌법을 제정할 때까지 계속됩니다. 그 헌법에 따라 1930년대와 1960년대 두 차례나 토지개혁이 이루어졌지만, 얼마 지나지 않아 그 효과가 사라졌습니다. 농업 노동자들이 지주들에게 땅을 팔아버리고 농업 노동자로 다시 돌아가는 거예요. 왜? 경영 능력이 없어요. 자영농이라는 것이 쉬운 일이 아닙니다. 내년 농사를 위해서 수십 가지 씨앗을 갈무리해두어야 합니다. 아무리 배가 고파도 씨앗을 삶아 먹어버리면 안 됩니다. 그리고 어느 밭에는 어떤 농작물이 잘 되는지 다 파악해놓아야 합니다. 틈틈이 콩과 팥을 심고, 목화를 심고, 돼지 기르고, 닭 기르고, 자식들 먹여 살리고, 일부는 시장에 팔고 해야 자영농이 운영되거든요. 그런데 우리나라에서 농지개혁이 왜 성공했느냐? 제 생각이지만 그것은 농업 노동자와 소작농의 차이에서 비롯된 것이 아닌가 합니다. 소작농은 땅은 빌렸지만 스스로 경영을 했습니다. 반면에 라틴아메리카와 필리핀의 농업 노동자들은 경영의 경험이 없었다는 것입니다. 그러니까 동아시아 소농경제의 뿌리가 훨씬 더 깊다는 이야기도 나옵니다. 여하튼 필리핀의 대규모 사탕수수 농장의 노동자들은 작업 지시에 따라서 일하는데, 한국의 소작농들은 땅은 빌렸지만 자기 책임하에 농사를 짓고, 소작료를 지주에게 바쳤으니 경영 능력이 있었던 것이 아닌가 하는 생각입니다. 이 도표는 한동안 벽에 붙여놓으시고 곰곰이 26개 나라들을 하나하나 보면서 감상하시면 좋겠습니다. 1960년의 어느 날 한국과 2000년의 어느 날 한국의 모습도 떠올려보면서 말입니다.

육군사관학교 교수를 하다가 얼마 전에 고인이 된 제 친구가 있는데요, 시인 이기윤이라는 사람, 그 사람의 시비(詩碑)가 진도의 아름다운 바닷가에 있습니다. 지난번에 우리가 함께 전남 장흥의 어느 마을 길가에 있는 평범한 무덤 앞에 서 있는 비문을 읽지 않았습니까? 그 무덤 속에 잠들어 있는 부부는 5남 4녀를 훌륭하게 길러냈습니다. 그리고 독립 영화로 화제를 모은 〈워낭 소리〉는 경북 봉화의 산골 마을

이 배경입니다. 그 영화의 주인공 부부도 조그만 땅뙈기에서 오직 자신들의 힘으로 9남매를 기르고 교육시켜냈지요. 제 친구 이기윤은 경남 김해의 낙동강 삼각주(三角洲)의 중사도라는 조그만 섬에서 태어났습니다. 고등학생 때 저와 같이 '돌섬문학동인회'라는 문학 서클을 해서 그 사람 집에 가본 적이 있습니다. 그 아버지께서는 무려 10남매를 길렀습니다. 어머니가 두 분이셨어요. 제 친구의 어머니가 돌아가셔서 아버지가 재혼을 하고 다시 동생들 서너 명을 낳으신 겁니다. 이분의 경우는 해방 전에는 자기 땅이 한 평도 없는 100퍼센트 순소작농이었습니다. 이 섬은 기무라(木村)라는 일본 사람이 와서 개간한 땅이었어요. 그전에는 갈대와 풀이 우거진 모래톱에 불과한 섬이었는데 일본 사람이 개간을 해서 조선 사람들에게 소작을 준 겁니다. 해방되고 나서 그 땅이 신한공사로 넘어갔어요. 신한공사는 미 군정이 동양척식회사의 이름을 바꿔서 일본인 소유 토지를 몰수한 회사입니다. 그 후에 농지개혁을 통해서 농민들에게 분배한 것입니다. 이기윤 교수는 자기 아버지를 주인공으로 실명 소설 〈섣달 그믐밤〉을 썼습니다. 그 소설의 194쪽 한 구절을 읽어보겠습니다.

농지개혁법에 따라 배부된 농지 일람표에 도장을 찍은 아버지와 둘째 삼촌은 그 법이 공표된 지 1년이 지난 1950년 4월 초에 각각 4천8백 평과 3천2백 평을 분배받았다. 5년 동안 상환을 하는 조건이었지만, 아버지는 드디어 소작농이라는 굴레를 벗고 자작농이 되었고, 마침내 대한민국의 자유스러운 농민이 되었다. 멀고도 먼 길이었다.

참으로 멀고도 먼 길이었지요. 어쩌면 그 아버지의 아버지로부터, 아득한 조상들로부터 물려받은 길인지도 모릅니다. 소작농의 굴레는 대대로 내려오는 것입니다.

해방 정국의 지도자들

이제 대한민국이 건국되던 시기에 활동하신 인물들에 대해서 간략히 소개하겠습니다. 해방과 건국의 시기에 활동한 큰 별 같은 인물들이 있었지만, 이념적인 스펙트럼에 따라 대표적인 인물 여섯 분을 나열하면 다음의 표와 같이 될 것 같습니다. 단순화시켜서 쉽게 이해를 해보자는 것입니다. 좌익에 두 사람, 우익에 두 사람, 그리고 중도좌파로 여운형, 중도우파로 김규식, 이렇게 여섯 사람입니다. 결국 정권을 잡은 것은 양쪽 끝에 있는 두 사람입니다.

김일성	박헌영	여운형	김규식	김구	이승만
1912년생	1900년생	1886년생	1881년생	1876년생	1875년생

이렇게 나열하고 보면 나이도 순서대로입니다. 소련이 점지하여 소련 군대가 데리고 들어와서 곧장 '조선의 스탈린'으로 띄우기 시작한 공산당 지도자 김일성은 1912년생입니다. 그러니까 해방 당시에 불과 34세입니다. 국내파 공산당 지도자 박헌영은 해방 당시에 46세, 1900년생입니다. 두 사람은 띠동갑이지요. 그리고 그 둘을 달래서 통일 정

부를 세워보려고 애쓰던 중도좌파 지도자 여운형 선생이 1886년생이니 60세네요. 미 군정이 지켜준 중도우파 지도자 김규식 선생은 1881년생이니 65세입니다. 그러니까 좌우합작운동을 이끈 두 사람은 60대입니다. 그리고 우익의 거두 김구와 이승만은 이미 70대입니다. 이승만과 김구는 한 살 차이입니다. 그러나 김구는 이승만에게 꼬박꼬박 "형님, 형님"이라 합니다. 황해도 동향이기도 하고, 독립운동 경력이나 지식 수준이나 여러 면에서 그럴 수밖에 없었지요. 이승만은 이미 젊은 시절에 독립협회와 만민공동회의 스타였습니다. 그에 비하면 김구는 알려지지 않은 촌놈이었지요.

확실한 외세의 배경을 가진 사람은 김일성과 이승만이었습니다. 김일성은 소련이 간택을 해서 키우고, 이승만은 미국 배경입니다. 하지만 김일성의 소 군정과의 관계보다 이승만의 미 군정과의 관계가 훨씬 독립적입니다. 이승만은 미국 정부와 지식인 사회에 친구들이 많았습니다. 고급 정보를 미 군정을 통하지 않고도 얻을 수 있는 수준이라고 보아야 할 것입니다. 김구는 중국 장제스의 국민당과 관계가 깊은 인물이라고 할 수 있습니다. 이승만과 김구는 우익 진영의 해와 달이라고 당시 사람들은 표현했습니다. 그런 식으로 말하면 김규식은 우익 진영의 별이라고 해야 하겠지요. 하지만 김규식 선생은 6·25 전쟁에서 납북되어 사망함으로써 잊혀져갔고, 줄곧 반대하던 좌우합작 노선으로 뒤늦게 전향하여 남북협상에 참가한 김구 선생이 우익 진영의 별이 되었습니다. 이승만은 이화장, 김구는 경교장, 김규식은 삼청장에서 사실상 미 군정의 보호를 받으면서 활동했지만, 박헌영은 해

1947년 서재필이 귀국하자 김규식(왼쪽)과 여운형(오른쪽)이 마중을 나왔다.

방된 지 얼마 되지 않아서 다시 지하 생활을 하다가 월북을 하고, 여운형 선생은 자주 테러를 당하고 생명의 위협을 느껴서 거처를 옮겨 다니면서 정치를 해야 했습니다. 벌써 공평한 게임은 아니었습니다. 우리가 지도자들의 역할이나 전략, 노선에 대해서 평가할 때, 이런 점도 염두에 두어야 할 것입니다.

　가장 젊은 김일성은 1937년 '보천보 전투'가 《동아일보》에 의해 과장 보도되면서 스타가 된 사람입니다. 만주에서 활동한 독립운동가 중에서 김일성보다 선배도 많고, 공이 더 큰 사람도 많았지만, 소련은 김일성을 지명하여 데리고 들어와서 북한의 지도자로 키우려고 합니다. 박헌영은 1925년 서울에서 조선공산당이 처음 만들어질 때 공청

(共靑, 고려공산청년회) 책임비서를 한 사람입니다. 아마 소장파로서 실질적인 조직을 책임졌다고 할 수 있고, 바로 그런 경력으로 나중에 경성콤그룹의 후배들이 이재유 이후의 지도자로 초빙한 사람이라고 할 수 있습니다. 하지만 이 사람이 코민테른의 지시를 따르는 데는 누구 못지않았습니다. 당시의 공산당원이라면 국제공산당, 코민테른의 지령을 목숨 바쳐 준수하는 것을 명예로 알았습니다. 우리가 생각하는 이상으로 교조적이었던 것입니다. 흡사 가톨릭 신부들이 로마 교황청의 명령을 따르는 것과 비슷하지요.

몽양(夢陽) 여운형(呂運亨) 선생은 3·1운동 당시의 맹활약이라든지 신문사 사장 등의 화려한 경력으로 좌익 지도자 중에서는 가장 명성이 높고 널리 알려진 대중적인 인물이었습니다. 우익의 이승만에 필적하여 좌익이 대통령 선거에 내놓을 만한 인물이었습니다. 그의 노선은 중도좌파라고 할 수 있으며, 좌우합작 노선을 일관되게 걸었기 때문에 통일 시대가 오면 아마 다시 부각될 지도자가 아닐까 싶습니다. 그는 일본 총독부로부터 치안권을 넘겨받아 건준(建準, 건국준비위원회)을 결성함으로써 해방 정국에서 가장 먼저 주도권을 쥔 인물입니다. 여운형의 건준이 치안을 맡아 한 일 중에서 가장 중요한 것은 조선에 들어와 있던 수십만의 일본 사람들에게 개인적으로 복수하지 않고 곱게 돌려보내고, 그럼으로써 일본에 있던 수백만 우리 동포들이 무사히 귀국할 수 있게 하는 일이었습니다. 결코 만만치 않은 일이지요. 힘든 일일 수도 있었지만, 의외로 순조롭게 진행하여 건준은 정국의 주도권을 쥡니다. 그러나 조선공산당에서 과욕을 부려서 몽양의 반대에도 불구하고 건준을 인공(人共, 인민공화국)으로 개편합니다. 말하자면 정부를 세웠다고 주장한 셈입니다. 물론 미 군정이 들어와서 이를 인정하지 않고 주로 한민당계 사람들에게 경찰권을 넘겨주면서 급속하게 힘을 잃었지만 말입니다.

이승만은 미국과 소련의 관계가 본격적인 냉전으로 들어가기 전부터 분명한 반소·반공 노선으로 단독정부 수립이 불가피하다고 주장합니다. 이 양반은 제2차세계대전 시기의 연합국이었던 미국과 소련의 밀월 관계가 계속 유지되지 않을 것이라고 예견합니다. 미소의 합의에 의한 통일 정부 수립은 어렵다고 보고, 일찍부터, 그러니까 1946년 6월 최초로 단독정부 수립을 주장해 먼저 치고 나갔습니다. 그 이야기를 한 곳이 정읍이어서 '정읍 발언'이라고 하지요. 사실 이것 때문에 욕도 많이 먹었지만, 소련이 해체되면서 드러난 비밀문서들에 의해서 근거가 보강된 최근의 연구에 따르면 소련은 이미 1946년 2월에 북한에다 단독정부를 세우기 시작했다는 것입니다. 토지개혁을 한다든지, 군대를 만든다든지, 실질적인 정부 수립을 하였다는 것입니다. 김일성을 북한의 작은 스탈린으로 만드는 김일성 우상화 작업도 매우 일찍부터 시작했고요. 사실은 이 양반의 주장이 맞기도 합니다. 물론 그래서 이승만의 노선이 현실에서 승리했겠지만, 많은 독립운동가들은 차마 그런 주장에 대놓고 동조하기는 힘들었을 것입니다. 어떻게 얻은 해방인데 다시 분단이라니, 단독정부 수립에 앞장선다는 것이 쉬운 일은 아니었을 거예요. 특히 지조 있게 싸운 독립운동가일수록 단독정부 수립의 현실론을 받아들이기 힘들었을 겁니다. 나아가 점차 현실 권력이 되어가는 이승만 주변에 온갖 모리배(謀利輩)들과 친일 부역자들이 몰려드는 모습을 보면서 침을 뱉고 돌아섰던 것입니다.

저는 신익희와 조봉암 두 분을 굉장히 중요하게 이야기하는데, 이 분들은 여기에 안 보이지요. 신익희는 김구 선생의 임정계, 그리고 조봉암은 박헌영과 함께한 공산당원이었습니다. 임정계는 나중에 한독당을 만드니 한독당계라고 할 수도 있어요. 하지만 해방이 된 후 얼마 되지 않아서 각각 한독당과 공산당을 떠나 이승만, 그리고 김성수의 한민당과 손을 잡고 대한민국 건국에 참여합니다. 옛날의 동지들로부터는 배신자라고 무지하게 욕을 먹었지요. 그분들이 배신자라는 욕을 먹어가면서 그 길을 가기로 결단한 이유에 대해서, 그들의 고뇌에 대해서 들어보아야 한다고 저는 생각합니다. 또 한 분, 대한민국의 건국에 중요한 역할을 한 사람은 인촌 김성수입니다. 김성수가 이끈 한민당은 미 군정의 한국인 행정 관료로 들어가면서 사실상 미 군정 치하에서 여당(與黨)이라고 할 수 있습니다. 그리고 실은 대한민국의 건국 과정에서 조직과 돈은 이 사람들이 다 댔다라고 해도 과언이 아닙니다. 지주들과 부르주아지는 한민당으로 다 몰려 있거든요. 예를 들면 유진오 선생이 대한민국 헌법의 기초를 했습니다만, 그는 바로 김성수의 사람입니다. 아마 김성수의 지시에 의해서 해방 후 3년 동안 집중적으로 여러 나라의 헌법을 연구하고 나름대로 치밀한 이론적인 준비를 해서 헌법 초안을 만든 것 같습니다.

해공(海公) 신익희 선생은 임정의 내무부장이었어요. 임정이라는 게, 광복군이 있었지만 한 번도 전투를 하지 않고 훈련만 한 군대를 가지고 있었어요. 해방 당시의 독립운동에서 임정의 위상은 그리 대단한 건 아니에요. 하지만 임시정부라는 간판은 중요했습니다. 그것은 3·1운동으로 탄생한 것이니까요. 우리나라 헌법도 대한민국 정통성의 뿌리를 임시정부로부터 서술하고 있습니다. 그러나 그것은 해방 당시 사람들의 일반적인 생각은 아니었습니다. 특히 국내에 뿌리를 가지고 있던 좌익 쪽에서는 임정을 대단치 않게 보았습니다. 한민당이 이른바 '임정봉대론'을, 임정의 권위를 인정하고 건국의 중심적인 역할을 할 임정이 귀국하기를 기다리자는 주장을 내세운 것은 다분히 좌익 주도의 건국준비위원회를 거부하기 위한 정략적인 명분이었습니다. 그렇다면 헌법 전문에도 하나의 사관이 작용하고 있다는 말인데, 다음 시간에 제헌 헌법을 읽으면서 다시 보도록 하지요. 여하튼 신익희는 임정의 각료였습니다. 하지만 그는 백의사(白衣社)라는 테러단체를 직접 운영하고 지휘하는 역할을 맡았던 사람입니다. 백의사는 장제스가 만든 남의사(藍衣社)를 본뜬 조직입니다. 장제스가 만든 남의사는 테러와 정보 수집을 임무로 하는 비밀 조직입니다. 아마 남색 옷을 입었던가 봅니다. 그를 본떠서 백의사를 만든 건데요, 그것을 운영하던 신익희가 어느 날 갑자기 '완고한 임정계에는 답이 없구나' 해서 이승만과 손을 잡아버립니다. 배신해버려요. 한독당으로서는 커다란 타격이었을 겁니다.

조봉암은 공산당계입니다. 젊은 시절 박헌영, 김단야와 함께 공산당의 트로이카라고 불린 유능한 리더였습니다. 세월이 흘러 김단야는 소련에서 일본의 간첩으로 몰려 죽고, 그들 중 한 사람인 박헌영이 리더가 되었어요. 조봉암은 고민하다가 1946년 5월 전향 및 탈당을 하고서 여운형·김규식 등과 비슷한 노선을 걸었으나 거기서도 발을 붙이지 못하다가 아예 제헌국회의원 선거에 출마하여 대한민국 건국에 참여합니다. 결과적으로 이승만의 단독정부 노선에 가담한 것입니다. 한독당의 배신자 신익희와 공산당의 배신자 조봉암, 이 두 사람이 전쟁이 끝나고 1950년대가 되어 이승만의 가장 강력한 라이벌이 되었습니다. 신익희(1892년생)는 이승만(1875년생)보다 17살 어리고, 조봉암(1898년생)은 이승만보다 23살 어립니다. 이승만에게 조봉암은 거의 아들뻘입니다. 1956년 대통령 선거에서 신익희 선생이 한강 백사장에서 유세를 하는데, 30만 명이 모였습니다. 당시 서울 인구가 150만 명이니 요즈음 서울 인근의 인구가 1500만 명이라면 300만 명쯤 모인 셈입니다. 이미 민심이 돌아선 겁니다. '이승만 박사, 이제 나이도 많은데 그만두시오.' 그런데 신익희가 갑자기 심장마비로 사망합니다. 서울에서는 죽은 사람한테 던진 추모표, 즉 무효표가 이승만의 표보다 더 많았어요. 산 사람보다 죽은 사람의 표가 더 많았으니 대단하지요. 원래 제헌국회에서는 이승만이 국회의장, 신익희가 부의장입니다. 대통령을 국회에서 선출했거든요. 직선을 안 하고요. 그래서 이승만이 대통령이 되고 나니 신익희가 국회의장이 되었어요. 사실상 신익희가 첫 국회의장이지요. 이 사람에 대해서는 이승만이 그때부터 조금 견제합니다. 영문으로 미국 친구한테 보낸 편지에다 "신익희가 유능한 놈이다" 이렇게 썼습니다.

　1952년에 첫 직선 대통령 선거를 했습니다. 직선제 개헌을 해서

2대 대통령은 국회에서 안 뽑고 직선으로 선출했습니다. 직선제 개헌은 이승만이 원해서 했습니다. 왜? 국회에는 한민당과 중도파가 많이 들어와 있었거든요. 그래서 국회에서는 자기 당선이 보장이 안 되는 거예요. 미국 사람들도 휴전에 반대하는 이승만보다 미국 정책에 고분고분 잘 따르는 장면이 대통령이 되기를 원합니다. 그래서 직선제로 바꿔버렸어요. 국민들 사이에서 이승만만큼 인기 있는 사람이 아무도 없었으니까요. 그때 조봉암이 출마합니다. 참으로 용기 있거나, 아니면 미친 짓이었습니다. 혈혈단신으로 대통령 선거에 뛰어들다니, 게다가 공산당 전력자가 장관 한 번 하고 국회부의장 했다고 대선에 나갔어요. 그런데 당당히 2등을 했어요. 조봉암이 1956년 3대 대선에서 표를 많이 받은 것으로 흔히 알고 있잖아요. 그게 아니고, 이미 2대 대선에서 2등을 했습니다. 한민당 쪽에서 처음에는 후보를 안 내려다가 조봉암이 나간다니까 급히 이시영 부통령을 후보로 내세웠는데, 조봉암이 그분보다 많이 받아버린 거예요. 그것은 대중의 지지가 있었기 때문이에요. 농림부 장관 하면서 농지개혁을 주도한 것을 농민들이 다 알았어요. 국민들은 이미 다 알고 있었던 겁니다. 그러니까 이 양반이 문제 덩어리가 된 거지요. 이 양반을 두고 전쟁 뒤 야당을 대통합하자는 운동을 하면서 죽산을 넣자 말자 하는 문제로 계속 분열이 됩니다. 인촌 김성수가 1955년 돌아가실 때까지도 '죽산을 배제하지 말라' 신신당부하는 거예요. 그런데 조병옥·윤보선·장면 등 보수파들은 '죽산은 빨갱이다'라고 하면서 배제하니 할 수 없이 진보당을 만든 것입니다. 사실은 빨갱이여서가 아니라 감당이 안 되니 그랬겠지요.

건국의 주역과 독립운동의 영웅

대한민국 건국의 주역과 독립운동의 영웅들은 다릅니다. 해방이 되어 막상 건국을 해야 했던 시점에 와서 독립운동을 하던 모든 분들이 건국의 주역이 되는 것은 아닙니다. 시대가 바뀌면서 변화된 상황을 빨리 이해하고 새로운 시대의 과제에 벌써 앞장서는 사람이 있는가 하면, 구시대적 관념에 사로잡혀 완고한 주장을 일삼아 오히려 걸림돌이 되는 사람도 있습니다. 오늘날 우리도 경험하는 바입니다. 민주화 운동을 한 사람이 복지국가 만들기나 통일에 도움이 되는 경우도 있지만, 그렇지 않은 분도 많습니다. 새로운 시대는 새로운 사람을 요구하는 것입니다. 마찬가지로 쟁쟁한 독립운동가들이 대한민국 건국에 모두 다 참여를 하거나 도움이 된 것은 아닙니다. 그런 점에서 죽산 조봉암은 독립운동도 누구보다 치열하게 하고, 건국이라는 새로운 시대적 과제를 해결하는 데도 누구보다 큰 역할을 하신 몇 안 되는 분입니다. 제헌국회에서 외톨이 조봉암은 스타로 거듭납니다. 이승만도 조봉암의 활약에 깊은 감명을 받았습니다. 그래서 칭찬도 합니다. "오늘 말 참 잘했어. 최고야"라고 아들뻘인 조봉암을 격려합니다. 그리고 이후 농림부 장관으로 전격 발탁하지요.

나중에 한민당이 농지개혁에 딴지를 걸고, 자꾸 자기들 유리한 쪽으로 하자고 해서 얼른 결론이 안 납니다. 중국에서는 공산당이 국민당을 타이완으로 몰아내는데, 그게 다 농민들의 지지를 받아서 그렇게 하거든요. 또 북한에서는 먼저 토지개혁을 하고요. 그래서 미 국무성이, 또 이승만이 판단을 합니다. 빨리 농지개혁을 해야겠다고. 이승만이 조봉암을 불러서 "자네가 농림부 장관을 맡아서 한번 해보라"고 하는 거지요. 그러자 조봉암이 "제가 생각하는 농지개혁은 좀 다른데요"라고 말하지요. "아니, 네 마음대로 해봐"라고 이승만이 말해요. 그래서 농림부 장관을 맡아서 차관, 농지국장, 기획실장 등 서너 명이 둘러앉아 밤새워서 농지개혁법안 기본 골자를 만든 것입니다. 명분보다는 실질을 중심으로 해서 말입니다. 그 기본 골격이란 '유상몰수, 유상분배'로 하되 농민에게 지극히 유리한 조건으로 해서, 농민이 상환의 어려움 때문에 포기하는 사람이 거의 없었습니다. 소출의 30퍼센트를 5년 동안, 만약 10석이 나는 땅이라면 3석을 5년 동안 내라는 거지요. 한 해 5석씩 소작료를 내던 농민이 3석씩만 5년 동안 내면 내 땅이 된다는데 누가 포기하겠습니까? 그리고 지주들에게는 국채를 주었어요. 그것이 전쟁통에 인플레로 거의 휴지 조각이 되어버렸어요. 그래서 지주들이 쫄딱 망해버렸어요. 우리가 흔히 친일 청산이 안 되었다고 말하는데, 만약 지주와 친일파가 겹치는 부분이 많다고 한다면 친일파의 다수에게서 경제적인 토대를 완전히 몰수해버렸다는 사실도 염두에 두어야 할 것입니다. 어쩌면 농지개혁을 제대로 안 하고, 대표적 친일파 몇 명 잡아서 사형선고를 한 경우와 비교하면 더 실질적인 조치가 아닐까요?

저는 이런 생각을 해봤어요. 흔히 좌익과 우익으로 구분했는데요, 근대인과 전근대인으로 나누어볼 수도 있지 않을까 하는 생각입니다. 심산(心山) 김창숙이란 분이 있습니다. 성균관대학교 초대 총장입니다. 유학자로서 독립운동을 하신 대표적인 분이지요. 일제로부터 조사를 받거나 재판을 받는 과정에서, 또 수감 생활을 하는 중에도 얼마나 저항했는지 감옥에서 나올 때는 하반신을 못 썼어요. 그런데 안창호·여운형·조봉암 세 사람은 모범수였어요. 모범수로 가출옥도 했어요. 조봉암은 나중에 동지들로부터 전향한 것 아니냐는 오해도 받았어요. 일본인 간수하고 사이좋게 지냈거든요. "일본 제국주의하고 싸우는 것인데 말단의 일본인 간수하고 왜 싸워?" 이런 생각인 거지요. 사고방식이 조금 다른 것 같지 않나요? "최익현 선생이 대마도 가서 굶어 죽었다, 훌륭한 선비다"라고 하는데, 저는 '내가 그 상황에 처한다면 최익현 선생처럼 했을까?'라고 생각해봅니다. 저는 안 했을 것 같아요. 밥 먹을 것 같아요. 배고파, 밥 좀 먹고 하자. 그런 거지요.

제가 아까 말씀드린 김성수 선생에 대해서 지금까지 친일파다, 뭐다 참 말이 많습니다만, 요즈음 자주 생각을 하면 당대의 조정자가 아니었을까? 이런 생각을 합니다. 한민당의 실질적인 오너였지요. 그런데 대세로서 농지개혁을 받아들입니다. 최대 지주 김성수 선생이 하자고 하니까 중소 지주들이 꼼짝없이 따를 수밖에 없는 거지요. 자신은 친일 시비나 대자본이라는 입장 때문인지, 주로 고하(古下) 송진우, 설산(雪山) 장덕수를 내세웁니다. 하지만 그분들이 임정 쪽의 테러에 희생되자 할 수 없이 전면에 나섭니다. 하지만 그 후에도 되도록 자신은 나서지 않아요. 제헌국회의원 선거에도 월남한 조선민주당 부위원장 이윤영에게 선거구를 양보하였습니다. 그래서 이분이 나중에 부통령은 잠시 하시지만 국회의원은 하신 적이 없습니다. 그러면서 항상 신익희와 조봉암을 밀어줍니다. 김성수 선생이 건국 과정에서 한 것을 보면 조정자 역할이었어요. 어떻게 보면 근대인이었던 거지요. 그 양반이 일제 말기에 총독부에 협조한 부분이 있어서 깊이 살펴볼 필요가 있지만, 야사에 따르면 당대 사람들은 김성수를 아무도 욕하지 않았답니다. 왜냐하면 독립운동가들 전부 김성수의 도움을 받았기 때문입니다. 가난한 사람이 일본 유학 가고, 그런 시절에 다 김성수 도움을 받은 거지요. 그러니까 대놓고 욕할 수가 없었어요. 그렇게 덕을 많이 베풀었다는 이야기가 있습니다. 전북 고창이 고향입니다.

고백하자면 사실 저도 이번에 공부를 하면서 인촌을 새롭게 알게 되었습니다. 이분을 두고 '친일파'라고 하여 동상을 철거하라고 요구하던 어설픈 고려대학교 운동권 학생들을 생각하면 참 철없는 아이들이라는 생각이 듭니다. 고려대학교와 《동아일보》와 경성방직을 세운 분을 그렇게 쉽게 부정할 수 있을까요? 그의 한계를 비판을 할 수는 있겠지만, 그의 족적을 지울 수는 없을 것 같습니다. 우리의 선 자리가 그가 닦아놓은 기반 위에 있기 때문이지요. 아무리 큰 부잣집 아들이라도 이 셋을, 당대에 우리나라의 근대화를 이끌어간 대표적 기업과 대표적 사립대학과 대표적 언론기관을 아버지 돈으로 세울 수는 없었습니다. 저는 인촌이 전국의 부자들을 찾아다니면서 설득하여 주식을 모아서 《동아일보》를 만들고, 경성방직을 세웠다는 이야기에 주목합니다. 즉 그는 일제 강점기 한국의 지주와 자본가들의 지도자였던 것입니다. 해방 후 그의 역할은 자기가 원치 않아도 할 수밖에 없었던 것이 아닌가 싶습니다. 그런데 묘한 문제가 있습니다. 의외로 나중에 보면 조봉암과 김성수가 통하더라는 말입니다. 반면에 당대의 여러 공산당 지도자들이 유학자 김창숙 선생과 굽히지 않는 지조(志操)와 명분을 중시하는 점에서는 비슷하다는 말입니다. 어쩐지 전근대인 같아 보입니다.

황광우 플라톤의 이념주의가 마르크시즘으로 넘어오거든요. 그리고 성리학도 이념주의이고요. 소크라테스와 공자는 그렇지 않은데, 소크라테스 이야기를 체계화시킨 플라톤이나 공자의 이야기를 이론화시킨 주자(朱子)가 이념주의 경향이 있고요. 마르크시즘에 플라톤의 이념주의가 상당히 깔려 있습니다. 이념을 추구하기 때문에 자기 이념에 맞는 사람은 동지이고, 이념에 맞지 않는 사람은 적대시하는 이 성향이 똑같이 생기게 됩니다.

네, 그런 것 같습니다. 그래서 타협이 없는 거지요. '너도 옳고 나도 옳다'는 장사꾼들은 절충과 타협이 있어요. '네 말도 일리가 있다' 하는 것이 도시 사람의 사고방식인데, 농촌 사람은 그런 게 아니지요. 농민들에게는 '내가 옳거나 네가 옳거나 둘 중의 하나다' 하는 그런 면이 있는 것 같아요. 좌우 진영을 넘어 근대인들끼리 통하고 전근대인들끼리 통하는 그런 면도 있지 않았을까 하는 생각을 해봅니다. 당시의 부잣집 아들들이 일본 유학 가서 공산주의로 많이 빠졌거든요. 다들 관념적이고 교조적인 면이 있었고, 자신은 선각자로서 어리석은 민중을 계몽해야 한다는 그런 자세도 조금씩 갖고 있었던 것 같습니다. "삼천만 잠들었을 때 우리는 깨어……"라는 노래가 전해 내려와서 우리도 학생 시절에 즐겨 불렀지만, 조금 지사(志士) 같은 면모가 있었던 것 같습니다. 그런데 죽산 조봉암은 가난한 집의 아들이었어요. 보통학교도 졸업하지 못했습니다. 강화군청에서 사환을 했습니다. 그런데 머리가 비상하고 주산을 잘했어요. 그러다가 서울 YMCA 가서 배우고, 일본 가서 청강생을 좀 하고, 졸업장이 한 장도 없습니다. 이런 생활의 경험 속에서 형성된 정서와 사고방식이 더 대중적이고, 또 실질적이고 합리적이어서 여느 공산당 지도자들과 많이 달랐습니다. 이 사람과 인촌 김성수는 의외로 통하는 면이 있었던 것 같습니다.

제헌 헌법을 읽자!

제헌 헌법을 읽자!

오늘은 제헌 헌법을 공부하는 날입니다. 이야기를 어디서부터 시작할까요? 1948년의 어느 날, 5월 10일부터 시작하지요. 그날 제헌국회의원 총선거가 있었습니다. 제주도 두 개 선거구를 제외한 전국에서 198명의 국회의원이 처음으로 선출되었어요. 그분들이야말로 말하자면 대한민국 건국의 아버지들이지요. 거기에서 30명의 국회의원으로 헌법기초위원회를 구성했습니다. 위원장은 대구 출신의 서상일이라는 분입니다. 서상일 씨는 나중에 죽산 조봉암 선생하고 혁신정당을 함께할 뻔하신 분입니다. 국회의원 외에 전문위원들도 몇 분 포함되어 있었습니다. 오늘날 우리나라 헌법의 기초자로 알려져 있는 유진오 선생은 물론이고 나중에 진보당 간사장을 하는 윤길중 같은 분도 전문위원이었습니다.

대한민국이라는 나라 이름

이제 모든 것이 처음부터 논의되었습니다. 처음에는 나라 이름도 없었습니다. 결정되지 않았지요. 다양한 제안들이 나왔습니다. 가장 많은 표를 받은 것은 '대한민국(大韓民國)'이었습니다. 두 번째로 표를 많이 받은 것이 무엇인지 알고 계십니까? '고려공화국(高麗共和國)'입니다. 그런데 대한민국과 고려공화국은 몇 대 몇을 받았을까요? 17표, 7표 이렇게 받았습니다. 한민당의 당론은 고려공화국을 지지하는 것이었습니다. 한민당 당수 인촌 김성수 선생은 고려공화국이라는 자신들의 안이 당연히 통과될 것이라 믿었습니다. 3년 전에 대한민국 임시 정부를 봉대해야 한다는 입장에서 많이 바뀐 것을 알 수 있습니다. 그 후예들인 지금의 새정치민주연합 사람들이 1919년 임시정부가 만들어진 그때 이미 대한민국이 건국되었다고 말하지 않으면 큰일 난다고 생각하는 것과도 많이 다르지요?

김성수 선생은 자기 학교 보성전문학교의 이름을 급히 고려대학교로 바꾸었습니다. '고려'라는 이름을 선점한 거지요. 그런데 뜻밖에도 표결을 하니 17 대 7로 헌법기초위원회의 원안이 대한민국으로 결정되었습니다. 그런데 가만히 생각해보면 영문으로 우리나라 이름이 'Republic of Korea' 아닙니까? 그걸 세계인들이 가장 알아듣기 쉽게 번역하면 어떻게 되지요? 고려공화국입니다. 미 군정의 모든 문서, 외국 신문에 그렇게 표기를 하고 있었기 때문에 고려공화국으로 되는 것이 조금도 이상하지 않았겠지요.

태극기를 걸어놓고 집회를 하는 김일성

실상 대한민국이라는 이름의 유래는 '대한제국(大韓帝國)'에서 왔습니다. 그저 대한제국의 제(帝) 자를 민(民) 자로 바꾼 것입니다. 생각해보면 대한제국은 나라가 온갖 치욕을 당하면서 스스로 자멸하다시피 무기력하게 망해가는 실상과는 동떨어진 희극적인 이름이었습니다. 당대의 선조들에게 그렇게 자랑스러운 이름으로 기억되지는 않았고, 오히려 봉건 왕조의 잔영이 남은 이름으로 느껴지기도 했던 것 같습니다. 조봉암 선생도 대한민국이라는 나라 이름에 반대했습니다. 나라 이름에 큰 대(大) 자를 쓴다는 것은 오히려 콤플렉스의 표현이라고 조봉암 선생은 말합니다. 하지만 대한민국은 나름의 역사적 뿌리를 가지고 있는 반면, 고려공화국은 머리에서 나온 합리적인 안에 지나지 않았기 때문일까요? 결국 대한민국이 헌법기초위원회 내에서 다수의 지지를 받아 원안이 되고, 본회의에서도 그대로 통과됩니다. 조선 말기부터 쓰이던 태극기가 국기로 된 것도 마찬가지겠지만, 대한민국이라는 국호가 채택되는 과정을 보면 과거로부터 내려오는 전통의 힘을 느끼게 됩니다. 오래된 뿌리를 찾고자 하는 본능이 인간에게는 있는 것 같습니다.

평등과 자유

자, 이제 제헌 헌법을 한번 읽어보겠습니다. 저는 지난번에 강의를 마치고 서울로 올라가는 열차 안에서 제헌 헌법을 읽다가 새삼스럽게 눈물이 막 나더라고요. 그래서 그 조항을 다시 한 번 읽어볼까 합니다. 제헌 헌법 제8조를 읽어보겠습니다.

제8조

모든 국민은 법률 앞에 평등이며 성별, 신앙 또는 사회적 신분에 의하여 정치적, 경제적, 사회적 생활의 모든 영역에 있어서 차별을 받지 아니한다.

사회적 특수계급의 제도는 일체 인정되지 아니하며 여하한 형태로도 이를 창설하지 못한다.

훈장과 기타 영전의 수여는 오로지 그 받은 자의 영예에 한한 것이며 여하한 특권도 창설되지 아니한다.

양반과 귀족이 없다는 말입니다. 또 아무리 큰 공을 세워 훈장을 받더라도 양반이 되거나 귀족이 되는 것은 아니라는 말입니다. 당연한 이야기지요. 하지만 양반과 상민의 차별, 귀족과 천민이 없는 세상은 1894년 갑오년에 죽어간 수만 동학농민군과, 하느님 앞에 만인이 평등하다는 교리를 믿고 마리아를 부르며 순교한 1만 명 조선 말기의 가톨릭 신자들에게는 목숨을 바칠 만큼 간절한 꿈이었습니다. 저는 우리가 이런 나라, 이런 시대에 태어났다는 사실에 감사하며, 이런 나라를 만들기까지 수고하신 선열들에게 감사하며, 또 인류의 문명을 여기까지 진보시키는 데 일생을 바친 전 세계의 사회주의·민주주의 운동의 투사들에게 감사해야 마땅하다고 생각합니다. 제8조가 '평등'을 규정하고 있다면 제9조부터 제14조까지는 '자유'를 규정하고 있습니다. 한번 함께 읽어보실까요?

제9조

모든 국민은 신체의 자유를 가진다. 법률에 의하지 아니하고는 체포, 구금, 수색, 심문, 처벌과 강제노역을 받지 아니한다.

체포, 구금, 수색에는 법관의 영장이 있어야 한다. 단, 범죄의 현행, 범인의 도피 또는 증거인멸의 염려가 있을 때에는 수사기관은 법률의 정하는 바에 의하여 사후에 영장의 교부를 청구할 수 있다.

누구든지 체포, 구금을 받은 때에는 즉시 변호인의 조력을 받을 권리와 그 당부의 심사를 법원에 청구할 권리가 보장된다.

제10조

모든 국민은 법률에 의하지 아니하고는 거주와 이전의 자유를 제한받지 아니하며 주거의 침입 또는 수색을 받지 아니한다.

제11조

모든 국민은 법률에 의하지 아니하고는 통신의 비밀을 침해받지 아니한다.

제12조

모든 국민은 신앙과 양심의 자유를 가진다.

국교는 존재하지 아니하며 종교는 정치로부터 분리된다.

제13조

모든 국민은 법률에 의하지 아니하고는 언론, 출판, 집회, 결사의 자유를 제한받지 아니한다.

제14조

모든 국민은 학문과 예술의 자유를 가진다. 저작자, 발명가와 예술가의 권리는 법률로써 보호한다.

어떻습니까? 눈물이 나지 않습니까? "해방이 되면 이런 나라를 만들 거야"라고 우리의 선조들이 꿈꾸던 바로 그 꿈을 여기 한 글자 한 글자 새겨 넣은 것 같지 않습니까? 저는 항상 "대한민국은 자유와 평등의 나라로 건국되었다"고 말씀드리는데요, 바로 제헌 헌법의 제8조와 제9조부터 제14조까지에 평등과 자유가 규정되어 있군요.

여기에 아쉬운 부분이 하나 있습니다. 제9조에서 "단, 범죄의 현행, 범인의 도피 또는 증거인멸의 염려가 있을 때에는 수사기관은 법률의 정하는 바에 의하여 사후에 영장의 교부를 청구할 수 있다"라는 부분인데요, 바로 이 구절을 삭제해야 한다고 조봉암 선생은 맹렬하게 주장합니다. "우리가 젊은 시절 바로 그런 일제의 악법에 의하여 그 모진 탄압을 받았는데, 우리나라를 새롭게 만들면서 어찌 그런 인권을 유보하는 악법 조항을 둘 수 있느냐"는 것이 죽산의 생각이었습니다. 젊은 시절, 한때는 공산주의 독립운동의 동지이기도 했던 김준연 의원과 대판 싸우기도 합니다. 김준연 의원은 오래전에 전향하여 해방 후에는 한민당 내에서도 매우 보수적인 입장을 취하던 사람입니다. 그러나 어쩌면 그는 한민당의 당론을 대변하고 있었는지도 모릅니다. 왜냐하면 미 군정 3년 동안 한민당은 사실상 여당이었기 때문입니다. 미 군정은 한민당 사람들을 다수 기용하였습니다. 경찰도 경무부장 조병옥을 비롯한 한민당계가 장악합니다. 그러니 도피 또는 증거 인멸의 염려가 있다는 핑계로 영장 없이 체포 구금하는 짓을 바로 그들이 실제로 하고 있었거든요. 그 행위들에 대한 정당성의 근거를 헌법 조문에다 마련하려고 했는지도 모릅니다. 조봉암이 김준연 의원에게 "언제까지 너희들의 세상이, 너희들의 권세가 계속될지 아는가?"라고 호통을 쳤다는 이야기는 바로 그런 사정을 말하고 있습니다.

결국 조봉암은 자기의 주장이 헌법기초위원회 내에서 받아들여지지 않자 더 이상 회의에 참석하지 않습니다. 왜 참석하지 않느냐? 나중에 본회의가 열리면 헌법기초위원회가 제안자가 되는 셈이지요. 그러면 제안자에 속하는 자기가 반대 토론을 하는 것은 안 맞다는 거지요. 그래서 본회의에서 반대 토론을 하기 위해서 헌법기초위원회에 참석하지 않았습니다. 역시 본회의에서 반대 토론을 가장 먼저 신청한 사람은 조봉암이었습니다. 그리고 헌법기초위원이 반대 토론을 할 자격이 있느냐고 따진 한민당 쪽 사람도 있었습니다. 하지만 설왕설래 끝에 어렵사리 발언권을 얻어서 조봉암은 바로 제9조 이 항목의 삭제를 주장합니다. 그리고 수정 제안에 대한 표결에서 패합니다. 어쩌면 조봉암은 패배할 것을 알면서도 역사의 기록에 남기려고 하였는지도 모릅니다.

저는 참 궁금했습니다. 조봉암 선생이 현대 민주주의 시대에 살아보지도 않았는데, 제헌국회의원 선거에 출마하여 당선됨으로써 정치인으로 활동할 공간을 확보하고, 또 헌법학자도 아닌데 어떻게 이런 인권·기본권 조항의 중요성을 알았을까? 제가 김용기 죽산 조봉암 기념사업회 회장님에게 물어봤어요. 그랬더니, 이분이 독립운동을 하던 시절에 상하이(上海) 프랑스 조계(租界)에서 7년 정도 살았다는 사실을 지적하셨습니다. 그곳은 사실상 프랑스 영토나 마찬가지입니다. 거기서 살면서 서유럽의 인권이나 민주주의 개념들을 체득했다는 것입니다.

제헌 헌법의 뿌리

물론 많은 분들이 수정안을 내놓고, 활발한 토론을 했어요. 항상 그렇듯이 수정안 하나하나를 두고 표결하여 결정하는데, 대체적으로 원안이 통과되었겠지요. 그때 헌법기초위원회의 원안에 대해서 제안 설명을 한 사람은 누구일까요? 그리고 의원들의 질문에 답변한 사람은 누구일까요? 전문위원 중에 한 분이 나왔습니다. 유진오 선생이 나왔습니다. 유진오 선생이 기초를 하신 분이라 그분을 내세운 겁니다. 그런데 유진오 선생은 사실 본회의에 안 나오려고 했어요. 자신의 초안은 의원내각제로 되어 있었는데, 이승만 박사의 반대로 대통령중심제로 바뀌어버린 데에, 더 정확하게 말하면 내각제적인 요소가 가미된 대통령제로 바뀐 데에 불만이 있었던 거지요. 하지만 서상일 위원장이 불러서 할 수 없이 나갑니다. 그럼으로 인해 이분은 헌법의 기초자라는 영광을 안게 된 것입니다.

우리나라 헌법은 모두 아홉 번을 개정하지만, 대개 권력 구조를 바꾸려는 목적으로 개헌을 하면서 다른 부분을 손보는 방식으로 이루어졌습니다. 유진오 선생의 초안은 내각제로 되어 있었습니다. 유진오는 김성수의 사람이었으니 내각제는 한민당의 당론이었습니다. 하지만 이승만 박사가 "대통령제가 아니면 나는 정계 은퇴한다. 너희끼리 잘해봐라" 하고 나와서 할 수 없이 대통령제를 중심으로 해서 내각제가 가미된 것으로 바꾸었고, 지금까지도 기본 구조는 그대로입니다. 우리나라 헌법이 규정하는 정부 형태가 대통령제이지만 내각제가 가미되었다고 말하는데, 무슨 뜻인가요? 생각해보십시오. 대통령제에서 국무총리가 있는 나라는 없습니다. 우리나라에는 국무총리가 있는데, 국무총리가 국무회의의 의장이 아니고, 대통령이 의장입니다. 국무총리는 부의장입니다. 국무총리는 실권도 없습니다. 모든 결정은 청와대에서 대통령이 하도록 되어 있습니다.

그래서 국무총리는 정치 경험이 없는 사람, 예를 들면 대학 총장 하던 사람이라도 할 수 있는 자리, 실권이 없는 명예직, 속된 말로 '얼굴 마담'처럼 보이는 때도 있고, 공무원 출신이 하는 단순한 실무 행정적

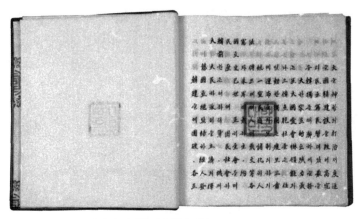
한국전쟁 때 분실되어 다시 작성한 제헌 헌법 사본

인 역할로 보이는 경우도 있습니다. 그러면서도 국무총리 임명은 국회의 동의를 받아야 합니다. 그래서 다수당의 지지를 얻어야 총리를 할 수 있는데, 그렇다면 상당히 내각제적인 냄새를 풍기기도 하고요. 또 국무총리는 장관에 대한 추천권을 가지고 있습니다. 물론 실제로 이 권리를 행사하는 총리는 거의 없었지만 말입니다. 그래서 "분명히 대통령 중심제이지만 내각제의 요소가 가미되어 있다, 유진오 초안의 흔적이 남아 있다"고 하는 것입니다. 그래서 저는 우리나라가 개헌이 된다면 의원내각제보다는 이원집정부제로 갈 가능성이 높다고 봅니다. 왜냐하면 경로 의존성은 항상 사물 발전이나 진화에서 참 대단한 힘으로 작용하기 때문입니다. 대통령제의 흔적을 완전히 지우지는 못할 것입니다. 4·19 혁명 후에 내각제를 실험하여 좋은 기억을 남기지 못했습니다. 이웃 나라 일본 정치의 무기력이나, 내각제를 자신의 가장 중요한 정치 상품으로 삼았던 김종필의 좌절도 연관이 되어 떠오릅니다.

다시 '자유와 평등의 나라로 건국된 대한민국'으로 돌아가겠습니다. 우리는 제헌 헌법을 보면서 감동을, 아니 감사를 합니다. 하지만 더 놀라고 감사할 일이 있습니다. 우리나라 헌법의 뿌리에도 놀라고 감사합니다. 1919년 4월 11일, 그러니까 3·1운동 한 달 후에 제정된 대한민국 임시 헌장 제3조와 제4조가 벌써 평등과 자유를 말하고 있습니다. 자유보다 평등이 항상 먼저 나옵니다.

대한민국 임시 헌장

제3조

대한민국 인민은 남녀 귀천 및 빈부의 계급이 무(無)하고 일체 평등임.

제4조

대한민국 인민은 신교, 언론, 저작, 출판, 결사, 집회, 선서, 주소, 이전, 신체 및 소유의 자유를 향유함.

1919년 3·1운동 직후 급히 작성된 임시 헌장에도 자유와 평등이 제3조와 제4조에 들어가서 새로운 나라를 약속하고 있습니다. 그로부터 30년 후 실제 나라를 건국하면서 그 약속은 지켜집니다. 물론 이 약속의 뿌리를 찾자면 독립협회나 그 이전의 동학혁명과 갑오경장까지도 거슬러 올라갈 수 있겠습니다. 빠른 속도로 진보하던 인류 문명과 현대 민주주의를 우리 민족도 받아들이기 위해 끊임없이 애를 쓰고 있었던 것입니다. 바로 과학기술과 민주주의를 중심으로 하는 근대 문명을 받아들이고 이를 우리 것으로 만들어가는 과정이 우리나라 근현대사였던 것입니다. 대한민국 임시 헌장 제1조는 어떻게 되어 있습니까? "대한민국은 민주공화제로 함." 1919년 4월에 벌써 새 나라의 정체를 민주공화제로 한다고 합의를 봐버렸습니다. 제헌 헌법 이후 우리나라 헌법의 제1조 "대한민국은 민주공화국이다"는 이미 1919년에 결정된 것입니다. 제8조에 "대한민국은 구황실(舊皇室)을 우대함"이라는 구절이 있지만 구색으로 갖춘 것 같습니다. 사실 어느 나라든지 망하면 독립운동을 하는 세력 가운데 한 분파쯤은 왕정복고를 주장하는 세력이 있게 마련인데, 우리나라에서는 3·1운동 이후에 왕정복고에 대한 이야기가 일절 나오지 않습니다. 어느 나라 독립운동에서도 이런 경우가 없는가봐요. 독립운동 분파 중에 한 분파 정도는 왕정복고나, 하다못해 입헌군주제를 주장하는 경우가 있는데 말입니다. 조선의 무기력한 자멸은, 철저한 멸망은 차라리 다행이라고 해야 할까요? 역사의 아이러니가 아닐 수 없습니다.

제헌 헌법으로 다시 돌아가봅시다. "제2조 대한민국의 주권은 국민에게 있고 모든 권력은 국민으로부터 나온다. 제3조 대한민국의 국민되는 요건은 법률로써 정한다." 그다음에 이어지는 제4조는 "대한민국의 영토는 한반도와 그 부속도서로 한다"라는 영토 조항이지요. 이 조항은 사실 꼭 필요하지는 않은 조항이에요. 그런데 왜 들어갔겠습니까? (반이 쪼개져 있으니까요.) 그렇습니다. "우리한테 대한민국의 정통성이 있고, 우리가 한반도 전체를 대표하는 정부다"라는 주장을 하기 위해서 대한민국의 영토는 한반도와 그 부속도서로 한다고 명시한 것입니다. 그리고 아까 말씀드린 평등과 자유에 대한 조항들이 이어지고, 사회권을 명시한 조항들이 그 뒤를 잇습니다. 제16조는 "모든 국민은 균등하게 교육을 받을 권리가 있다. 적어도 초등교육은 의무적이며 무상으로 한다"라고 되어 있습니다. 대단한 것이지요. 이 조항은 적어도 저의 경험으로는 현실에서 지켜졌습니다.

저는 1954년에 태어났는데, 제가 입학할 때는 한 사람도 빠짐없이 똑같은 날 국립초등학교에 입학했습니다. 가난한 집 아이나 부잣집 아이나 똑같이 입학했습니다. 어떤 아이는 떨어진 고무신 신고 오고, 어떤 아이는 운동화 신고 왔지만, 다 똑같이 들어갔지요. 당시에 사립 초등학교가 있었는지 모르겠습니다. 있었더라도 아마 거기 입학한 사람은 0.1퍼센트도 안 되었을 거고, 학교 들어가기 전에 글자 배운 아이는 1퍼센트도 안 되었을 겁니다. 그러니까 같은 해에 태어난 우리 세대는 강원도 산골에서 태어났든 전라도 섬에서 태어났든 모두 다 초등학교 동창생인 거지요.

황광우 여기서 보충 말씀 드리겠습니다. 프랑스혁명 당시에는 대다수가 입헌군주제를 주장했고, 민주공화정을 주장한 사람이 루소의 사상을 신봉한 로베스피에르(Robespierre)예요. 로베스피에르가 주장한 가장 과격한 내용이 보통교육이었습니다. 당시만 해도 보통교육은 꿈같은 이야기였는데, 이것이 우리에게는 1948년 헌법에서부터 나오게 된 겁니다. 그리고 현실에서 실현되었다는 이야기입니다.

아, 정말 감사합니다. 역시 세계사를 잘 아시니 중요한 지점을 상기시켜주셨습니다. 제18조에서 노동삼권을 보장하고 이익균점권도 명시하고 있습니다. "근로자의 단결, 단체교섭과 단체행동의 자유는 법률의 범위 내에서 보장된다. 영리를 목적으로 하는 사기업에 있어서는 근로자는 법률의 정하는 바에 의하여 이익의 분배에 균점할 권리가 있다." 아름다운 구절들이지요?

국회·정부·법원에 대하여 규정한 3장, 4장, 5장도 생각해보면 대단합니다. 삼권분립이란 당연하게 여기기 쉽지만, 진정으로 위대한 인류의 발명품이라고 저는 생각합니다. 〈춘향전〉에서 묘사된 조선 시대 남원부사는 오늘날의 남원시장과는 다릅니다. 옛날의 그는 삼권을 다 쥐고 있는 독재자입니다. 그러니 누구도 견제할 사람이 없고, 언제 올지 모르는 암행어사가 출두하여야 비로소 악행을 멈출 수 있었습니다. 하지만 지금은 아무리 도둑놈들이 많아도 도둑놈들끼리 서로를 견제하기 때문에 변학도만큼 나쁜 놈은 나올 수 없습니다. 그래서 저는 항상 "소인(小人)들이 서로를 견제하게 하는 것이 군자(君子)가 독재하도록 내버려두는 것보다 낫다"고 말씀드립니다.

우리 마음의 고향, 제헌 헌법

제6장 경제 조항들도 대단합니다. 제84조를 보십시오. "대한민국의 경제 질서는 모든 국민에게 기본적 수요를 충족할 수 있게 하는 사회 정의의 실현과 균형 있는 국민경제의 발전을 기함을 기본으로 삼는

다." 각인의 경제상 자유는 이 한계 내에서 보장된다. 현행 헌법의 제119조 2항이 이른바 경제민주화 조항이라고 하는데, 바로 이 조항을 되살려낸 거지요. 농지개혁을 명문화한 제86조의 중요성은 아무리 강조해도 지나치지 않습니다. "농지는 농민에게 분배하며 그 분배의 방법, 소유의 한도, 소유권의 내용과 한계는 법률로써 정한다." '농사를 짓는 사람이 농지를 소유한다'는 경자유전(耕者有田)의 대원칙이 헌법에 명시되니, 농지개혁은 기정사실이 된 것입니다. 농지개혁법이 국회를 통과한 것은 1949년이고, 1950년 한국전쟁이 나기 직전에서야 농지개혁이 마무리되었지만, 1948년 헌법에 이렇게 규정이 되었기 때문에 농지개혁은 기정사실로 받아들여졌습니다. 그래서 이미 많은 지주들이 소작농들에게 헐값에 땅을 넘겨주었습니다. 농지개혁이 실제로 이루어지고 있었던 것입니다.

제87조를 봅시다. "중요한 운수, 통신, 금융, 보험, 전기, 수리, 수도, 까스 및 공공성을 가진 기업은 국영 또는 공영으로 한다." 바로 이런 조항들과 앞에서 살펴본 사회권과 관련한 조항들을 근거로 학자들은 제헌 헌법이 사회민주주의 요소가 많은 헌법이라고 보고 있습니다. 바로 이런 조항들을 나중에 미국 사람들이 고치라고 압력을 가합니다. 미국 사람들이 봤을 때는 이것이 '자본주의 하자는 것 아니고 사회주의 하자는 것 아니냐' 해서 압력을 많이 주었지요. 자본가들의 자유로운 활동을 제한하는 것으로 보았던 것입니다. 그래서 1950년대의 개헌들, 1952년 이른바 '발췌 개헌'이나 1954년 '사사오입 개헌' 때 많이 사라진 것 같습니다. 자유주의 학자들은 이런 조항들을 없앤 것이

이후의 한국 자본주의 발전에 도움이 되었다고 봅니다. 그래서 다시 그 조항들을 되살려내는 것을 바보짓이라고 보겠지만, 저 같은 사회 민주주의자들은 "이제 우리 마음의 고향, 제헌 헌법으로 돌아가자!"고 외치고 있는 것입니다. 날카로운 입장 차이가 있는 것입니다. 다시 처음으로 돌아와서 전문(前文)을 한번 보시지요.

유구한 역사와 전통에 빛나는 우리들 대한국민은 기미 3·1운동으로 대한민국을 건립하여 세계에 선포한 위대한 독립정신을 계승하여 이제 민주독립국가를 재건함에 있어서 정의 인도와 동포애로써 민족의 단결을 공고히 하며 모든 사회적 폐습을 타파하고 민주주의 제(諸) 제도를 수립하여 정치, 경제, 사회, 문화의 모든 영역에 있어서 각인(各人)의 기회를 균등히 하고 능력을 최고도로 발휘케 하며 각인의 책임과 의무를 완수케 하여 안으로는 국민생활의 균등한 향상을 기하고 밖으로는 항구적인 국제평화의 유지에 노력하여 우리들과 우리들의 자손의 안전과 자유와 행복을 영원히 확보할 것을 결의하고 우리들의 정당 또 자유로이 선거된 대표로서 구성된 국회에서 단기 4281년 7월 12일 이 헌법을 제정한다.

저는 제헌 헌법 전문의 문장이 현행 헌법 전문보다 훨씬 품위가 있고 고급스럽다고 생각합니다. 현행 헌법의 전문을 한번 볼까요? 1987년 10월 29일 개정된 현행 헌법 전문을 보면 이렇게 되어 있습니다. "유구한 역사와 전통에 빛나는 우리 대한국민은 3·1운동으로 건립된 대한민국임시정부의 법통과 불의에 항거한 4·19 민주 이념을 계승하고……." 뭐가 다르지요? 해방 당시 한민당의 정략에서 나온 '임정법통론'을 너무 노골적으로 못 박았습니다. 과연 헌법 전문에 '법통'이라는 촌스러운 용어까지 동원할 필요가 있었을까요? 1987년 개헌 당시 민정당을 대표하여 협상에 나온 이종찬 씨, 그분은 이시영 부통령의 형님 이회영 선생의 손자인데, 그분이 고집했다고 합니다. 3·1운동과 임시정부 수립에는 물론 전 민족이 다 참여하거나 지지했지만, 나중에 파생하거나 새로이 등장한 독립운동의 다양한 분파들의 눈으로 바라보면 때로는 완고한 노인들이 모여 앉아 파벌 싸움이나 벌이고 있던 임시정부 한 줄기만 인정하는 듯이 들리는, 그러니까 포용적이고 탄력적인 문구가 아니라 너무 독점적이고 배타적인 문구가 아닙니까?

한민당이 임시정부봉대론을 내세운 것은 여운형 선생의 건준(建準, 건국준비위원회)과 인공(人共, 인민공화국) 참여를 거부하기 위한 명분이었을 뿐입니다. 임정(臨政, 임시정부)의 귀국을 기다려서 임정을 받들어야 한다고 주장했지만, 나중에 정작 임정이 귀국했을 때 한민당은 무척 곤혹스러웠습니다. 임정 사람들은 한민당을 전혀 고마워하지 않고 친일파 취급을 하였지요. 해방 정국의 최대 현안인 신탁통치 문제에서도 입장 차이는 드러났습니다. 미 군정과 가까웠던 한민당 당수 송진우가 반탁운동(反託運動, 신탁통치반대운동)에 소극적인 태도로 나왔다가 광적인 민족주의자 테러리스트 한현우에게 암살되었는데, 한민당 쪽에서는 임정을 배후로 생각하였습니다. 나중에 임정 쪽에서 장덕수를 암살하면서 두 정치 집단 사이는 갈 데까지 갔습니다. 정작 국호를 정하는 헌법기초위원회에서 '대한민국'에 손을 든 것은 오히려 친이승만의 독촉(獨促, 독립촉성중앙협의회) 계열과 무소속 의원들이었고, 한민당은 '고려공화국'을 주장하였지요. 그러니까 임정봉대론은 해방 정국 초기의 주도권을 좌익에게 빼앗겨 당황한 한민당의 임기응변이고, 매우 정략적인 주장이었다고 해야 할 것 같습니다. 그럼에도 그 생각은 끈질기게 살아남아 1987년 헌법의 전문에까지 나타났으니, 재미있는 일이 아닐 수 없습니다. 간혹 지식인 사회나 정치권에서 개헌 문제가 토론이 되지만, 그럴 때마다 저는 항상 "우리 마음의 고향, 제헌 헌법으로 돌아가자!"라고 외치는 편입니다. 그래서 전문 역시 제헌 헌법의 전문을 그대로 두어야 한다고 생각합니다. 그 후의 개헌 사실들은 따로 기록해서 덧붙여야 한다고 생각합니다. 건국의 아버지들의 숨결과 고뇌가 서려 있는 문장을 함부로 손대지 말아야 한다는 생각입니다.

제헌 헌법이 만들어진 과정에서 활약하신 여러 분들과 영향을 미친 정치 세력들을 잘 묘사한 이영록 교수의 책《우리 헌법의 탄생》은 꼭 읽어보시기 바랍니다. 정말 잘 쓴 책입니다. 우리는 흔히 제헌 헌법에 대하여 그렇게 중요하게도 자랑스럽게도 생각하지 않았습니다. 대충 유진오 선생이 바이마르 헌법을 베긴 거라고 생각하고 있었던 것입니다. 심지어 어떤 분들은 미 군정이 만들어준 것이 아닐까 하고 생각하기도 하였습니다. 이영록 교수는 우리가 알고 있던 것보다는 훨씬 독립적으로 만들어졌고, 복잡한 정파와 인물들의 꿈과 비전이 녹아들었다는 사실을 밝혀주었습니다. 3·1운동 직후, 그러니까 1919년 4월 11

일 상하이 임시정부에서 채택된 대한민국 임시 헌장의 정신을 이어받고, 바이마르 헌법과 중화민국 헌법을 참조하여 만들어진, 굉장히 진보적인 내용을 담은 헌법이었다는 것입니다. 제헌 헌법의 내용도 좋지만, 만들어진 과정도 만만치 않습니다. 제헌국회의원 총선거는 투표율이 매우 높았습니다. UN 감시단이 깜짝 놀랐어요. 선거를 한 번도 안 해본 사람들이 어찌 투표율이 이렇게 높냐는 것이었지요. 투표 참여를 독려한다고 차를 타고 돌아다녔는데, 막상 결과를 보고 깜짝 놀란 겁니다.

물론 좌익 쪽에서는 선거를 보이콧하자고 호소하였습니다. 그리고 김구 선생과 김규식 선생도 참여하지 않았습니다. 하지만 선거가 이루어지지 않은 것은 제주도 두 개 선거구밖에 없었습니다. 제주도의 단독정부 반대 운동은 강력했습니다. 육지에서 경찰과 군대가 출동하여 결국 수만 명의 민간인이 학살되는 대비극으로 이어지고, 그 영향으로 여순반란사건까지 일어납니다. 제주도 4·3 사건을 두고서는 지금도 여전히 논쟁이 이어지고 있습니다. 그 사건이 분명히 제헌국회의원 선거를 반대하는 남로당의 선거 보이콧 운동으로부터 시작되었다는 사실을 중심으로 보시는 분들과, 그 사태의 진행 과정에서 숱한 양민들까지 살상당했다는 사실을 중시하는 분들이 대립하고 있지요. 여하튼 전국적으로 투표 참여율은 상당히 높았습니다. 그래서 UN에서 바로 대한민국 정부를 승인하였습니다. 1948년 12월 12일이었습니다. 물론 당시의 UN은 미국의 절대적 영향하에 있었고, 회원국의 다수는 영연방 나라들이었지만, 국제적 승인이 결코 가벼운 일은 아니지요.

또 우리나라 지식인들이 흔히 "우리나라 헌법이 1987년 이전에는 장식적인 헌법이었다, 실제로 현실에서는 그 조항들이 지켜지지 않는 아름다운 문구들로만 가득 찼다"라고 생각했습니다. 그래서 잘 읽어보지도 않았습니다. 부끄럽게도 저 역시 몇 년 전까지는 그랬습니다. 그러나 이제 저는 그렇게 생각하지 않습니다. 결국 우리나라는 제헌 헌법의 큰 틀을 벗어나지 않았습니다. 전쟁이 끝난 지 몇 년 되지도 않았는데, 불과 12년 장기 집권한다고⋯⋯. 아닌가요? (웃음) '국부'라고 불리던 이승만 대통령을 쫓아낸 4·19 혁명이 가능했던 것도 제헌 헌법 없이 상상할 수 있겠습니까? 이승만 대통령은 4년 임기를 한 번씩 연장할 때마다 망가져갔습니다. 1952년에는 '부산정치파동'을 일으키고, '발췌 개헌'을 해서 겨우 대통령 직선제로 바꾸어 임기를 연장할 수 있었습니다. 1954년의 '사사오입 개헌'은 또 무엇인가요? 삼선 금지를 푸는 개헌이었습니다. 그러고도 1956년 대선에서 부정선거를 해서 겨우 집권을 연장하였습니다. 북한에서는 그런 체면 구기는 일 전혀 없이 김일성 본인은 48년 동안 집권하고, 그것도 모자라서 아들과 손자까지 대를 이어서 지금까지도 집권을 하고 있는데 말입니다.

제헌 헌법에 규정되어 실현된 멋진 일들은 그 외에도 많습니다. 예를 들면 우리나라가 1948년에 벌써 여성도 다 투표에 참여하는 보통선거가 실시되었는데요, 이는 전 세계적으로 다른 나라들에 비교하여 그리 늦은 것이 아닙니다. 또 농지개혁을 해서 지주·소작 관계를 일소하고, 신분 질서의 잔재 같은 것도 다 인정하지 않았습니다. 바로 독립운동가들의 새 나라에 대한 꿈과 비전이 제헌 헌법에 명문화되었던 것입니다. 제헌 헌법에서 채택한 대의민주주의와 삼권분립의 현대 민주주의 체제, 그리고 언론·출판·집회·결사의 자유가 바로 우리가 지금 누리는 그 소중한 자유 아닙니까? 1972년부터 1987년까지 15년 동안의 유신 체제, 군사 독재 기간 동안에 잠시 그런 자유를 누리지 못했던 적도 있지만, 또 결국 끈질긴 민주화 운동으로 되찾게 된 것도 원래 우리 조상들이 제헌 헌법에 이미 또렷하게 써놓았기 때문이 아니겠습니까? 여러분, 수시로 제헌 헌법을 읽고, 우리 마음의 고향으로 돌아갑시다.

저는 '역사에서는 반드시 승자의 꿈만 실현되는 것은 아니다, 패자의 꿈도 실현된다'고 생각합니다. 제헌 헌법에는 이승만이나 김성수의 꿈만 아로새겨진 것이 아닙니다. 거기에는 김구와 조소앙의 꿈도, 김규식과 여운형의 꿈도, 심지어 박헌영의 꿈도 새겨져 있다고 생각합니다. 박헌영 선생의 〈8월 테제〉를 한번 읽어보십시오. 거기서 조선혁명의 현 단계는 부르주아민주주의혁명의 단계라고 하면서 바로 토지혁명과 8시간 노동제와 언론·출판·집회·결사의 자유를 실현하는 것이 가장 중요한 당면 과제라고 하였습니다. 아마 박헌영 선생이 대한민국의 오늘을 보신다면 "부르주아민주주의혁명이 완료되고, 이제 자본주의가 충분히 발전하여 사회주의혁명의 조건이 성숙한 단계로 돌입하고 있구나" 하면서 '9월 테제' 같은 것을 쓰시지 않을까 싶습니다. (웃음)

제헌국회의원들

2008년 2월에 마지막 제헌국회의원이 별세하면서 모두 역사 속으로 사라져갔습니다. 하지만 그분들 성함과 약력은 한번쯤 찾아서 읽어보시는 것도 예의가 아닌가 싶습니다. 헌정회 사이트에는 가나다 순으로 정리가 되어 있습니다. 아무 데나 읽어보았습니다. 전진한(대한노총, 경북 상주), 정광호(한민당, 전남 광주), 정구삼(대한독립촉성국민회, 충북 옥천), 정균식(조선민족청년단, 전남 담양)……. 이 네 분의 소속 단체로 보아 역시 우익 진영에 속한 분들인 것 같습니다. 하지만 이분들 가운데 이른바 '악질 친일파'는 없었습니다. 전국적인 명망이 있거나 지역의 유지들이고, 선거에서 당선이 될 만큼 덕망이 있는 분들이었습니다.

"반공이라는 명분으로 되살아난 악질 친일 모리배가 대한민국을 건국하였다"는, 지금도 살아 있는 뿌리 깊은 생각, 약산 김원봉 같은 분들이 가졌던 인식에는 분명 현실적인 근거가 있습니다. 대한민국 건국의 어두운 면이지요. 하지만 그것은 주로 노덕술 같은 경찰 간부들의 경우에 해당하는 이야기입니다. 그리고 반공 청년 단체들 속에도 그런 사람이 많이 있었습니다. 그들은 가장 밑바닥에서 악역을 맡아서, 차마 사람으로서 하지 못할 짓을 많이 하였습니다. 조병옥과 장택상 같은 사람이 그런 이들을 지휘하였고, 이승만은 그들을 잘 이용하였습니다. 그래서 저는 빛과 그림자를 같이 보자는 취지이고요. 한 면만 보려는 분들과는 다른 입장입니다. 일전에 우연히 《녹색평론》을 25년째 내고 계시는 김종철 교수를 만났습니다. 그분이 전진한 선생에 대하여 이야기하면서 새삼 그분의 사상을 연구하고 있다고, 그분의 '자유협동주의'가 바로 자신의 사상과 비슷하다고, 건국 당시에 활동하셨던 분들이 우리가 알고 있던 것보다 훨씬 큰 분들이었다고 이야기했습니다. 전진한은 불교 수행에서도 높은 경지에 올랐다고 하시더군요. 그런데 그분이 제헌국회의원이시군요.

저는 15년 동안 경남 창원에 살다가 6년 전에 서울 수유리로 이사를 갔습니다. 수유리에는 한신대학교 신학대학원이 있습니다. 어느 날 산책을 하다가 장공(長空)기념관 앞에 이르렀을 때, 마음 깊은 곳에서 솟아나는 무언가가 있었습니다. 저는 기독교 신자가 아니지만, 조국을 구할 새로운 사상을 찾아서 공부했던 식민지의 청년들, 그중의 한 사람 장공 김재준을 떠올리니 깊은 감동이 왔습니다. 그것이 공산주의든, 기독교이든 마찬가지가 아니겠습니까? 무엇이 마찬가지입니까? 만인이 평등한 나라를 만들자는 사상이라는 점에서 마찬가지입니다. 그리고 저는 바로 그분들의 꿈이 실현된 그런 나라에 태어났습니다.

제가 태어난 마을은 100여 호, 시골 마을치고는 제법 컸습니다. 우리 집은 세 손가락 안에 드는 부잣집이었습니다. 그래서 저는 친구들에게 미안한 경우가 많았습니다. 그런데 지금도 이상한 점은 "왜 그렇게 나는, 그리고 우리 친구들은 그토록 맹렬한 평등주의자였던가? 나는 왜 간혹 그렇게 미안해했을까?" 하고 가끔 생각하는 것입니다. 지금 생각해보면 실은 우리는 매우 평등한 세상에 태어났습니다. 조금씩 차이가 났지만, 비슷비슷한 처지의 자영농의 아들과 딸 들은 한날

한시에 전국의 국립초등학교에 입학했습니다. 우리 동네에서 가난 때문에 취학을 포기한 친구는 아무도 없었습니다. 결국 평등한 현실이 우리를 평등주의자로 만들었습니다. 우리의 생각은 하늘에서 떨어진 것이 아니었습니다. 우리는 조금이라도 공평하지 못한 선생님이나 어른들의 처사에도 함께 분개했고, 간혹 좋은 옷을 입거나 어른들의 편애를 받는 나는 친구들에게 미안해했습니다. 1950년대의 대한민국에서 불평등은 지금처럼 너무 크지 않아서 오히려 가까이 있었습니다. 하지만 그것이 우리를 짓눌러 무기력하게 만들거나 친구 사이를 갈라놓지는 않았습니다. 공부나 싸움이 아니면 노래나 잡기, 하다못해 잔머리라도 굴려서 여자 친구들에게 돋보이려는 경쟁을 포기하는 친구는 아무도 없었습니다. 저는 대한민국이라는 신생 독립국에 태어났는데, 그 나라는 우리 민족이, 아니 동아시아 사람들이 지금까지 세운 나라 중에서 가장 평등한 나라였습니다.

월북 또는 납북 지도자들

지난 시간에 건국 전후에 활동하신 인물들 이야기를 하였습니다만 오늘도 몇 분 더 말씀을 드릴까 합니다. 먼저 1941년 조소앙 선생이 기초한 〈건국 강령〉의 한 구절을 봅시다. "우리나라의 건국 정신은 삼균제도에 역사적 근거를 두었으니, 선민의 명명한 바 '수미균평위(首尾均平位)'하면 '홍방보태평(興邦保泰平)'이라 하였다. 이는 사회 각층의 지력(知力)과 권력(權力)과 부력(富力)의 가짐을 고르게 하여 국가를 진흥

안재홍

조소앙

하며 태평을 보전, 유지하려 함이니 홍익인간(弘益人間)과 이화세계(理化世界)하자는 우리 민족의 지킬 바 최고의 공리임." 어려운 한문 투 문장이지요? 그 뜻을 대충 살펴보면, 평등 가치는 서양으로부터 들어온 기독교나 공산주의가 아니라 우리나라 전통 사상으로부터 유래한 것이라는 이야기입니다. 임정의 이론가, 또는 임정 내 우파 한독당의 이론가라고 볼 수 있습니다. 조소앙 선생은 〈건국 강령〉을 비롯한 중요한 문서를 기초하였습니다.

조소앙 선생을 흔히 사회민주주의적인 경향의 중도좌파로 분류합니다만, 저는 그분을 중도우파로 봅니다. 그분의 삼균주의는 균권(均權)·균산(均産)·균학(均學), 즉 정치 권리에서 균등하고, 경제 자산에서 균등하고, 교육 기회에서 균등한 나라를 만들자는 이념이에요. 이름부터 쑨원(孫文)의 삼민주의(三民主義)와 비슷합니다. 이분은 신익희가 떠나간 뒤에도 한독당을 지키지만, 김구 선생과 함께 남북협상을 하려고 평양을 가보니까 '이건 아니구나' 하여 내려와서 바로 한독당으로부터 독립하여 사회당을 만들고, 제2대 국회의원 선거에 참여합니다. 서울 성북구에서 출마했는데, 하필 상대가 한민당의 조병옥이었습니다. 조병옥은 미 군정의 경무부장을 맡아서 사람을 많이 죽였습니다. 특히 좌익 탄압에 앞장선 것이지요. 그래서인지 조소앙 선생이 압도적으로 이겼습니다. 아마 조소앙 선생이 전국 최다 득표를 했을 겁니다. 그런데 국회가 개원도 하기 전에 6·25 전쟁이 일어났습니다. 그리고 납북되었습니다. 대남 방송에도 이용당하고 고생을 하다가 1958년 북한에서 돌아가셨습니다. 조소앙이 사회당을 만든 일 때문에 우리나라 진보 정당이나 사회민주주의 운동의 조상으로 보기도 합니다만, 어디까지나 한독당 내 진보파 정도로 볼 수 있는 분입니다.

그런가 하면 남북협상에 가서 돌아오지 않고 북한에 눌러앉아버린 사람도 있었습니다. 벽초(碧初) 홍명희 선생이지요. 이분은 장편소설 《임꺽정》을 쓴 소설가이기도 한데요, 평양 가서 내려오지 않고 북한 정권에 참여합니다. 나중에 부수상까지 하지요. 아마 남한의 우익 출신 홍명희 선생을 부수상으로 대접한 것은 북한 정권이 정통성을 주장하기 위해서가 아니었을까 싶습니다. 홍명희 선생은 나름대로 소신에 따라 행동하고 선택한 것이라고 볼 수 있습니다. 홍명희 선생 아버지가 유언을 했거든요. "너는 친일파와는 놀지 마라." 그런데 홍명희 선생이 보기에 남한에는 친일파가 득세하는 것 같아요. 크게 높은 자리는 못하지만 실속 있는 자리에 친일파가 많이 기용된 것으로 보이거든요. 그래서 자기는 그 꼴 보기 싫다고 북한 정권에 참여한 것입니다. 저는 홍명희 선생과 조봉암 선생을 비교해서 말씀드리기 좋아하는데요, 두 분은 나름대로 자기 소신에 따라 선택을 했다고 보기 때문입니다. 얼핏 보아서는 엇갈린 선택입니다. 홍명희 선생은 우익 출신이고, 조봉암 선생은 좌익 출신입니다. 벽초의 기준을 민족주의라고 한다면 죽산의 기준은 민주주의라고 해야 할 것입니다. 당시의 지식인들은 고민했습니다. 월북도 하고 월남도 했습니다. 소설가 최인훈의 장편소설《광장》의 주인공 이명준과 같은 지식인들이 고민 끝에 한 선택들이었지요. 입으로야 양비론(兩非論)을 말할 수 있을지 몰라도 실존하는 몸뚱이는 남과 북 중에서 어느 한쪽을 선택하거나, 운명에 의해 어느 한쪽에 속할 수밖에 없었습니다.

마지막으로 한 사람, 민세(民世) 안재홍 선생을 이야기하지 않을 수 없습니다. 안재홍은 우익 중에서 비타협적 항일 투쟁을 줄기차게 펼치고 반일 언론 활동을 계속하여 아홉 번이나 투옥되신 불굴의 투사로 유명합니다. 그는 여운형의 건국준비위원회에 부위원장으로 참여합니다. 건준 부위원장으로서 1945년 8월 15일에 방송 연설을 하면서 벌써 '한일 친선'을 이야기하였으니 멀리 내다보았다는 점과 일본 사람들로부터도 존경받은, 그래서 일본 사람들에게 아무런 열등감 같은 것이 없는 당당한 선생의 모습을 그려볼 수 있습니다. 하지만 건국준비위원회가 공산당의 헤게모니로 넘어가고 인민공화국으로 전환되자 탈퇴하여 국민당이라는 독자적인 정당을 만듭니다. 또 우사(尤史) 김

103

규식 선생과 함께 좌우합작을 추진하기도 했습니다. 일제 치하의 신간회(新幹會)를 모델로 하여 우익을 앞에 내세운 좌우합작이 가장 현실적이라는 주장을 합니다. 미 군정 치하라는 정세나 당시의 사회 발전 단계로 보면 일리가 있는 주장이지요. 안재홍 선생은 나중에 미 군정의 민정장관으로 취임하여 대한민국 건국을 돕기도 합니다. 제헌국회 총선을 관리하였으니 대한민국의 산파였어요. 하지만 바로 이 때문에 단독정부 수립을 반대한 그의 옛 동지들로부터 얼마나 많은 비난을 받았는지 모릅니다.

안재홍 선생이 만든 국민당을 측근들의 반대에도 불구하고 한독당에 흡수 합당시킨 것은 국내 조직 기반이 약한 한독당으로서는 크게 고마운 일이었습니다. 하지만 미 군정의 민정장관직을 맡자 바로 그 한독당으로부터 제명을 당해요. 사심 없는 현실주의자 안재홍은 당대의 우국지사들, 독립운동가들 속에서 무척 외로운 존재였습니다. 하지만 그는 제2대 국회의원 선거에 평택에서 출마하여 당선되었습니다. 기쁨도 잠시, 좌우합작을 추진하면서 그토록 걱정하던 사태, 전쟁이 일어나서 서울을 탈출하지 못하고 결국 인민군에게 납북되어 북한에서 고생하다가 1965년에 돌아가셨습니다.

안재홍 선생은 일찍이 1930년대에 위당(爲堂) 정인보 선생과 함께 조선학운동을 일으키고 다산(茶山) 정약용 선생의 전집 《여유당전서(與猶堂全書)》를 교열 번역한 학자이자 언론인이고 정치가였습니다. 항일투쟁에서는 누구보다 비타협적인 투사였지만, 해방 정국에서의 정치가로서는 항상 타협적이고 현실적인 인물이었습니다. 이분을 보면서 저는 큰 적을 상대로 싸울 때 유감없이 누구보다 전투적으로 싸운 사람이 우리 편끼리 다툴 때는 유연할 수 있다는 것을 느낍니다. "늦게 배운 도둑질이 더 무섭다"는 말도 있지만, 민주화 운동을 할 때 모든 것을 다 바쳐 싸우지 않은 사람은 나중에 바로 그 콤플렉스 때문에 완고한 원칙주의자가 되는 경우가 있습니다. 이미 민주화 운동은 끝났는데, 오히려 그 시절의 정서와 생각에서 벗어나지 못하는 것입니다.

혼돈의 해방 정국

혼돈의 해방 정국

2015년은 해방된 지 70년이 됩니다. 아마 당연히 이 나라를 세우기 위해 헌신하신 선열(先烈)에 대한 추모의 분위기도 고조될 것입니다. 하지만 어떤 분을 추모할지에 대한 국민적 합의가 없습니다. 그렇다고 다양한 견해가 있는 것도 아닙니다. 오로지 두 편으로 나뉘어서 극단적인 의견이 서로 달라도 너무 다릅니다. 왜 그럴까요? 그래서 흡사 해방 정국의 좌우 갈등, 좌우익 진영 내부 갈등이 아직도 계속되고 있는 것 같은 착각을 불러일으킵니다. 왜 그럴까요? 여기에는 우리가 종종 잊고 싶어하는 불편한 진실이 있습니다. 그것은 무엇입니까?

불행하게도 대한민국은 독립운동가 전부가 건국에 찬성하고 참여한 나라가 아니었습니다. 박헌영과 김일성을 비롯한 친소 공산주의자들뿐만 아니라, 중도좌파의 여운형, 중도우파의 김규식까지도, 심지어 이념 성향으로는 가장 극우라 할 수 있는 김구 선생마저 대한민국 건국에 참여하지 않았습니다. 많은 분들이 오랜 독립운동 끝에 반쪽짜리 나라를 만들자는 데 차마 동의하지 못했던 것입니다. 그런가 하면 우리가 존경하는 독립운동가 모두가 중일전쟁과 제2차세계대전을 치르던 1937년부터 1945년까지의 일제 말기, 일제가 최후의 발악을 하던 그 시기까지 일제에 대해 저항을 계속한 것은 아니었습니다. 특히 그 시기를 국내에서 보낸 분들의 경우에는 대다수가 저항을 포기하였습니다. 1931년 만주사변, 1937년 중일전쟁을 일으키면서 일본은 군국주의로 치달아 1920년대의 다이쇼(大正) 데모크라시 시절은 먼 옛날이 되고 말았습니다. 특히 미국과 영국을 상대로 전쟁을 일으킨 1941년부터 1945년까지를 두고 말한다면, 조직적 저항이나 독립운동을 전개할 만한 상황이 전혀 아니었습니다. 소학교 교사들까지 칼을 차고 다니는 살벌한 전시 체제였습니다.

불편한 진실

당시 이른바 '대일본제국'은 전체가 하나의 병영(兵營)으로서 지금 우리가 보는 북한과 비슷했습니다. 아니, 실제로 전쟁 중이었기 때문에 더 광적인 분위기였습니다. 김규식·안재홍·조소앙 등 6·25 전쟁 당시 납북되신 분들 가운데 북한의 강요로 대남 방송에 이용되신 분들이 있습니다. 이 경우, 전시(戰時)라는 특수한 상황에서 일어난 일이라는 점을 감안하여 대한민국 정부는 몇 년 전부터 이분들에게, 대한민국 이승만 정부에게 전쟁의 책임을 돌리고 비난하는 방송을 하였음에도 불구하고, 건국훈장을 추서하여 독립 유공자로 예우하고 있습니다. 마찬가지로 1941년부터 1945년까지 일제의 대미(對美) 전쟁을 지지하거나 학도병 지원을 격려하는 연설을 하거나 글을 쓰신 분들의 경우에도 전시라는 상황을 감안해야 한다는 주장이 있습니다. 거의 비슷한 상황이었다는 말입니다. 일본이 미쳐서 날뛰던 시기에 있었던 신문이나 잡지, 이런 기록들은 어떠한 판단의 근거로 삼을 수 없다고 말하시는 분들이 많습니다.

독립운동가 가운데 대한민국 건국에 참여하지 않은 분들과 일제 말기에 저항을 포기한 분들이 많다는 사실, 이것은 매우 불편한 진실입니다. 대한민국 건국에 참여하지 않은 분들의 경우에는 대한민국에 대한 충성을 의심받는 처지에 놓이게 되거나 일부는 심지어 이른바 '종북(從北)'의 의심을 받게 되기도 합니다. 일제 말기에 독립운동을 포기한 분들의 경우에는 '친일(親日)' 시비라는 치욕적인 검증을 받고 있습니다. 그 시기를 국내에서 보낸 분은 거의 모두가 수모를 당하고 있습니다. 건국 초기 반민특위 조사 대상에 오른 적이 없는 김성수와 조봉암도 지금 와서 새삼 수모를 당하고 있습니다. 김성수 선생의 경우에는 1962년에 추서된 건국훈장을 취소해야 한다는 주장이 있습니다. 그런가 하면 조봉암 선생의 경우에는 2011년 대법원에서 1959년 재판을 재심하여 무죄판결을 하였음에도 불구하고, 보훈처에서는 모든 신문이 폐간되고 유일하게 남은 총독부 기관지에 실린 작은 기사 하나를 근거로 그분에게 새삼 친일 혐의를 씌워서 건국훈장 추서를 거부하고 있습니다. 유족들로서는 기가 찰 노릇입니다. 52년 만에 간첩 혐의를 벗고 나니 이제는 친일파라고 하는데 얼마나 황당하겠습니까? 왜 이렇게 되었습니까? 그 뿌리로 돌아가보겠습니다.

자, 이제 해방이 된 1945년 8월 15일부터 제헌 헌법이 제정되고 대한민국이 건국된 1948년 8월 15일까지 일어난 일들을 살펴봅시다. 3년이라는 짧은 시간 동안 정말 많은 일이 있었습니다. 혁명 시기의 하루는 평시의 1년에 맞먹는다고 누군가 말했습니다. 처음 기선을 잡은 것은 국내에 있던 여운형과 박헌영이었습니다. 여운형은 총독부로부터 치안권을 넘겨받아 건국준비위원회를 결성하고, 조만간에 이를 인민공화국으로 간판을 바꾸어 답니다. 미군이 진주하기 전에 임시정부의 형태를 갖추어서 인정을 받자는 생각이었던 것 같습니다. 하지만 김성수를 비롯한 한국민주당은 임정봉대론을 내세워 건준(建準, 건국준비위원회)과 인공(人共, 인민공화국) 참여를 거부하고, 미국에서 이승만 박사가 들어오고, 중국에서 김구·김규식의 임시정부가 들어오면서 정국은 복잡해집니다. 해방되자마자 바로 좌우 갈등이 시작된 것입니다. 일제 치하에서 총독부와 사이좋게 지내던 대지주들이나 광산업·제조업 등으로 큰돈을 번 부자들은 돈암장을 이승만 박사에게, 김구 선생에게는 경교장, 김규식 선생에게는 삼청장을 내놓습니다. 이승만 박사는 나중에 이화장으로 이사하지요. 그리고 정치자금을 이승만 박사에게 50퍼센트, 김구 선생에게 20퍼센트, 김규식 선생에게 10퍼센트쯤, 나머지를 여운형·박헌영 등에게 내놓습니다. 이것은 제가 계산을 해본 것은 아니고요. (웃음) 이 정치자금으로 각각 청년 단체들을 조직하게 되는데, 청년 단체는 살벌한 폭력과 테러가 난무하는 해방 정국에서 거의 사병(私兵)과 비슷합니다.

반탁운동

친일 청산과 토지개혁을 내세우고 민중 속에 조직과 지지 기반을 확대해가는 좌익에 밀리던 우익에게 기회가 찾아온 것은 반탁운동이었습니다. 반탁운동을 이해하기 위해서는 모스크바삼상회의 결정문을 보아야겠습니다. 모스크바삼상회의에 대해서 《동아일보》는 크게 오보를 합니다. 의도적인지 아닌지는 모르지만 "소련은 신탁통치 주장, 미국은 즉시 독립 주장" 이렇게 보도합니다. 그전에도 《동아일보》는 소련에 대하여 다소 악의적인 보도를 한 적이 있었지만, 이 오보로 인하여 반탁운동의 불길이 일어납니다. 그 와중에 바로 《동아일보》 사장이자 한민당 수석총무, 즉 당수인 송진우가 암살을 당하게 되니 아이러니가 아닐 수 없습니다.

신탁통치 문제가 거론된 것이 사실은 처음이 아닙니다. 물론 우리는 몰랐지만 말입니다. 카이로회담, 들어보셨지요? 우리나라를 일제로부터 해방, 독립시키기로 강대국들이 합의한 최초의 국제 회담입니다. 1943년 11월 말에 카이로에서 열린 그 회담에서 "한국인들이 노예 상태에 있음을 유의하여, 앞으로 적절한 절차에 따라 한국에게 해방과 독립을 줄 것이다"(······mindful of the enslavement of the people of Korea, are determined that in due course Korea shall become free and independent)라고 미국

신탁통치에 관해 오보를 실은
1945년 12월 27일자 《동아일보》

의 루스벨트, 영국의 처칠, 중국의 장제스가 합의했습니다. 그런데 여기서 '적절한 절차'라는 것은 바로 신탁통치를 의미했습니다. 이런 구상은 오히려 미국이 제안한 것이라는 이야기입니다. 1945년 2월 얄타회담에서 루스벨트는 "한국인은 자치 능력이 없다. 아마 40년 내지 50년 정도는 신탁통치를 해야 할 것 같다"고 말했으나, 소련의 스탈린이 "그렇게 길게는 안 된다. 5년 정도로 하자"고 했다는 이야기도 있습니다. 그러니까 모스크바삼상회의에서 "최대 5년을 기한으로, 미·영·소·중 4개국 정부가 신탁통치를 실시"한다는 내용이 결정되기는 했지만, 소련이 주장하여 그렇게 결정된 것은 아니라는 이야기입니다. 자, 그럼 모스크바삼상회의 결정문을 보실까요? 당시에 통용된 것으로 보이는 번역문을 제가 조금 수정하였습니다.

1. 조선을 독립국가로 재건설하며 조선을 민주주의적 원칙하에 발전시키는 조건을 조성하고 가급적 속히 장구한 일본의 조선 통치의 참담한 결과를 청산하기 위하여 조선의 공업·교통·농업과 조선 인민의 민족문화 발전에 필요한 모든 조치를 취할 임시 조선민주주의 정부(a provisional Korean democratic government)를 수립할 것이다.

2. 조선 임시정부 구성을 원조할 목적으로(In order to assist the formation of a provisional Korean government) 먼저 그 적절한 방안을 연구 조성하기 위하여 남조선 미합중국 점령군과 북조선 소연방 점령군의 대표자들로 공동위원회가 설치될 것이다. 공동위원회는 그 제안을 작성함에 있어서 조선의 민주적인 정당 및 사회 단체들과 협의해야 한다(shall consult). 공동위원회에 의하여 작성된 제안은 공동위원회를 대표하는 두 정부의 최종 결정에 앞서 소련·중국·영국, 그리고 미국 정부의 고려를 위하여 제출되어야 한다.

3. 조선 인민의 정치적 경제적 사회적 진보와 민주주의적 자치 발전과 독립국가의 수립을 원조 협력할 방안을 작성함에는 또한 조선 임시정부와 민주주의 단체의 참여하에서 공동위원회가 수행하되, 공동위원회의 제안은 최고 5년 기한으로 4개국 신탁통치(trusteeship)의 협약을 작성하기 위하여 미국·영국·소련·중국 4국 정부가 공동 참작할 수 있도록 조선 임시정부와 협의한 후(following consultation with the provisional Korean government) 제출되어야 한다.

4. 남·북 조선에 관련된 긴급한 문제를 고려하기 위하여 또한 남조선 미합중국 관구와 북조선 소련 관구의 행정 경제면의 항구적 균형을 수립하

기 위하여 2주일 이내에 조선에 주둔하는 미·소 양군 사령부 대표로서 회의를 소집할 것이다.

임시정부를 수립하고, 임시정부와 협의를 하여 신탁통치도 하고, 독립국가도 만들자는 이야기인데요, 글자 그대로만 본다면 전혀 흥분할 일이 아닌 것 같습니다. 또 지금 와서 생각해보면, 5년 동안의 신탁통치라는 것이 어쩌면 현실적인 방안이었는지도 모릅니다. 진정 통일된 나라를 만들고자 했다면 그 신탁통치를 받아들여야 했던 것 아니냐는 이야기도 있습니다. 왜냐하면 미국과 소련뿐만 아니라 영국과 중국, 4개국이 5년 동안 신탁통치를 한다고 되어 있습니다. 우리나라에 미국과 소련 양국만 들어와 있는데, 영국과 중국을 끌어들이면 또 상황이 달라질 것이 아니냐는 거지요. 또 미국과 소련의 군대가 분할 점령하고 있는 현실 속에서 그들의 동의를 받지 않고 통일 정부를 세울 수는 없는 것 아니냐는 말도 있습니다. 과연 오스트리아처럼 임시정부를 세워서 신탁통치를 받다가 서서히 외국군을 내보내고 통일된 나라를, 예를 들면 '중립국'을 만들 수도 있었을 것 같은데요. 우리나라의 우익은 즉각적인 반대를 했습니다. 우리가 얼마나 오래 식민지 치하에서 고생하고 독립을 기다려왔는데, 또 신탁통치냐며 바로 받아들이기 어려웠고 감정적으로 나왔던 거지요. 반탁운동을 기회로 삼은 세력은 김구 선생의 임시정부입니다. 김구의 임시정부는 강경한 태도로 반탁운동을 주도하여 일시적으로 정국의 주도권을 갖게 됩니다. 반면에 좌익은 수세적인 입장이 됩니다. 처음에는 반탁운동에 동조하다가 자세히 보니까 아니다고 해서 찬탁으로 돌아섭니다. 그러나 미소공동위원회가 열리는 건 바로 이 모스크바삼상회의 결정에 근거한 것이었습니다.

임시정부는 반탁운동의 대성공에 고무되어 거의 미 군정을 부정하고, 경찰이나 공무원들에게 명령을 내려 통치권을 행사하려는 움직임을 보이기도 합니다. 나중에 1946년 8월에 다시 한 번 임시정부가 미 군정에 대한 '쿠데타'를 시도하는데요, 이때 미 군정에서는 임시정부 내무부장 신익희 선생을 잡아들이기도 합니다. 아마 신익희 선생은 이때 미 군정과 깊은 대화가 있었고, 이때부터 김구 선생으로부터 점차 독립해나간 것으로 보입니다. 물론 신익희 선생은 이미 이전부터 미소공동위원회 참여를 주장하기도 하고, 점차 완고한 임정법통론으로부터 멀어지는 모습을 보이기도 합니다. 이는 조봉암 선생이 1946년 5월에 미 군정 방첩대에서 조사를 받고 나온 후에 전향을 한 것과 비슷한 경로이고, 미국이 나름대로 이미 이때부터 능력이 있는 인물들과 깊이 접촉하고 고급 정보와 자금을 제공하면서 이승만 견제 세력을 키운 것 같기도 합니다. 여운형과 김규식의 좌우합작운동 역시 미 군정의 후원에 힘입은 바 큽니다. 이는 신익희·조봉암·여운형·김규식 등을 평가절하하기 위해서 하는 말이 아닙니다. 복잡하고 역동적인 현실 속에서 자신의 꿈을 실현하기 위해 애쓴 현실 정치가로서 이분들을 볼 필요가 있다는 말입니다. 또 미국 역사상 가장 진보적인 루스벨트 정부의 뒤를 이어받은 트루먼 정부의 지휘를 받는 미 군정에서는 젊은 장교들이 나름대로 미국식의 민주 정부를 한국에 세워

보려고 노력하기도 하였고, 이를 긍정적인 시각으로 볼 수도 있을 것입니다. 박헌영 선생이 나중에 숙청될 때, 미국의 간첩으로 몰려 죽은 근거가 되는 미 군정과 박헌영의 접촉도 마찬가지 시각으로 볼 수 있습니다.

1945년 12월 29일 저녁입니다. 김구 선생의 경교장에서는 긴급회의가 소집되어 많은 사람이 모여들었습니다. 그 자리에서 고하 송진우 선생 같은 경우는 "결정문도 보지 않고 판단을 급히 할 것이 뭐냐?"고 이야기했지요. "여러분 중에서 모스크바삼상회의 결정문을 읽어보신 분이 있습니까?" 하고 말한 것입니다. 그게 맞는 말이지요.《동아일보》기사만 보고 흥분해서 다 모여서 회의를 했던 거지요. 하지만 김구 선생 같은 경우는 구두를 벗어서 책상을 내리치면서 "신탁통치 결사반대"를 외쳤습니다. 김구 선생의 의외의 정치 감각이 돋보이는 대목입니다. 그도 역시 나름대로는 현실 정치가였던 것입니다. 임시정부의 그 유명한 파벌 투쟁으로 단련된 분이었지요. 그런데 송진우 선생은 개인적으로도 합리적인 사고방식을 가진 분이었지만, 한국을 점령한 미군 사령관 하지 중장으로부터 한국 사람들을 설득해달라는 부탁도 받았던 것 같기도 합니다. 송진우 선생은 그다음 날 새벽에 바로 암살당했어요. 아침이 밝기도 전에 자기 집에서 암살당했어요. 나중에 장덕수 선생이 미소공동위원회 참여를 주장하면서 김구 선생에게 대들었다가 한독당 당원들에게 암살당한 것과 비슷합니다. 김구 선생을 테러리스트라고 비난한 사람들은 나름대로 근거가 있었습니다.

당시 조선공산당 총비서 박헌영이 쓴 〈개인 테러리즘을 배격함〉이라는 1945년 11월 21일 자 글을 읽어봅시다. "반민주주의적인 민족주의자들은 대개 투쟁의 유일한 방법으로써 개인적 테러주의를 사용하며 쿠데타 방법에 의거하여 자기 목적을 관철하는 것이 투쟁 수단의 전통적 습관이다. 예를 들면, 정적(政敵)의 요인을 암살이란 비열한 방법으로 거꾸러뜨리고 그러한 몇 개 수령만 제거하면 적세(敵勢)를 일소할 줄 생각하며 이것만을 일생의 직업으로 삼고 다니는 자가 있다. 일본 제국주의와의 싸움에 있어서, 우리 공산주의자들이 취하는 투쟁 방법인 선전, 교양, 조직, 선동, 대중으로 하여금 대중적 동원에 의한 집회, 파업, 시위 행렬, 무력 항쟁, 의병운동과 반민주주의적 민족주의자와 아나키스트들이 취하는 방법인 개인 테러에 의한 암살, 폭발탄, 피스톨, 단도의 사용으로 정적 암살 행위 등 이러한 투쟁 방법의 차이가 있는 것인데, 금일 조선의 혼란한 형편을 더욱 혼란에로 끌어들이는 가장 중요한 원인은 민족주의자 중에서는 편협한 층과 반동적 그룹들이 여전히 그 비열한 투쟁 방법을 고집함에 기인한다." 누구를 비난하는지 알 만하시지요? 결국 박헌영은 그 이듬해 1946년 3월 27일에는《UP통신》호이트 기자와의 인터뷰에서 "김구는 반동적 테러단 수령으로 유명하다고 할까"라고 말하는 데까지 이릅니다.

실제로 해방 정국에서 테러는 비일비재하게 일어났습니다. 국내파 공산주의자로서 조선공산당 평안남도 서기를 맡았던 현준혁 같은 사람도 암살당했는데, 누가 죽였는지 밝혀지지 않았습니다. 김일성과 소련 군정 당국이라는 소리도 있고 염동진의 백의사(白衣社)라는 말도 있습니다. 백의사라는 것은 임정계 테러 단체입니다. 해방 전에는 독립운동 단체인데, 해방 후에는 정치 테러를 감행하기도 했습니다. 1946년 평양의 3·1절 기념 행사에서는 김일성도 암살하려고 했습니다. 김일성을 암살하려고 수류탄을 던졌는데요, 행사 경비를 맡은 소련 군인 하나가 그 수류탄을 집어서 멀리 던지려다가 팔이 날아갔어요. 그 사람을 세월이 흐른 후에 김일성이 평양으로 모셔다가 훈장도 주고 감사를 했어요. 그 테러 팀은 최용건과 김책의 집에도 폭탄을 던졌습니다. 그래서 북한에서는 남북협상을 하러 김구 선생이 올라가기 전까지는 '백색 테러리스트 김구를 죽이자'는 벽보가 붙어 있었습니다. 이승만보다 김구를 더 증오했습니다. 그런데 김구 선생이 남북협상을 하러 온다니까 급히 그 벽보를 치우느라 바쁘게 움직였다고 합니다.

미소공동위원회와 좌우합작운동

반탁운동으로 결집한 우익은 1946년 2월 14일 남조선대한국민대표민주의원(민주의원)을 만들고 의장으로 이승만, 부의장으로 김구·김규식을 선출하였습니다. 이에 대항하여 좌익은 그다음 날 2월 15일 종로 YMCA에서 민주주의민족전선(민전)을 결성하고 여운형·허헌·박헌영·백남운·김원봉을 공동 의장으로 추대했습니다. 이렇게 좌우익으로 대립하자 미 군정은 중도우파 김규식과 중도좌파 여운형을 밀어서 좌우합작운동을 일으켜보려고 애를 쓰기도 합니다. 미 군정에서 이 두 사람에게 상당한 지원을 합니다. 하지만 두 분은 대중적인 인기도 있고 사심 없는 훌륭한 지도자였지만, 조직적 기반이 너무나 미미했습

1945년 모스크바삼상회의 결과 발표 후 열린 신탁통치 반대 시위

니다. 격렬한 좌우 대립 속에서 중도파는 설 자리가 없었습니다. 안타까운 일입니다. 사실 김규식 선생 같은 경우에는 건강도 좋지 않고, 권력 의지가 약하여 활발한 대인 관계를 가지고 있는 분이 아니었습니다. 그럼에도 미 군정에서 밀 수 있는 중도우파의 대표였습니다. 그의 합작 파트너로서 여운형 선생에 대해서도 미 군정에서 어느 정도 지원을 했습니다. 하지만 여운형 선생은 김규식 선생보다는 철저한 보호를 받지 못하다보니 돌아가실 때까지 테러를 열 번 이상 당했고, 결국에는 테러를 당해서 돌아가셨습니다. 그나마 1947년 초까지 지지부진 계속되던 미소공동위원회는 미국과 소련의 관계가 틀어지면서 끝납니다.

사실 미국과 소련은 제2차세계대전에서 독일·이탈리아·일본 등 파시스트 나라들과 전쟁을 하면서 동맹을 맺은 거였지요. 그래서 친구가 되었는데, 제2차세계대전이 끝나면서 사실상 그 관계는 끝납니다. 소련은 점령한 땅을 양보한 적이 없습니다. 정치적 협상에서 양보한 것이 없습니다. 독일 영토 전체를 4개국이 나누었고요. 수도인 베를린에 대해서도 4개국이 나누었던 것입니다. 그래서 소련이 점령했던 지역은 동베를린과 동독이 되고, 프랑스와 영국과 미국이 점령했던 땅은 서베를린과 서독이 되었습니다. 그것처럼 유럽 전체도 그러했습니다. 소련군이 점령했던 체코슬로바키아·루마니아·폴란드 이런 나라들은 다 공산 정부가 세워졌고요. 유럽에서 독일을 물리치는 데 소련 군대가 워낙 큰 역할을 한 것은 맞습니다. 그러니까 소련의 입장에서 보면 제2차세계대전은 독·소 전쟁이었습니다. 독일이 북쪽으로는 레닌그라드, 남쪽으로는 스탈린그라드까지 쳐들어왔던 거지요. 스탈린그라드가 중요했던 것은 카스피해 연안에 유전이 있었기 때문입니다. 독일은 국내 유전이 별로 없었습니다. 루마니아에 있는 유전에서 기름이 조금 나왔습니다. 그래서 독일의 육군은 우크라이나를 뚫고 지나가서 스탈린그라드로 쳐들어간 것입니다. 거기서 수십만이 죽는 '스탈린그라드 대전투'가 벌어졌는데요. 그 싸움은 제2차세계대전 최대의 전투였습니다. 그래서 미국은 소련이 그만큼 비싼 대가를 치르고 점령한 동유럽을 인정했다는 이야기도 있습니다.

일본은 1932년에 청나라의 마지막 황제 푸이(溥儀)를 데려다가 괴뢰국 만주국을 만들고, 1937년에는 중일전쟁을 일으켜서 중국의 대부분을 점령하였지만, 그에 만족하지 못하고 동남아시아를 쳐들어갔습니다. "백인놈들을 아시아에서 다 몰아내자"라고 외치면서 말입니다. 이른바 '대동아공영권(大東亞共榮圈)'을 만들자고 부르짖으면서 중국 내륙과 동남아시아를 침략합니다. 당시에 동남아시아는 유럽인들의 식민지였습니다. 미국이 필리핀을, 영국이 말레이시아·싱가포르·버마를 정복하고 있었고요. 프랑스가 인도차이나, 지금의 베트남·캄보디아·라오스를 식민지로 정복하고 있었지요. 네덜란드가 인도네시아를 가지고 있었는데 일본이 동남아시아를 쳐들어가서 거의 다 빼앗아버렸지요. 이런 일본을 상대로 미국은 고전하였습니다. 그래서 소련을 태평양전쟁에 끌어들이려고 애를 썼습니다. 하지만 소련은 독일과 전쟁을 하는 동안에는 일본과 불가침조약을 맺고 있었지요. 독일이 항복한 후에도 미국의 대일 참전 요구를 거절하다가 마지막 순간에 소련 육군이 만주를 쳐들어갔습니다. 하루라도 빨리 제2차세계대전은 끝나게 되었지만, 동아시아의 판도에는 커다란 변화가 왔습니다.

1946년 6월, 이승만 같은 경우는 남한에 먼저 정부를 세워야 한다고 말을 합니다. 그것이 유명한 정읍 발언입니다. 정읍에 갔을 때 그런 말을 했지요. 그래서 무수히 공격을 받습니다. 그래서 두고두고 분단의 책임을 묻는 사람도 많이 있습니다. 그러나 사실 북한에서 임시인민위원회가 세워지고 토지개혁을 한 것은 1946년 2월입니다. 사실상 정부를 세웠습니다. 소련의 의지는 분명하였습니다. 북한에서도 양보할 생각은 없었습니다. 지주나 친일파로 몰린 사람과 기독교 신자, 반공적 입장에 섰던 사람 100만 명이 전쟁 전에 다 월남합니다. 북한에 '민주 기지'를 건설하자며 정부를 세우는 작업이 이미 진행되고 있었습니다. 그러니 거기에 대응해서 남한도 단독정부를 수립하자는 것이 사실은 현실론이지요. 하지만 이것을 쉽게 말하기 곤란한 분위기였던 겁니다. "어렵게 독립을 했는데 분단이라니!"라는 정서가 많이 있었어요. 통일 정부 수립을 위하여 마지막까지 노력한다는 생각, 단독정부 수립에는 참여하지 않는다는 생각은 김규식 선생의 경우에는 처음부터 분명했던 것 같습니다. 김규식 선생의 좌우합작도 그러하고, 남북협상을 위하여 북한으로 갈 때도 안 되는 줄 알면서 가신 것 같습니다. 자신이 그런 역할을 맡아서 역사에 기록을 남기려고 하신 것입니다. 어쩌면 좌우합작에 마지막까지 헌신하다 암살당한 여운형 선생도 자신의 꿈이 실현되지 않을 줄 알았던 것이 아닌가 싶습니다. 다만 자신의 역할을 그렇게 설정한 것이 아닌가 싶습니다.

이승만과 김구

여운형·김규식 두 선생께 말씀드리면 무척 의아해하시겠지만, 이루지 못한 그분들의 꿈, 통일 정부 수립의 꿈은 지금은 김구 선생으로 상징되고 있습니다. 신탁통치 반대 운동부터 시작하여 미소공동위원회 참여를 거부하면서 이승만의 단독정부 노선을 지지하고 뒷받침하다가 마지막 순간에 방향을 급선회하신 분인데 말입니다. 이 또한 역사의 아이러니입니다. 이렇게 된 이유를 누구는 이렇게 설명합니다. 김규식 선생이 납북되어 전쟁 중에 이승만과 미국을 비난하는 대남방송에 이용당하고, 여운형 선생은 행적이 너무 친북적이었고, 전쟁

후 오랜 기간 험악한 남한의 반공 분위기 속에서 그나마 안심하고 '존경'할 수 있는 분이 김구 선생이었기 때문이라고 말입니다. 김구 선생이 방북하면서 발표한 성명서를 읽어보겠습니다. 제목은 〈삼천만 동포에게 읍고함〉입니다. 울면서 고(告)한다는 것이지요. 한번 같이 읽어보실까요?

삼천만 동포에게 읍고함

요즈음 우리 땅 한반도에서는 외세에 아첨하는 자들이 떼를 지어 남침이니 북벌이니 하면서 전쟁 얘기만을 획책하고 있지만 실지로 그리되는 날엔 세계 평화의 파괴는 물론이요, 동족의 피를 흘려서 외세를 이롭게 하는 것밖에는 아무것도 아니게 될 것이다. 통일하면 살고 분열하면 죽는다는 것은 고금의 철칙이온데, 자파 세력의 연장을 위해서 민족 분단의 연장을 획책하는 것은 온 민족을 죽음의 구렁 속에 빠뜨리는 극악무도한 짓이노라.

독립이 원칙인 이상, 그것이 당장엔 가망 없다고 해서 자치를 주장할 수 없는 것은 왜정하에서 온 민족이 뼈저리게 인식한 바 있거니, 지금 독립 정부의 수립이 당장에 가망 없다고 해서 단독정부를 세울 수는 없는 것이다. 단독정부를 중앙정부라 이름하여 자기 위안을 찾으려 하는 것은 미 군정청을 남조선 과도정부라 부르는 것과 조금도 다름이 없는 것이다.

삼천만 동포 자매 형제여, 지금 나의 하나뿐인 염원은 삼천만 동포와 손잡고 통일 정부를 세우는 일에 공동 분투하는 일이다. 조국이 원한다면 당장에라도 이 한 목숨 통일 제단에 바치겠노라. 나는 통일 정부를 세우려다가 38선을 베고 쓰러질지언정 일신의 구차한 안위를 위해서 단독정부를 세우는 일에는 가담하지 않겠노라.

　고요한 밤에 홀로 앉으면 남북의 헐벗고 굶주린 동포들의 원망스러운 용모가 눈앞에 어릿거린다. 붓이 여기에 이름에 가슴이 막히고 눈물이 앞을 가려 말을 이르지 못하겠노라. 삼천만 동포 자매 형제여, 나의 이 애달픈 고충을 명찰하고 다시 깊이 생각하시라.

　이승만에 대한 대단한 복수입니다. 아니, 자신을 소외시킨 그 모두에 대한 복수지요. 대한민국 건국에 참여하는 사람들을 '일신의 구차한 안위를 위한 사람들'이라고 몰아붙인 셈입니다. 등에 칼을 꽂는 이야기입니다. 제헌국회의원들을 죄다, 신익희니 조봉암이니 이런 사람들을 모두 '일신의 구차한 안위를 위해 단독정부 수립에 가담하는 사람'으로 몰아버립니다. 참으로 대단한 말입니다. 1947년 여운형의 암살과 1948년의 김구의 북행 감행, 그때의 긴박한 상황이 생생하게 전해오십니까? "독립운동해서 양반이 되자!"고 청년들을 설득하던 김구, 스스로 독립운동을 해서 양반이 되고, 임시정부의 주석이 되어 귀국하여 뿌듯해하던 황해도 촌놈 백범(白凡)은 마지막 승부수를 던지고, 뒤이어 암살이 되면서, 그리고 이승만이 말년에 부패한 측근들에게 둘러싸여 독재를 하다가 쫓겨나면서 아버지를 잃은 대한민국 국민들의 마음속에 아버지 같은 존재로 되살아납니다. 얼마나 드라마틱합니까? 두어 번의 미 군정에 대한 쿠데타 시도가 실패로 돌아가자 이승만의 노선을 충실하게 따르다가, 마지막 순간에 번쩍 정신이 든 듯이 좌우합작에 의한 통일 정부 수립 노선으로 급선회한 그는 해방 정국에 흡사 돈키호테 같은 인물이었습니다.

그가 성인(聖人)의 반열에 올라 이제는 누구도 비판할 수 없는 성역이 된 것은 전혀 비현실적인, 그래서 차라리 아름다운 마지막 행보와 안타까운 죽음이라는 스토리가 그의 고난에 찬 독립운동과 건국 시기의 정치가로서의 무능함에다 마지막 점을 찍어주었기 때문일 것입니다. 현실의 권력투쟁에서 승리가 모든 것을 다 주지는 않는다는 것을 보여줍니다. 승자의 주변에는 파리떼처럼 아첨꾼과 모리배들이 모여들고, 또 승자에게는 이후의 사태 전개에 대한 무한책임이 따릅니다. 반면에 패자에게는 책임이 면제됩니다. 그리고 깨끗하고 관념적인 지사(志士)들의 안타까움이 집중되면서 역사에는 패자가 더 아름답게 그려지는 것이 보통인 것 같습니다. 쿠바에 체 게바라(Ché Guevara)가 있다면 대한민국에는 김구가 있습니다. 경교장을 잘 꾸며놓았는데요, 서울 강북삼성병원 안에 있습니다. 한번 가보십시오. "여기 대한민국의 혼이 있다"라고 써놓았습니다. 언젠가는 이루어질 통일 대한민국의 상징이지요. 하지만 아마 정작 통일이 되고 나면 여운형·김규식 등 여러 독립운동과 건국의 영웅들이 균형 있는 평가를 받는 가운데 자기 자리를 찾아가실 것으로 봅니다.

요즈음 이승만 박사를 '국부(國父)'로 다시 모시려는 움직임이 있습니다. 광주광역시 출신으로 3선을 하신 이영일 의원 같은 정계 원로들도 지난 2010년, 4·19 혁명 50주년을 맞이하여 〈4·19 세대가 본 이승만〉이라는 발표에서 "이승만 없이 대한민국이 없다"고 이야기하셨습니다. 4·19 세대는 지금까지 이승만 박사를 매우 미워하고 욕해왔습니다. 이승만에 대한 존경심 같은 것은 없었지요. 하지만 70대 원로가 되어서 다시 공부를 해보고 역사를 되돌아보니 다른 면이 보이더라는 이야기입니다. 그럼에도 이승만을 재평가하려는 움직임은 대중적 차원에서는 별로 성공을 거두지 못하고 있습니다. 이승만은 역대 대통령 중에서 국민의 평가가 거의 바닥 수준입니다. 분명 일리가 있는 이승만 재평가는 왜 성공하지 못하고 있는가? 거기에는 역사적인 이유가 있을 것 같습니다. 4·19 혁명 이전에 이승만을 국부라 불렀습니다. 이기붕을 비롯한 아첨하는 사람들이 살아 있는 이승만을 중국의 쑨원(孫文)과 같은 반열에 올려놓고 우상화하려는 움직임을 보였습니다. 북한에서 김일성을 우상화하는 데에 대응하는 조치이기도 하였습니다. 그런데 4·19 혁명에 의해 이런 시도는 거부되었습니다. 그렇기 때문에 지금 이승만을 국부라고 부르자는 제안은 4·19 혁명을 되돌려놓자는 반동적인, 반역사적인 시도로 받아들여지는 것이 아닐까요?

저는 문제가 다른 데에도 있다고 생각합니다. "나라를 만든 사람들을 특별한 악인(惡人)이 아니라고 한다면, 그 나라에서 잘살고 있는 후손들이 존경하는 것이 당연하지 않은가?" 맞습니다. 하지만 미국 사람들이 말하는 '건국의 아버지들(founding fathers)'을 '국부'라고 번역해놓으니 어쩐지 어감이 좋지 않습니다. 권위적이고 억압적으로 느껴져서 거부감을 줍니다. 어디선가 "차라리 우리는 아비 없는 후레자식이 될 거야!"라고 외치는 소리가 들리는 듯합니다. 그리고 미국 사람들은 결코 유일한 아버지를 모신 적은 없는 것 같습니다. 그래서 저는 "'S' 자가 빠졌다"라고 말하지요. 조지 워싱턴, 알렉산더 해밀턴, 존 애덤스,

제임스 매디슨, 토머스 제퍼슨, 벤자민 프랭클린 등 우리가 이름을 들어본 사람 이외에도 독립전쟁에 참여하고 제헌의회에 참석했던 많은 사람들을 모두 '건국의 아버지'라고 부르는 것 같습니다. 우리도 그렇게 해야 하리라 믿습니다. 이승만에 대한 평가를 다시 하고 싶은 분들은 이승만과 함께 김성수·신익희·조봉암을 다시 평가하는 것이 마땅하다고 봅니다.

반민특위의 실패

마지막으로 친일 청산이란 문제를 조금만 이야기하고 넘어가시지요. 친일 청산 문제는 여전히 뜨거운 감자입니다. 이것 이야기를 잘못하다가는 바로 친일파로 매도당하기 때문에 아무도 이 이야기를 잘 안 하려고 합니다. 하지만 일단 대체로 대한민국 현대사에서 친일 청산 문제는 철저하지 못했다는 것이 일반적인 평가입니다. 그래서 대한민국의 정통성에 흠집이다, 예를 들어 아기가 태어나면서 어떻게 해서 엉덩이에 반점이 하나 생겼다, 얼룩이 하나 있다, 이렇게 볼 수 있는 문제인데요. 자, 반민법(反民法, 반민족행위처벌법)을 한번 보시지요. 법제처 홈페이지에 올라 있는 1948년 9월 22일 공포된 〈반민족행위처벌법〉입니다. 제목부터가 의미심장합니다. '친일 청산'이 아니라 '반민족행위처벌'이라고 되어 있습니다. 왜냐하면 '친일'이라고 하면 엄격하게 말해서 처벌할 수 있는 것이 아닌 하나의 정치적 입장이나 사상이 될 수도 있는 것이지요. 친일이나 친미나 친러나 친중이나 다 상황에 따라 얼마든지 취할 수 있는 입장이지요. 그래서 '반민족행위'를 보다 엄격하게 개념 규정을 하여, 행위 그 자체에 대해서만 처벌을 하자는 것입니다. 이 법률 조항들을 자세히 보면 그 당시 사람들이 얼마나 고민을 많이 했는가를 느낄 수 있습니다. 그 당시 사람들이 용어 하나하나의 선택에도 고민을 많이 했다는 것을 알 수가 있을 것 같아요. 반민족행위를 구체적으로 적시하여 실제적인 처벌이 가능하도록 하고, 또 처벌의 범위를 좁히려는 것 같은 느낌을 받습니다.

제1장 제1호에서 가장 먼저 반민족행위자로 꼽는 것은 "일본 정부와 통모하여 한일합병에 적극 협력한 자, 한국의 주권을 침해하는 조약 또는 문서에 조인한 자와 모의한 자"입니다. 바로 이완용이 그 대표적인 인물인데요, 당시에 아직 살아 있는 사람은 거의 없었을 것 같습니다. 하지만 단죄와 재산 몰수가 필수적이지요. 제2호에서 말하는 "일본 정부로부터 작(爵)을 수(受)한 자 또는 일본 제국 의회의 의원이 되었던 자"는 한일합방 당시에 자작·남작·백작이니 하는 작위를 받은 왕족들이나 고관들을 말합니다. 그들은 일본의 귀족으로 편입된 것입니다. 제3조에서 규정한 "일본 치하 독립운동자나 그 가족을 악의로 살상 박해한 자 또는 이를 지휘한 자"도 분명 단죄가 되어야 할 자들입니다.

제4조가 복잡한데요, "①습작(襲爵)한 자, ②중추원 부의장, 고문 또는 참의 되었던 자, ③칙임관 이상의 관리 되었던 자, ④밀정 행위로 독립운동을 방해한 자, ⑤독립을 방해할 목적으로 단체를 조직했거나 그 단체의 수뇌 간부로 활동하였던 자, ⑥군, 경찰의 관리로서 악질적인 행위로 민족에게 해를 가한 자, ⑦비행기, 병기 또는 탄약 등 군수

반민족행위자로 몰려 포승줄에 묶여 끌려가는 김연수 경성방직 사장(가운데)과 최린(오른쪽)

공업을 책임 경영한 자, ⑧도, 부의 자문 또는 결의 기관의 의원이 되었던 자로서 일정에 아부하여 그 반민족적 죄적이 현저한 자, ⑨관공리 되었던 자로서 그 직위를 악용하여 민족에게 해를 가한 악질적 죄적이 현저한 자, ⑩일본 국책을 추진시킬 목적으로 설립된 각 단체 본부의 수뇌 간부로서 악질적인 지도적 행동을 한 자, ⑪종교, 사회, 문화, 경제 기타 각 부문에 있어서 민족적인 정신과 신념을 배반하고 일본 침략주의와 그 시책을 수행하는 데 협력하기 위하여 악질적인 반민족적 언론, 저작과 기타 방법으로써 지도한 자" 등입니다.

습작이라면 작위를 세습받은 자를 말합니다. 그 숫자가 많지는 않았을 겁니다. 간혹 작위의 세습을 포기, 사양한 사람도 있었습니다. 그리고 중추원이란 총독부의 자문 기구로 부의장이니 참의니 하는 벼슬은 조선 사람들 중에서 토호·유력자들에게 주었던, 오늘날의 국회의원에 해방하는 큰 벼슬입니다. 중추원 참의를 했던 사람들, 이런 사람들이 진짜 친일 반민족행위자들이라 할 수 있습니다. 일제 치하에서 총독부에 붙어서 떵떵거리며 살았던 사람들입니다. 그리고 칙임관이라면 아마 도지사 이상의 벼슬을 말할 겁니다. 조선 사람으로서 이런 벼슬에 오르자면 반민족행위를 안 할 수 없다고 본 것입니다.

이 법에 의해서 특별조사위원회를 설치하여 조사를 시작하였습니다. 조사 결과 반민족행위자라고 판정이 되면 특별검찰부가 특별재판부에 고소하였지요. 조사는 전국에서 1000명 가까이 했습니다. 하지만 실제로 처벌받은 사람은 14명밖에 되지 않은 채, 1949년 10월 반민법의 개정으로 반민특위가 해체되고 맙니다. 또 1951년 2월에는 반민법이 완전히 폐지되어 친일 청산 작업이 종결됩니다. 결국 반민특위는 실패했다는 평가를 받습니다. 제1번으로 이 특별 법정에 끌려나온 사람이 누굽니까? 박흥식이란 사람인데요, 이 사람은 당시의 백화점 재벌입니다. 조선 사람으로서 서울 종로통에다 화신백화점을 세워서 큰돈을 벌었습니다. 그리고 대동아전쟁 군용 비행기 공장도 세웠다는 것입니다. 그런데 자기는 또 나름대로 할 말이 있었습니다. "일본놈들이 명동에다 백화점을 세워서 조선 사람들 주머니를 털어가기에 내가 종로에다 백화점을 세워서 장사를 했다"는 것입니다. 실제로 그는 민족 정서에 기대어서 사업을 하기도 했습니다. 그리고 "나중에 비행기 공장을 세운 것은 총독부의 강요에 의한 것이다. 나는 큰 잘못을 저지르지 않았기 때문에 일본으로 망명하라는 권유도 받아들이지 않았다"고 말합니다. 박흥식의 변론은 설득력이 있는 것으로 재판부가 받아들였고, 이 사람에게 무죄판결이 나버렸습니다. 처음부터 타깃을 잘못 잡았던 것 같습니다.

논란의 여지가 없는 반민족행위자들과 일본 밀정을 했던 자들부터 먼저 잡아들여야 하는데, 반민특위가 공격의 방향을 잘못 잡은 것 같기도 합니다. 박흥식 같은 자본가와 이광수·최남선 같은 유명한 지식인들을 잡아들이고, 그러는 사이 여론이 어수선해지고 난 뒤에 경찰 간부들을 잡아들이니 경찰에서 오히려 반민특위를 공격하고 이승만 박사가 경찰을 비호합니다. 안타까운 일이며, 이승만의 큰 과오가 아닌가 싶습니다. 일제 강점기에 경찰로 일하면서 동포를 괴롭히고 독립운동가들을 고문한 노덕술 같은 악질분자들을 비호하여 그대로 둔 것은 이승만의 실책이지요. 반민특위의 실패에는 이승만의 책임이 큽니다. 이승만 박사는 자신에게 충성만 하면 다 용서해주었어요. 그분의 자기중심적인 태도는 유명한 것입니다. 물론 나중에 정권이 바뀌거나 하면서 다시 거론할 기회가 있었겠지만, 한국전쟁이 터짐으로써 반공제일주의 분위기 속에 이 문제는 잊혀갔습니다. 독립운동가들을 잡아들여 고문하던 기술자들이 반공 투사로 변신한 것입니다. 친일 청산이라는 하나의 중요한 과제를 깔끔하게 정리하지 못하고, 두고두고 시빗거리가 될 역사의 오점으로 남겨둔 것입니다. 오늘날 "친일파가 여전히 우리 사회 주류다"라는 검증되지 않은 믿음은 바로 이 반민특위의 실패로부터 비롯된 것입니다.

미흡한 친일 청산

그러나 이것을 조금은 냉정하고 좀 더 구체적으로 들여다볼 필요는
있다, 이렇게 봅니다. 그리고 더욱이 이것을 확대해서 대한민국의 건
국 자체가 모두 문제가 있고 전부 잘못된 것이라고 하거나, "세상이
요 모양 요 꼴인 것은 바로 친일 청산이 안 되었기 때문"이라고 생각
하는 것은, 저는 그것은 아니라고 봅니다. 흔히 그렇게 말씀하시는 분
들이 많습니다. "야, 이 나라가 개판이야. 이게 애초부터 친일 청산을
제대로 못해가지고 그 친일파들이, 그 후손들이 나라를 좌지우지하
기 때문이야." 이런 이야기를 하도 많이 들어서 그럴싸하고, 많은 사
람들이 그렇게 믿고 있습니다. "누구도 친일파의 후손이고, 또 누구도
친일파라고 하더라. 독립운동가의 자손들은 교육을 제대로 못 받아
서 가난하게 사는데, 친일파의 후손들은 지금도 떵떵거리며 살고, 뻔
뻔하게 말이야. 지금이라도 민족정기를 바로 세워야 해!" 듣고보면 굉
장히 그럴듯해요. 그러나 저는 그런 이야기들이 과장이거나 무언가를
말하지 않기 위해서 늘어놓는 너스레라고 생각합니다. 이 세상이나
이 나라가 개판인 가장 근본적인, 단 하나의 이유를 찾고 나면 지성(知
性)이 그렇게 부지런히 움직일 필요가 없습니다.

친일 청산이 제대로 안 된 것은 분명합니다. 하지만 다른 면도 생각
해볼 필요가 있습니다. 친일파라고 하면 대개 지주들과 겹칩니다. 지
주들이 일제 당국과 친한 관계를 유지하였으니까요. 그런데 지주가
농지개혁에서 거의 몰락해버렸다는 것입니다. 그래서 반대의 경우와

비교할 필요가 있습니다. 대표적인 친일파 몇을 처단하여 정치적으로 단죄하고 농지개혁을 안 했다면 어떻게 되었을까요? 그 자식들은 살아남아 호의호식하다가 세월이 흐른 후에 저희 아버지를 복권시키지 않았을까요? 농지개혁을 통해 친일파의 물질적 기초를 빼앗아버렸기 때문에 대다수의 친일파는 진짜로 몰락했다고 볼 수도 있습니다. 그래서 더더욱 경찰이나 이런 특정한 분야에서 악질적인 반민족행위자들을 처벌하지 않고 넘어간 일은 안타까운 일입니다. 반드시 정리를 하고 넘어가야 할 일을 하지 않아서 아쉬움을 남기다보니, 세월이 흘러 당시의 시대 상황과 선조들의 정서나 생각을 잘 모르는 후손들이 새삼스럽게 강박적인 순결주의로 돌아가서 엉뚱한 사람들을, 거의 모든 조상을 친일파로 모는 패륜을 저지르고 있습니다.

저는 당시의 사람들은 서로 잘 알고 있었다고 믿습니다. 그래서 누가 진정한 친일파이고 누가 진정한 반민족행위자인지 서로들 잘 알고 있었다고, 적어도 우리보다는 훨씬 잘 알고 있었다고 봅니다. 그러므로 당시에 반민특위의 조사 대상이 아닌 분들을 우리가 새삼 친일 혐의를 갖고 조사하려고 할 때는 지극히 신중해야 한다고 생각합니다. 예를 들면 여운형·김성수·조봉암 선생 같은 분들에 대해서 그런 혐의를 가진 사람들은 더 깊이 생각해야 할 것입니다. 이런 분들은 해방 정국에서 지도자로 활동을 하셨으니, 그분들이 친일파라면 동시대 사람들을 잘 속였다는 이야기가 되지 않겠습니까? 오늘의 우리가 그러하듯이 당시의 사람들도 서로 인간적으로 얽혀 있었습니다. 특히 오랜 독립운동 과정에서 서로 부닥친 사이들입니다. 당시 사람들끼리의 관계를 말해주는 일화가 있습니다. 대표적인 일화가 유명한 《백범일지》를 춘원(春園) 이광수가 손봐주었다는 이야기입니다. 《백범일지》는 원래 한문 투어서 읽기가 편한 문장이 아니었다고 합니다. 그런데 춘원이 이를 윤문해주었고, 특히 요즈음 교과서에 올라 있고, 인용도 자주 되는 부분은 춘원이 아예 새로 써서 붙였다는 것입니다. 《백범일지》에는 원래 이 부분은 없던 겁니다. 《백범일지》에 부록처럼 덧붙인 〈나의 소원〉, 그중에서도 마지막 부분인 '내가 원하는 우리나라'의 이 대목, 유명한 대목을 다시 한 번 읽어볼까요?

나는 우리나라가 세계에서 가장 아름다운 나라가 되기를 원한다. 가장 부강한 나라가 되기를 원하는 것은 아니다. 내가 남의 침략에 가슴이 아팠으니 내 나라가 남을 침략하는 것을 원치 아니한다. 우리의 부력(富力)은 우리의 생활을 풍족히 할 만하고 우리의 강력(強力)은 남의 침략을 막을 만하면 족하다. 오직 한없이 가지고 싶은 것은 높은 문화의 힘이다. 문화의 힘은 우리 자신을 행복하게 하고 나아가서 남에게 행복을 주겠기 때문이다.

지금 인류에게 부족한 것은 무력도 아니요, 경제력도 아니다. 자연과학의 힘은 아무리 많아도 좋으나 인류 전체로 보면 현재의 자연과학만 가지고도 편안히 살아가기에 넉넉하다. 인류가 현재 불행한 근본 이유는 인의 (仁義)가 부족하고 자비(慈悲)가 부족하고 사랑이 부족한 때문이다. 이 마음만 발달이 되면 현재의 물질력으로 20억이 다 편안히 살아갈 수 있을 것이다. 인류의 이 정신을 배양하는 것은 오직 문화다.

나는 우리나라가 남의 것을 모방하는 나라가 되지 말고 이러한 높고 새로운 문화의 근원이 되고 목표가 되고 모범이 되기를 원한다. 그래서 진정한 세계의 평화가 우리나라에서, 우리나라로 말미암아서 세계에 실현되기를 원한다. 홍익인간(弘益人間)이라는 우리 국조(國祖) 단군(檀君)의 이상이 이것이라고 믿는다. 또 우리 민족의 재주와 정신과 과거의 단련이 이 사명을 달하기에 넉넉하고 우리 국토의 위치와 기타의 지리적 조건이 그러하며, 또 1차·2차의 세계대전을 치른 인류의 요구가 그러하며, 이러한 시대에 새로 나라를 고쳐 세우는 우리의 시기가 그러하다고 믿는다. 우리 민족이 주연 배우로 세계의 무대에 등장할 날이 눈앞에 보이지 아니하는가.

문장이 참 아름답고 좋습니다. 바로 이 대목은 춘원이 쓴 것입니다. 그러니까 한류 드라마와 케이팝이 중앙아시아·남미·유럽까지 휩쓸고 있는 문화 강국 대한민국은 백범의 꿈이면서 춘원의 꿈인 거지요. 이런 얘기는 학자들은 다 잘 아는 사실이지만 모두 쉬쉬합니다. 세상을 단순하게 보고 싶어하는 분들의 머릿속을 복잡하게 하는 일이니까요. 제가 말씀드리고 싶은 것은, 우리는 친일파다, 독립운동가다 하여 크게 구분을 짓지만 우리가 아는 분들은 대다수가 서로 "형님, 아우님"하는 친구 사이이기도 했다는 사실입니다. 춘원은 아마 백범에게 사죄하는 뜻에서 《백범일지》를 손봐주었겠지만, 백범이 거절하지 않은 것은 또 무슨 연유일까요? 그분들끼리는 한때 독립운동을 함께하는 사이였다는 사실을 염두에 두지 않을 수 없습니다.

또 우리가 알아야 할 것이 있습니다. 반민특위가 조사 대상으로 삼았던 당시의 반민족행위자의 이미지는 노회한 50대 이상 중추원 참의, 이런 사람들이었다는 사실입니다. 그러니까 1916년생 윤길중, 1917년생 박정희, 1920년생 백선엽, 이런 사람들은 우리에게는 다 같은 옛날 사람들이지요. 하지만 해방 당시 20대였던 그들은 단지 서로 자기편으로 끌어들이고 싶은 엘리트 청년에 지나지 않았습니다. 그들은 아직 대단한 반민족행위를 할 만한 위치에 있지 않았어요. 물론 해방이 10년쯤 늦어졌다면 이야기가 달라졌겠지만 말입니다. 윤길중 같은 분의 경우에 1939년 일본 고등문관시험 행정과와 사법과에 각각 합격하고, 1941년 3월부터 전라남도 강진 군수, 1943년 10월 전라남도 무안 군수로 재직하고, 1945년 2월부터 해방될 때까지 조선총독부 학무국 사무관으로 종사했지요. 그가 약관 스물여섯 나이에 강진 군수로 부임할 때의 이야기는 재미있습니다. 신임 군수를 맞이하러 나갔던 사람들은 새파란 총각이 군수인 줄 몰라보았다는 것입니다. 그는 해방 후에 국회에서 근무하고, 국회 헌법기초위원회 전문위원도 하였는데요, 당시 사람들은 그를 반민특위의 조사 대상으로 전혀 생각하지 않았던 것 같습니다. 박정희 같은 경우에도 엘리트 청년 장교라서 군부 내에 조직을 확산하는 데 도움이 되기 때문에 남로당에서 그를 포섭했다는 이야기도 있습니다. 오늘 귀한 손님이 오셨습니다. 천정배 전 법무부 장관이 오셨어요. 천 장관님, 언제 광주로 이사 오셨습니까? 소감 한마디 들려주시지요.

천정배 역사란 것이 증거와 사실에 근거하여 쓰인 것입니까? 사료도 있고 고고학적 발굴도 있고 하는데요. 저는 아니라고 생각해요. 한

홍구 선생님 아시지요. 현대사의 대가 아닙니까? 이분이 제가 10년 전에 열린우리당 원내대표가 되었을 때, 국가보안법을 없애려고 하는 상당히 치열한 투쟁이 있었는데, 그게 성공하지 못했어요. 그때의 전말을 쓰셨더라고요. 얼마 전에 그 책을 저에게 보내주셨어요. 한홍구 선생이야 우리 시대의 탁월한 역사학자이기도 하고, 저하고 개인적으로도 가깝습니다. 하지만 불과 10년도 안 된 일에 대해서 적은 걸 보고 제가 까무라칠 뻔했어요. 전혀 그때 사실이 아니에요. 그분을 탓하는 그런 뜻이 아니고……. 아, 이게, 그 사실이라는 것이 얼마나 다양할 수 있으며, 얼마나 입증하기 곤란한가? 재판을 해보면 아주 단편적인 사실도 입증하기 극히 어려운 일인데, 역사적 사실이라는 것은 정말 더 그런 것 같습니다. 그래서 역사를 믿고 말하기가 굉장히 두려워졌어요. 요새 이런 생각을 합니다. 역사는 정말 사실인지 모르는 거다. 강자가 쉽게 만들면 안 되는 것이다. 저는 그런 인식을 가지고 있습니다. 괜한 소리입니다. (웃음)

정말 대단한 말씀을 해주셨습니다. 역시 '공부' 하면 천정배입니다. 감사합니다.

4·19 혁명과 5·16 군사정변

4·19 혁명과 5·16 군사정변

역사 공부는 인간에 대한 공부이고, 인간의 삶과 세상사의 복잡함에 대한 이해를 깊이 하여 성숙한 사고에 도달하는 공부인 것 같습니다. 역사 공부를 하면 어른이 되는 거지요. 물론 역사 속에서 보고 싶은 사실만 뽑아내어 역사를 단순한 만화로 만들어버리는 사람들도 간혹 있기는 합니다. 그런 방식의 역사 공부는 어른이 되는 데 도움이 되지 않습니다. 《논어》의 마지막 장에는 이런 이야기가 나옵니다. "부지례(不知禮)면 무이립야(無以立也)", 즉 "예(禮)를 모르면 자립할 수 없다"는 말이 있습니다. 예의 핵심은 거리 두기가 아닙니까? 어머니와 거리를 두고, 아버지와 거리를 두고, 그분들을 비판하면서도 이해를 하는 것, 그것이 바로 어른이 되는 길입니다. 응석받이 아이로 남아서 마음에 들지 않는 세상일을 모두 부모 탓, 조상 탓, 남 탓이나 하려면 바로 그런 만화 같은 역사 공부를 하면 될 것입니다. 그런 역사에서는 착한 주인공 캐릭터와 주인공을 괴롭히는 악한이 처음부터 정해져 있습니다. 그래서 그들 간의 '백년전쟁'이 바로 역사라는 거지요. 그러나 현실은 그렇게 간단하지 않습니다. 어떻게 백 년 동안 하나의 전쟁이 계속되겠습니까?

나는 4·19의 시만 읽은 게 아니라
5·16의 밥도 먹고 자랐다

어른이 되는 데 도움이 될 역사 공부를 하려면 우리는 무엇보다 정직하게 불편한 진실도 보아야 할 것입니다.

고대 그리스 아테네의 영웅 테미스토클레스를 보십시오. 그는 라우레이온 은광(銀鑛)의 막대한 수입으로 아테네의 전함을 200척으로 늘려서 페르시아와의 전쟁에 대비합니다. 그래서 살라미스 해전에서 페르시아의 막강 함대를 격파하고 지중해의 제해권을 장악하지요. 물론 그가 혼자서 한 일은 아니지만, 지도자로서 훌륭하게 아테네 시민들을 이끌어 위대한 승리를 이루어냈습니다. 하지만 그는 10년 후에 도편추방을 당하고 결국 페르시아로 망명하여 말년에는 페르시아 황제의 녹을 먹다가 죽습니다. 그렇다고 해서 그의 모든 업적을 역사에서 지울 수는 없습니다. 역사가는 냉정하게 그의 공(功)과 과(過)를, 또 그의 운명을 기록하지요.

저 아름다운 기미독립선언문을 기초한 최남선이 반민특위에 끌려

나와 조사를 받는, 그런 일이 일어나는 곳이 바로 역사라는 드라마입니다. 더 극단적인 예가 되겠습니다만, 나라를 팔아먹은 이완용도 한때 독립협회의 회장, 초대 회장이었습니다. 독립협회 회장이자 고종 황제가 믿었던 충신인 그가 만고의 역적이 되는 그 과정이 세상사며 역사이고, 심지어 죽고 나서도 평가가 바뀌어가는 그 복잡한 스토리를 알아가는 것이 역사 공부가 아닐까 싶습니다.

그래서 플루타르코스는 《영웅전》을 쓰면서, 심지어 나무랄 데가 없는 것 같은 아테네 민주주의의 위대한 지도자 페리클레스에 대해서도 다양한 평가들을 빠트리지 않고 있는 것입니다. 플루타르코스의 《영웅전》의 한 구절을 읽어보겠습니다. "투퀴디데스는 페리클레스의 정치를 일종의 귀족정치라고 기술하고 있다. '이름만 민주정치지 실제로는 제일인자의 정부'라는 것이다. 그러나 다른 많은 이들의 주장에 따르면, 그가 처음으로 이민을 위해 해외 국유지를 분배해주고, 축제 참가 보조금을 지원해주고, (배심원 등으로 뽑혀) 공공 봉사를 할 경우에도 일당을 지불하게 함으로써 민중에게 나쁜 버릇을 들인 탓에 그때까지 검소하고 자족하던 민중이 그의 정책의 영향을 받아 사치스럽고 방종해졌다는 것이다." 페리클레스가 실은 독재자였으며, 그의 정책들이 대중영합주의로 나가 시민의 정신을 타락시켰다는 이야기이니 얼마나 신랄한 비판입니까? 우리는 플루타르코스와 같은 이런 태도로, 다소 불편한 이야기라도 듣고 전하며, 최종적 평가를 먼 미래 후세의 몫으로 남겨두는 방식으로 역사를 공부해야 할 것입니다.

2009년 1월 초 인터뷰를 하자고 《조선일보》에서 연락이 왔습니다.

제가 1분 정도 고민했어요. 그러다가 하겠다고 했습니다. 그때 제가 메모를 해서 갔어요. 다 하고 나서 기자가 더 하고 싶은 말이 없냐고 묻길래 제가 메모에 적힌 말을 그대로 읽었습니다. 무슨 말을 메모했냐면, "나는 4·19의 시만 읽은 게 아니라 5·16의 밥도 먹고 자랐다." 제가 기대했던 대로 《조선일보》가 이 말을 제목으로 뽑아줬어요. 사실 어떤 언론이든 인터뷰를 하고 나면 매우 불안합니다. 제가 하지 않은 말을 지어내서 쓰는 경우는 없습니다. 제가 경험한 바로는 흔히 보수 언론이라는 신문일수록 더 그렇습니다. 그런데 문제는 제목입니다. 제목은 아마 기자가 아닌 데스크의 손에 의해서 결정되는 모양인데, 그 신문 편집진의 의도가 바로 드러나는 것이지요. 이것은 정말 꼼짝없이 뒤통수를 맞는 수가 있고, 그렇게 당할 것이 무서워서 인터뷰를 주저하게 되지요. 그래서 제가 그럴듯한 말을 하나 가지고 갔습니다. 그런데 역시 그 말을 제목으로 뽑아주더군요. 그랬더니 젊은 시절 민주화 운동을 함께한 동지들로부터 엄청 욕을 먹었어요. 그전에도 욕을 먹었지만, 본격적으로 욕을 먹기 시작했습니다. 하지만 전하고 싶은 메시지는 분명하게 전달되었기 때문에 저는 만족하였습니다.

오늘도 그와 비슷한 이야기를 하게 될 것 같습니다. 오늘은 한국전쟁을 건너뛰고, 전쟁 이후 1950년대를 이야기하고, 4·19와 5·16, 이렇게 이야기를 해서, 어쩌면 우리가 역사로서 말할 수 있는 한계에까지 도달해볼까 합니다. 다시 한 번 이 자리를 마련해주신 황광우 선생님과 여러분께 감사드립니다. 저도 이 강의를 하면서 공부를 많이 하고, 새로 정리도 많이 했습니다. 5·16 이후는 저로서는 바로 제 스스로가 살고 경험한 시대가 되는 셈이라 역사로서 말하기가 힘든 시대라고 한다면, 오늘은 역사로서 공부할 수 있는 마지막 한계까지 가게 될 것 같습니다.

1950년대는 과연 절망의 시대였는가?

전쟁이 끝난 1950년대는 당대 시인들에게 절망의 폐허였습니다. 공장과 학교와 주택은 파괴되어 도시는 그야말로 전쟁의 폐허이고, 농촌은 봄마다 보릿고개로 힘겹고, 전쟁고아들이 길거리에 넘치고, 상이군인과 거지가 넘치고, 정치는 아부꾼과 모리배들이 주무르고, 군대는 장성부터 하사관까지 도둑놈으로 가득 차고, 각 분야의 상층은 기회주의자들로 득실대고, 국민소득은 케냐보다도 낮고……. 도대체 이 나라에 무슨 희망이 있을까 하는 절망의 시대라는 것이 1950년대에 대한 일반적인 이미지입니다. 당시의 문인들이 실존주의나 데카당 (décadent)한 허무주의에 빠진 것도 무리가 아닙니다. 지식인들은 '눈알이 바로 박힌 놈들은 다 죽었고, 아니면 북으로 납북되거나 자진 월북하고 우리는 쭉정이'라는 자조(自嘲)에 빠져 있었고요. 정말 1950년대는 부정적이고 절망적인 단어밖에 떠오르지 않아요. 희망이라고는 찾아볼 수 없는 시대였습니다. 하지만 이런 일반적인 이미지에 의문을 던져보는 것은 어떨까요? 혹시 5·16 쿠데타를 일으킨 신세대가 기성세대를 싸잡아 부정하기 위해서 너무 일방적으로 부정적인 면만 부각시킨 것은 아닐까요? 저는 1950년대에 대한 기존의 선입견을 의심합

전쟁고아들이 밥 먹기 전에 기도하고 있다.

니다. 왜? 당시의 기성세대, 어른들에게는 절망의 시대이지만, 저같이
그때 태어난 전후 세대에게는 절망이 없었습니다. 아무것도 모르는
철부지 아이에게는 그저 배만 안 고프면 신기하고 재미있는 세상이었
습니다.

그래서 저는 1950년대를 전혀 다르게 생각합니다. 1950년대는 태풍
이 지나간 바다와 같이, 아니면 큰 장마와 홍수가 지나간 들판과 같이
새로운 풀이 돋아나는 시기라고 생각합니다. 전쟁으로 많은 사람들이
죽었지만, 살아남은 사람들에게는 새로운 삶이 시작되었습니다. 전후
1950년대는 바로 베이비붐의 시대였습니다. 마을마다 숱한 아이들이
태어났습니다. 1950년대에 태어난 아이들은 한 사람도 빠짐없이 국립

초등학교에 입학했습니다. 아무리 시골이라도 공부 잘하는 아들은 중학교·고등학교 보내고, 소를 팔아서라도 대학교에 보내려고 아버지와 어머니들이 밤낮을 가리지 않고 일했습니다. 대대로 내려오던 무식과 가난의 고리를 끊을 기회가 온 것입니다. 1950년대 말 우리나라의 초등학교 진학률, 중·고등학교 진학률, 대학교 진학률은 이미 세계적인 수준으로 올라갔습니다. 1950년대에 대해서 기존의 우리가 가졌던 관념을 한번 뒤집어볼 필요가 있다고 생각합니다.

전쟁의 상처, 그 많은 사상자의 아픔은 이루 말할 수 없었습니다. 또 건물과 공장이 다 파괴되고, 산업이 없어 세금이 걷히지 않으니 국가 예산의 절반 이상이 다 미국 원조로 채워졌습니다. 그러니 독립된 나라라고 말할 수도 없는 그런 상태였어요. 한국의 장관이 미국 국무성 과장쯤 되는 관리에게 쩔쩔매고 있으니 미국의 식민지라고 해도 이상하지 않은 그런 부끄러운 현실이었습니다. 고아원에는 원조 물자로 들어온 분유, 학교에는 옥수수 급식 빵이 아이들의 굶주린 배를 채워주었습니다. 그러나 그런 절망적 상황에도 불구하고 그 이면, 밑바닥에서는 굉장히 역동적인 변화들이 시작되었다고 생각합니다. 그렇게 될 수 있었던 근본 조건은 건국 당시에 농지개혁을 해서 전 국민이, 쉽게 말하면 중산층화된 것입니다. 국민의 70퍼센트가 넘는 농민들이 자영농이 되었습니다. 30퍼센트는 상공업에 종사하는 자영업자나 노동자·공무원·교사·군인 등이라고 한다면 중산층의 비율은 매우 높아졌습니다. 그래서 이제 경쟁에 참여하는 사람의 숫자가 많았던 것입니다. 미리 포기하는 사람이 별로 없었던 거지요. 나는 아버지 잘못 만나서 아무 희망이 없으니 술이나 먹고, 마약이나 하고, 인생 포기해야지 하는 그런 사람이 없었어요. '나는 공부 못하지만 대신에 주먹이 세다'고 하면서 자존심을 버리지 않고 사회에 나가서 공부 잘하는 사람보다 성공하기도 하고요. 실제로 우리 세대는 그랬잖아요. 중·고등학교 때 공부 못하던 아이들이 나중에 만나보면 더 성공한 친구들이 많아요. 일찍 사회 나가서 실질적인 사회생활을 하다보니까 사회 밑바닥을 배우는 것이지요. 그게 언제부터 그렇게 되었나? 저는 1950년대에 이미 시작되었다고 봅니다.

우리 세대는 아무리 교육을 못 받았다고 해도 초등학교는 졸업해서 읽고 쓸 수 있었다는 것, 이것은 매우 중요한 것입니다. 마을마다 야학을 하고 해서 성인들의 문맹률도 크게 낮아졌습니다. 1950년대 초반 선거를 하면 항상 기호 막대기를 하나 둘, 이렇게 표시해서 막대기를 세었습니다. 실제로 당시에 우리 어머니나 할머니들은 거의 다 문맹(文盲)이었어요. 참, 여러분 문맹이라는 말, 요즈음은 듣기 힘든 말이지요? 무슨 뜻인지 아시지요? 예, 글자를 읽지 못한다는 뜻입니다. (웃음) 그나마 저의 어머니는 보통학교를 졸업했는데, 외할머니와 할머니는 문맹이었습니다. 그래서 기호를 작대기 한 개, 두 개로 표시했는데 해방 당시에 22퍼센트쯤 되던 문자 해독률이 1950년대 말에는 78퍼센트를 넘어섰습니다. 그러니까 12세 이상의 국민 가운데 한글을 읽을 수 있는 사람과 못 읽는 사람의 비율이 1945년에 22 대 78쯤 되었는데, 1959년에는 78 대 22로 역전되었다는 이야기입니다. 1950년대의 경제 상황에 대해서도 저는 조금 달리 생각합니다. 보릿고개라고 하지만 누가 제 자식을 굶겨 죽이겠습니까? 무슨 짓이든지 해서 먹여 살립니다. 특히 작은 땅뙈기가 주어졌는데요? 자영농들이 밭 구석구석에 감자 심고, 고구마 심고, 논두렁에 콩 심고 팥 심고 해서 자식들을 무엇이든지 먹인 것들이 과연 경제 통계에 다 잡혔겠냐는 것입니다. 필리핀이나 케냐보다 낮았다고 하지만, 그런 나라에는 거대한 사탕수수 농장 같은 데서 생산되어 시장에 나간 것들이 많았겠지요. 경제 통계에는 바로 그런 것들이 잡혀요. 그래서 저는 그 질적인 면을 깊이 들여다보아야 한다고 생각하는 것입니다.

제가 유년기를 보낸 1950년대 저희 동네에 가난한 집도 있었지만, 아사(餓死)한 아이가 있다는 이야기는 들어보지 못했습니다. 그리고 그 지독한 교육열은 정말 엄청난 것입니다. 4·19 혁명 당시 대학 진학률이 영국보다 높았다는 이야기도 있습니다. 1960년 당시 영국보다 한국의 대학 진학률이 높았다는 것입니다. 믿기 힘든 이야기지만 통계는 그런 것 같습니다. 서울의 한양대학교나 경희대학교, 광주의 조선대학교 같은 사립대학들은 사실상 정원이라는 것이 없었습니다. 등록금만 가지고 오면 받아들이는 것입니다. 이때 사립대학들이 엄청나게 커졌는데, 이를 우골탑(牛骨塔)이라고 하였습니다. 원래 대학교를 상아탑(象牙塔)이라고 했던 것을 빗대어 시골 농부들이 너도나도 소를 팔아 아들 대학 보내는 세태를 풍자한 말이지요. 그것은 에너지의 축적이었습니다. 그런 것들이 이미 1950년대에 이루어진 것이 아니냐라고 보는 것입니다. 전쟁의 폐허 속에서도 민중의 삶이 계속됩니다. 결코 고요하게 죽은 시대가 아니고 새로운 생명의 꿈틀거리는, 그 시대의 한가운데에 있었던 1956년 11월 10일, 진보당 창당 대회에서 나온 조봉암 선생의 대회사 연설 중 한 대목을 들어보겠습니다.

지금 전 세계는 움찍움찍하는 것이 뵈일 만치 현저히 움직이고 있는 것입니다. 우리는 특권 관료의 부패한 전제는 물론이고 자본주의의 독점적이고 비인도적인 착취 양식을 미워합니다. 그러나 자본주의 세계도 날로 수정되어서 어느 나라에 있어서도 거의 똑같이 그들이 몹시 미워하던 사회민주주의적인 정책을 안 쓰는 나라는 한 곳도 없습니다. 그리고 또 다른 편으로 공산주의의 그 기계적이고 반인간적인 독재정치도 우리가 미워합니다. 그러나 그 공산주의 세계도 날로 수정되고 변하여 그들이 원수같이 생각하던 사회민주주의적인 방향으로 움직여가고 있는 것도 역시 우리가 눈으로 보고 있는 바입니다. 우리들 현대 지식인들은 자본주의와 공산주의 그리고 그것의 제도와 또 그것의 정책까지도 다 잘 배웠고 또 경험했고 다 알아버렸습니다. 그런 만치 우리들 현대 지식인은 이 두 가지 중에 어느 것이라도 그것을 그대로 답습하고 그대로 되풀이하기에는 너무나 우리 지식이 높고 감각이 예민합니다. 따라서 우리들 지식인은 당연히 이 두 가지 즉 자본주의와 공산주의를 다 같이 거부하고 청산하는 동시에 인류의 새 이상 즉 원자력 시대에 적응할 인류의 새 이상을 옳게 파악하고 실천에 옮기지 않으면 안 된다고 생각하는 것입니다.

그러면 인류의 새 이상이라는 건 대체 어떤 것이냐? 이것을 생각해보십시다. 인류의 새 이상이라고 하는 것을 말하자면 모든 묵은 이상들을 낱낱이 끄집어내서 검토하고 비판해봐야 할 것입니다만은, 그것을 요약해서 총괄적으로 말하자면 인류 유사 이래로 오늘에 이르기까지에 우리 인간 사회의 모든 면, 즉 정신적인 또 철학적인 정치적인 경제적인 또는 종교적인 문화적인 이 모든 면에 있어서 현대 지식인의 입장에서 그것을 과학적으로 온전히 비판해가지고 그 나쁘고 불합리한 것은 지워버리고 그 합리적이고 좋은 것만을 발췌하고 그것을 다시 종합 정리해서 그 시대에 맞고 그 사회에 맞고 그 민족에 맞도록 제도를 만들고 정책을 고침으로써 사람이 사람을 착취하는 일을 없애고 또 인간의 존엄성을 무시하는 일을 없애고 모든 사람의 자유가 완전히 보장되고 모든 사람이 착취당하는 것이 없이 응분의 노력과 사회적 보장에 의해서 다 같이 평화롭고 행복스럽게 잘살 수 있는 세상, 말하자면 우리들의 이상인 복지사회를 건설하자는 것입니다.

이런 이상을 우리나라의 실정에 비추어서 정치적으로 표시하자면 먼저 민주적 평화적 방법으로 국토를 통일해서 완전한 자주 통일 평화의 국가를 건설하자는 것이고 모든 사이비 민주주의를 지양하고 혁신적인 참된 민주주의를 실시해서 참으로 인민의, 인민에 의한, 인민을 위한 정치를 실시하자는 것이고, 또 계획적인 경제 체제를 수립해서 민족자본을 육성 동원시키고 산업을 부흥시켜서 국가의 번영을 촉구하자는 것이고, 또 조속히 사회보장제도를 실시해서 모든 국민의 생활을 보장하고 향상시키자는 것이고, 교육제도를 개혁해서 점차적으로 교육의 국가보장제도를 실시해서 이 나라의 새 민족문화를 창조하고 나아가서는 세계 문화 진흥에 이바지하자는 것입니다. 그런즉 이러한 모든 정치적 과제들은 인류의 새 이상을 한국 실정에 적응케 해서 실천하자는 것이니 이것을 가리켜서 한국의 진보주의라고 해도 좋을 것입니다. 우리들은 지금 이러한 새 이상과 새 사고방식의 기초 위에서 구체적인 정치 강령을 내세우고 혁신적인 정치 행동을 하려는 대중의 전위로서 진보당을 조직하는 것입니다. 이런 인류의 새 이상을 파악하고 이론적으로 뭉친 정당은 필연적으로 광범한 근로대중을 사회적 기반으로 하는 피해대중의 당이 되는 것이고, 그런 대중의 정당이라야 비로소 이 나라 안에서 역사적 과업을 수행할 수 있는 것으로 믿는 것입니다.

여러분, 여러 동지들, 우리들은 진보당에 모인 삶의 동지들입니다. 우리들 진보당은 지금 형극의 길을 걷고 있습니다. 그러나 우리들은 전 세계 모든 지식인이 지향하고 있는 인류의 새 이상이며 동시에 우리의 이상인 한국 진보주의의 정예입니다. 따라서 우리들은 우리나라에 있어서 새 이상을 가진 모든 사람의 선구자고 이 민족을 참으로 살릴 수 있는 민족의 지도자로 근로대중의 벗이 되고 피해대중의 전위대가 되는 것입니다. 여러 동지들, 우리 진보당원들은 살아서는 나라의 주인으로 그 이상을 실천하는 지도자가 되는 것이고, 죽어서는 천추만대에 그 거룩한 이름을 빛낼 수 있는 역사의 선구자들입니다. 자중자애해야 되겠습니다. 우리들은 나라를 위하고 대중을 위하는 것과 똑같은 심정으로 우리 당을 위하고 우리 동지를 사랑하고 아껴야 되겠습니다. 끝으로 우리 당의 결당이 5개월 동안이나 늦어진 데에 대한 모든 책임은 전적으로 불초 저에게 있는 것이고 저의 무능의 소치임을 자백합니다. 많이 꾸짖어주시기를 바랍니다. 앞으로 오늘의 이 결당대회를 크게 빛나게 하기 위해서 동지들의 열성적인 토론과 많은 협력이 있으시기를 빌고 이것으로서 개회사를 대신합니다. (박수)

조봉암과 진보당

1956년이면 지금으로부터 59년 전입니다. 이때 죽산 선생의 나이는 59세입니다. 박헌영이 1900년생이고 조봉암은 1898년생입니다. 그러니까 1959년에 돌아가실 때는 62세이지요. 저의 지금 나이와 같습니다. (웃음) 죽산의 목소리가 카랑카랑하지요? 그의 말 속에서 느껴지는 긴장으로부터, 우리는 그 후에 반전에 반전을 거듭하는 대한민국 역사가 이미 1950년대에 다이내믹한 출발을 보였다는 것을 알 수 있습니다. 한국전쟁 이야기는 우리의 연속 강의의 마지막 순서로 미루어놓겠습니다. 너무나 참혹한 전쟁을 이야기할 용기가 아직은 나지 않습니다. 전쟁 전에는 38선이라는 인위적인 직선이 남북한의 경계였습니다. 전쟁의 결과 서쪽으로는 옹진반도·개성 등이 북쪽으로 들어가고, 강원도 철원·속초·설악산 등이 남쪽으로 귀속되면서 비로소 강이나 산이라는 자연적인 경계를 갖게 되어 보통의 국경처럼 되었습니다. 전쟁 전에는 남북한에 단독정부가 섰지만, 여전히 사람들은 이남, 이북이라고 불렀습니다. 38선 이남, 이북이라는 뜻이지요. 무려 인구의 10분의 1이 희생당한 전쟁을 치르고, 그 전쟁이 끝난 1953년 7월 27일이 어쩌면 대한민국과 조선민주주의인민공화국이라는 두 나라가 실제로 만들어져서 각각 제 갈 길을 가는 새로운 시작이었는지 모르겠습니다.

한국전쟁 후, 1955년에 여당인 자유당에 대항하여 야당 통합 운동이 일어납니다. 해방 당시의 한민당은 우여곡절을 거쳐 민국당이 되어 있었습니다. 민국당을 중심으로 야권을 전부 통합하여 새로운 야당을 만

법정에서 재판 과정을 지켜보고 있는 조봉암(왼쪽)

들자는 이야기였습니다. 그런데 문제가 있었습니다. 죽산 조봉암을 배
제하자는 파와 죽산을 배제하지 말자는 파로 나뉘어 논쟁이 끝나지 않
는 것입니다. 그런데 인촌 선생은 사람들에게 죽산을 배제하지 말라고
신신당부하시고, 죽산에게도 다시 한 번 더 공산주의자가 아니라는 입
장을 천명하라고 권유합니다. 그래서 죽산은 "나는 공산당과 이미 오
래전에 결별하였다"고 성명을 발표합니다. 상당히 굴욕적이지만 참고
인촌의 권유를 받아들인 거지요. 하지만 조병옥·장면·윤보선 등이 죽
산 배제의 입장을 굽히지 않습니다. 그분들은 죽산이 공산주의자라서
가 아니라 감당하기 어려우니까 배제하려고 한 것입니다. 서상일 등
소수만이 죽산과 함께하자는 입장을 취했습니다. 신익희 선생은 조금
애매한 태도를 취한 것 같고요. 결국 인촌이 돌아가시면서까지 죽산을
배제하지 말라고 유언했지만, 다수가 절대로 끼워주지 않습니다. 그래

2009년 죽산 조봉암 선생 50주기 기념 토론회

서 할 수 없이 독자적으로 창당을 하는데, 그것이 진보당입니다. 처음부터 진보당을 하려고 한 것이 아닙니다. 어쩔 수 없어서 한 것입니다. 그리고 진보당 창당을 다 하기도 전에 대통령 선거에 나갔지요. 그 과정에서 자신이 후보가 되기를 고집하는 서상일은 떨어져 나갑니다.

　서상일 선생은 원래 한민당의 8인 총무 중의 한 사람이에요. 제헌국회에서는 헌법기초위원회 위원장을 하였고, '대구의 프린스'라는 애칭이 있었어요. 대구 한민당의 핵심이라는 이야기지요. 나중에 사회민주주의로 입장을 바꾼 분인데, 그런데 이분이 좀 더 교조적이었던 것 같습니다. 조봉암은 이론으로부터 자유로운, 어느 정도는 초월한 듯합니다. 오늘 연설을 들어보니 죽산은 수렴론을 말씀하시고 있군요. 말하자면 자본주의와 공산주의가 수렴된다, 가운데로, 사회민주주의로 수렴되고 있다는 이야기를 하고 있습니다. 아마 당시에 유행한 이론인 것 같습니다. 하지만 그분은 그렇다고 해서 사회민주주의, 이런 이론에 크게 얽매이지도 않습니다. 그러면서 애매하게 진보주의라는 말을 씁니다. 진보주의는 미국식의 언어라고 할 수 있지요. 미국의 루스벨트 당시의 미국 민주당의 리버럴리즘, 진보적 자유주의를 말하는 겁니다. 죽산이 영국 노동당과 미국 민주당 쪽, 앵글로색슨계의 정치 언어를 많이 쓰고, 대륙 유럽 쪽의 언어를 잘 쓰지 않아요. 아마 미국과의 접촉이 깊이 이루어진 탓도 있지 않을까 생각해보기도 합니다. 그런데 이승만이 죽산을 1959년에 안타깝게 죽여버립니다. 미 군정 수도경찰청장을 맡아서 공산당원을 때려잡는 악역을 하고, 부산정치파동 당시 국무총리를 맡아서 이승만에 협조했던 장택상이 조봉암 구명 운동에 나섰지만, 또 미국이 말렸지만 소용이 없었습니다. 1959년 7월 31일 오전 11시, 지금도 망우리 묘소에서는 매년 7월 31일 오전 11시, 사형이 집행된 시각에 추모식을 합니다. 그런데 1960년 4월 19일에 4·19 혁명이 일어나니, 불과 9개월도 되기 전입니다. 참으로 안타까운 일이 아닐 수 없습니다. 이승만은 씻을 수 없는 과오를 저질렀고, 그에 대한 역사의 벌을 받았습니다.

4·19 혁명

이제 4·19 혁명으로 넘어갑시다. 제가 근처에 살기 때문에 4·19 묘지에 자주 다닙니다. 규모가 아담하고 조경이 잘 되어 있어서 비가 오거나 눈이 오거나 경치와 분위기가 좋습니다. 가을에 단풍도 좋습니

4·19 혁명 50주년을 맞은 2010년에 공개된 시위대의 모습 (국가기록원 사진)

다. 갈 때마다 생각을 하다보니 문득 이런 생각이 드는 것입니다. 그
래도 명색이 국부인데, 아니 쫓겨나기 전까지는 공식적으로 국부라고
되어 있었는데, 겨우 12년 대통령 해먹고는 네 번째 하려고 하니까,
그러니까 12년을 못 참고 쫓아내버렸어요. 다른 쪽에서는 48년을 해
먹고, 아들과 손자까지 3대를 해먹고 있는데요. 그러니까 역시 사람보
다는 제도가 중요한 것입니다. 선거가 있고, 임기가 있고, 다당제와 삼
권분립이 이루어지고, 언론의 자유가 있는, 그런 제도가 중요하지요.
김일성이 욕심이 많거나 인격적으로 나쁜 사람이고, 이승만이 인격적
으로 훌륭해서 그런 일이 일어났습니까? 그런 게 아닙니다. 제도가 달
랐지요. 그리고 4·19 혁명은 정말 대단한 일입니다. 바로 그 권위, 그

아버지를 부정해버렸기 때문에 새로운 역사가 시작된 것입니다. 이승만은 자신이 키운 아이들에 의해 쫓겨났고, 바로 자신이 도입하거나 국민에게 가르치고, 자신이 지키거나 수호한다던 이념과 가치의 이름으로 부정되었습니다. 4·19 혁명으로 인하여 한국 민주주의는 비로소 진정한 생명력을 가지게 되었습니다.

4·19 묘지에 가면 200명에 가까운 희생 영령들의 영정이 모셔져 있습니다. 잘 아시다시피 마산에서 3월 15일 부정선거에 대한 데모가 일어났는데요, 3·15 의거라고 하지요. 그때만 해도 다른 곳에서는 조용했던 것 같습니다. 마산상고 학생이라고 알려져 있지만, 사실 김주열이라는 학생은 입학도 하지 않은 상태였어요. 그때는 4월 1일이 개학이어서 그냥 합격생이었습니다. 남원 촌놈이 마산상고를 갔어요. 그래서 합격만 해놓았는데 3월 15일에 실종되었지요. 4월 11일 마산 앞바다에서 최루탄이 눈에 박힌 채로 시체가 떠오릅니다. 사실은 4월 11일 2차 마산의거가 진짜 봉기였습니다. 그때는 마산 시민들이 '꼭지'가 돌아버린 거지요. 그래서 파출소·경찰서 다 부수니까 경찰이 감당을 못하고 발포를 한 겁니다. 그러다 또 열 몇 명의 시민이 죽었습니다. 4월 11일 2차 의거 이후에 전국적으로 퍼져나가기 시작한 것이고요. 드디어 서울을 비롯한 전국 대도시에서 4월 18일과 19일에 시민들이 들고일어났습니다. 여기 '서울대 문리대 4·19 혁명 선언문'이라는 것이 있습니다. 한번 읽어보실까요? "우리는 캄캄한 밤의 침묵에 자유의 종을 난타하는 타수의 일익임을 자랑한다"는 구절이 유명하지요?

상아의 진리탑을 박차고 거리에 나선 우리는 질풍과 같은 역사의 조류에 자신을 참여시킴으로써 이성과 진리, 그리고 자유의 대학 정신을 현실의 참담한 박토(薄土)에 뿌리려 하는 바이다. 오늘의 우리는 자신들의 지성과 양심의 엄숙한 명령으로 하여 사악과 잔학의 현상을 규탄, 광정(匡正)하려는 주체적 판단과 사명감의 발로임을 떳떳이 천명하는 바이다.

우리의 지성은 암담한 이 거리의 현상이 민주와 자유를 위장한 전제주의의 표독한 전횡에 기인한 것임을 단정한다. 무릇 모든 민주주의의 정치사는 자유의 투쟁사이다. 그것은 또한 여하한 형태의 전제로 민중 앞에 군림하든 '종이로 만든 호랑이'같이 헤슬픈 것임을 교시한다.

한국의 일천한 대학사가 적색전제(赤色專制)에의 과감한 투쟁의 거획을 장(掌)하고 있는 데 크나큰 자부를 느끼는 것과 꼭 같은 논리의 연역에서, 민주주의를 위장한 백색전제(白色專制)에의 항의를 가장 높은 영광으로 우리는 자부한다. 근대적 민주주의의 근간은 자유다. 우리에게서 자유는 상실되어가고 있다는 것을, 아니 송두리째 박탈되고 있다는 것을 우리는 이성의 혜안으로 직시한다.

이제 막 자유의 전장(戰場)엔 불이 붙기 시작했다. 정당히 가져야 할 권리를 탈환하기 위한 자유의 투쟁은 요원의 불길처럼 번져가고 있다. 자유의 전역은 바야흐로 풍성해가고 있는 것이다. 민주주의와 민중의 공복이며 중립적 권력체인 관료와 경찰은 민주를 위장한 가부장적 전제 권력의 하수인으로 발 벗었다.

민주주의 이념의 최저의 공리인 선거권마저 권력의 마수 앞에 농단되었다. 언론, 출판, 집회, 결사 및 사상의 자유의 불빛은 무시한 전제 권력의 악랄

한 발악으로 하여 깜박이던 빛조차 사라졌다. 긴 칠흑 같은 밤의 계속이다.

나이 어린 학생 김주열의 참시(慘屍)를 보라! 그것은 가식 없는 전제주의 전횡의 발가벗은 나상(裸像)밖에 아무것도 아니다. 저들을 보라! 비굴하게 도 위하와 폭력으로써 우리들을 대하려 한다. 우리는 백보를 양보하고라도 인간적으로 부르짖어야 할 것 같은 학구의 양심을 강렬히 느낀다.

보라! 우리는 기쁨에 넘쳐 자유의 횃불을 올린다. 보라! 우리는 캄캄한 밤의 침묵에 자유의 종을 난타하는 타수(打手)의 일익(一翼)임을 자랑한 다. 일제의 철퇴 아래 미칠 듯 자유를 환호한 나의 아버지, 나의 형들과 같이……

양심은 부끄럽지 않다. 외롭지도 않다. 영원한 민주주의의 사수파는 영 광스럽기만 하다. 보라! 현실의 뒷골목에서 용기 없는 자학을 되씹는 자까 지 우리의 대열을 따른다. 나가자! 자유의 비밀은 용기일 뿐이다. 우리의 대열은 이성과 양심과 평화, 그리고 자유에의 열렬한 사랑의 대열이다. 모 든 법은 우리를 보장한다.

단기 4293년(서기 1960년) 4월 19일, 서울대학교 문리대 학생 일동

아주 대학생다운, 조금은 유치하고 흥분에 들뜬 문장입니다. 4·19 선언문에는 '자유'라는 단어가 유난히 많이 쓰였네요. 그렇지요? 마침 내 4월 26일에 이승만이 하야하게 되는데요. 김수영의 시를 한번 감상 해봅시다. 바로 그날 4월 26일 이른 아침에 쓴 시입니다. 그날의 생생 한 분위기를 느끼면서 읽어보지요. 제목부터 생생합니다. "우선 그놈 의 사진을 떼어서 밑씻개로 하자!"(웃음)

우선 그놈의 사진을 떼어서 밑씻개로 하자
그 지긋지긋한 놈의 사진을 떼어서
조용히 개굴창에 넣고
썩어진 어제와 결별하자
그놈의 동상이 선 곳에는
민주주의의 첫 기둥을 세우고
쓰러진 성스러운 학생들의 웅장한
기념탑을 세우자
아아 어서어서 썩어빠진 어제와 결별하자

이제야말로 아무 두려움 없이
그놈의 사진을 태워도 좋다
협잡과 아부와 무수한 악독의 상징인
지긋지긋한 그놈의 미소하는 사진을……
대한민국의 방방곡곡에 안 붙은 곳이 없는
그놈의 점잖은 얼굴의 사진을
동회란 동회에서 시청이란 시청에서
회사란 회사에서
××단체에서 ○○협회에서
하물며는 술집에서 음식점에서 양화점에서
무역상에서 가솔린 스탠드에서
책방에서 학교에서 전국의 국민학교란 국민학교에서 유치원에서
선량한 백성들이 하늘같이 모시고

아침저녁으로 우러러보던 그 사진은
사실은 억압과 폭정의 방패이었으니
썩은 놈의 사진이었으니
아아 살인자의 사진이었으니

너도 나도 누나도 언니도 어머니도
철수도 용식이도 미스터 강도 유중사도
강중령도 그놈의 속을 모르는 바는 아니었지만
무서워서 편리해서 살기 위해서
빨갱이라고 할까보아 무서워서
돈을 벌기 위해서는 편리해서
가련한 목숨을 이어가기 위해서
신주처럼 모셔놓던 의젓한 얼굴의
그놈의 속을 창자 밑까지도 다 알고는 있었으나
타성같이 습관같이
그저그저 쉬쉬하면서
할 말도 다 못하고
기진맥진해서
그저그저 걸어만 두었던
흉악한 그놈의 사진을
오늘은 서슴지 않고 떼어놓아야 할 날이다
밑씻개로 하자

이번에는 우리가 의젓하게 그놈의 사진을 밑씻개로 하자

허허 웃으면서 밑씻개로 하자

껄껄 웃으면서 구공탄을 피우는 불쏘시개라도 하자

강아지장에 깐 짚이 젖었거든

그놈의 사진을 깔아주기로 하자······

민주주의는 인제는 상식으로 되었다

자유는 이제는 상식으로 되었다

아무도 나무랄 사람은 없다

아무도 붙들어갈 사람은 없다

(······)

어제까지 카리스마 넘치는 국부였던 이승만 대통령이 하루아침에 '지긋지긋한 그놈'이 되고 말았습니다. 대단한 역전, 짜릿한 역전입니다. 이승만 대통령의 사진이 군데군데 많이 붙어 있었나봐요. 그런데 동상은 별로 없었어요. 파고다공원에 있던 동상을 10대 소년들이 무너뜨려서 끌고 다니는 사진이 있어요. 항상 10대들이 과거와의 단절을 주도합니다. 어른들은 그렇게 가혹하게 할 수가 없지요. 10대들은 내가 본 것만 기억하니 오히려 현재에 충실합니다. 당시의 10대들에게 이승만은 그저 1956년 이후의 독재자, 이기붕 같은 부패한 아부꾼들 말만 듣는 무능하고 노욕에 가득한, 이제는 사라져주었으면 하는 지긋지긋한 늙은이일 뿐입니다.

파고다공원에 서 있던
이승만 동상이 쓰러졌다.

사실은 4·19 혁명으로부터 한국의 민주주의 역사를 쓰는 것은 맞지 않다고 생각합니다. 우리가 공부했듯이 더 깊은 뿌리를 가지고 있습니다. 3·1운동으로, 그 이전의 독립협회까지 뿌리를 찾아갈 수 있는 것입니다. 그렇지만 이승만은 한국 민주주의 역사에서 결코 빠트릴수 없는 사람입니다. 과거에 어떤 업적과 위대한 뭔가를 갖고 있더라도, 역사가 앞으로 나가는 데 걸림돌이 되면 역사는 그를 떨쳐내버린다는 것이 굉장히 중요한 사실인 것 같아요. 모든 개인은 아무리 위대한 인물이라도 역사가 가지고 놀다가 버리는 장난감에 지나지 않는다고 헤겔이 말했습니까?

사실 대한민국 건국 과정에서 치열했던 좌우 대립과 수백만이 희생된 한국전쟁을 거치면서 대한민국은 경찰국가의 모습을 띠었습니다. '자유'를 지키자는 명분을 앞세웠지만 자유는 억압되었습니다. 누구든지 일단 '빨갱이'로 몰리면 살기가 힘들었습니다. 그렇기 때문에 경찰은 무지막지한 권력을 휘둘렀고, 이승만 정권은 경찰을 앞세운 독재 정권이었습니다. 이를 부정하고 나선 4·19 혁명의 주역은 고등학생과 대학생들 아닙니까? 10대와 20대들이지요. 5·16 쿠데타의 주역은 30대들입니다. 참 묘하게도 이승만이라든지 이런 독립운동과 건국의 주역들을 철저히 부정한 데에서는 4·19 주역들과 5·16 주역들이 같은 입장이었던 것 같습니다. 지금의 보수 진영 지식인들이 난처해하는 사실은 4·19를 주도한 학생들뿐만 아니라 박정희도 이승만을 철저히 부정했다는 것입니다. 박정희는 이승만을 부정하고 오히려 김구를 다시 살려냈습니다. 이방원이 정도전을 부정하려고 정몽주를 살려낸 것과 비슷한 현상이라고 보아야 할까요? 대한민국의 건국을 반대한 김구와 조선의 건국을 반대한 정몽주가 비슷합니까? 그분들의 이미지는 '깨끗한 사람'이지요. 그렇게 만들어졌습니다. 아무런 현실적인 힘이 없으니 오히려 숭배의 대상이 될 수 있었습니다.

장면 정권과 5·16 군사정변

4·19 혁명 이후에 정권을 누가 잡습니까? 자유당은 몰락합니다. 사회대중당을 비롯한 혁신 정당들은 3개나 난립한 가운데 거의 의석을 얻지 못합니다. 그래서 자연히 민주당이 90퍼센트 이상의 의석을 차

지합니다. 그러면 어쩔 수 없이 민주당이 일당독재를 해야 하는 상황인데요, 결국 민주당은 구파와 신파로 분열되어 대통령은 구파의 윤보선이, 국무총리는 신파의 장면이 합니다. 원래 구파는 지주와 자본가를 핵으로 한다면, 신파는 총독부에서 관리를 했던 사람으로 구성되었다고 합니다. 나중에 구파는 김영삼으로, 신파는 김대중으로 계보가 이어집니다. 그런데 의원내각제이기 때문에 윤보선 대통령은 실권이 없고, 정권은 장면 총리에게 있었습니다. 그러니까 신파가 집권당이고, 구파가 야당인 셈이지요. 그런데 도대체 민주당 신파 정권은 매우 불안하고 무능했습니다. 1년도 안 되는 짧은 집권 기간 동안 개각을 몇 번 했는지 헤아릴 수도 없습니다. 게다가 4·19 혁명 후에 학생들의 데모는 점차 관념적이고 낭만적인 경향을 띠게 됩니다. 학생운동이 "가자, 북으로! 오라, 남으로!" 같은 구호를 내세우며 통일운동으로 나아갑니다. 한국전쟁이 끝난 지 6~7년밖에 되지 않은 시점이라는 것을 감안한다면, 좋게 말하면 낭만적이지만 냉정하게 말하면 비현실적이지요. 정치 감각이라고는 찾아볼 수 없는 비현실적인 민족주의 감정에 빠져버린 것은 혁신계도 마찬가지입니다. 민주당 정부는 무능하고, 학생들의 데모는 방향을 잡지 못하고, 바로 5·16 쿠데타 전야의 상황이었습니다. 김종필이 작성하였다는 이른바 '국가재건최고회의 혁명 공약'을 보시지요. 박정희의 남로당 경력 때문에 의심을 받을까 걱정하여 1항을 앞세웠다는 이야기입니다. 그렇게 했음에도 불구하고 역시 미국이나 북한에서는 박정희·김종필 등의 정체에 대하여 의심하기도 하고 환상도 가집니다.

5·16 혁명 공약

1. 반공(反共)을 국시의 제일의(第一義)로 삼고 지금까지 형식적이고 구호에만 그친 반공 태세를 재정비 강화한다.

2. 유엔헌장을 준수하고 국제 협력을 충실히 이행할 것이며 미국을 위시한 자유 우방과의 유대를 더욱 공고히 한다.

3. 이 나라 사회의 모든 부패와 구악을 일소하고 퇴폐한 국민 도의와 민족정기를 바로잡기 위해 청신(淸新)한 기풍을 진작시킨다.

4. 절망과 기아선상에서 허덕이는 민생고를 시급히 해결하고 국가 자주 경제 재건에 총력을 경주한다.

5. 민족의 숙원인 국토 통일을 위해 공산주의와 대결할 수 있는 실력 배양에 전력을 집중한다.

6. 이와 같은 우리의 과업이 성취되면 참신하고도 양심적인 정치인들에게 언제든지 정권을 이양하고 우리들은 본연의 임무에 복귀할 준비를 갖춘다.

5·16 쿠데타는 군사적으로는 얼마든지 진압이 가능했습니다. 워낙 정보가 미리 새어 나가서 거의 공공연하게 추진이 되었고, 동원된 군대도 많지 않았습니다. 하지만 사람들이 적극적으로 막지 않았습니다. 전공하신 분들이 써놓은 글을 보면, 장면 정권이 5·16 쿠데타를 막지 못한 이유가 잘 이해되지 않습니다. 결국 당시의 시대 상황을 알아야 5·16 군사정변이 성공한 이유와 쿠데타에 대한 당시 사람들의 반응에 대해서도 이해할 수 있다는 이야기입니다. 윤보선 대통령이

보고를 받고 "올 것이 왔다"고 혼잣말을 했다는 유명한 이야기도 있지요. 특히 의외인 것은 장준하 선생의 반응입니다. 5·16 쿠데타가 일어나자 장준하 선생은 즉각적으로 지지 선언을 합니다. 그 당시 의외로 많은 사람들이 민주당 정권의 무능과 분열에 완전히 질려버렸는지도 모르겠습니다. 철저한 반공주의자였던 장준하 선생은 장면 정권하의 혼란과 무질서에 대해서도 우려를 많이 한 것 같습니다. 그래서인지 오히려 5·16 쿠데타가 일어나자 상당한 기대를 나타냅니다. 장준하 선생의《사상계》1961년 6월호 권두언, 이것도 한번 읽어볼까요.

일 년 전 우리나라의 젊은 학도들은 그 꿈 많은 청춘을 바쳐, 부패와 탐욕과 수탈과 부정(不正)에 도취한 이승만 독재 정권을 타도하고 민주주의를 사경(死境)에서 회생시켰었다.

그러나 정치 생리와 정치적 행장(行狀)과 사고방식에 있어서 자유당과 본질적으로 다를 것이 없는 민주당은 혁명 직후의 정치적 공백기를 기화로 지나치게 비대해진 나머지 스스로 오만과 독선에 사로잡혀 정권을 마치 전리품처럼 착각하고, 혁명 과업의 수행은커녕 추잡하고 비열한 파쟁과 이권 운동에 몰두하여 그 바쁘고 귀중한 시간을 부질없이 낭비해왔음은 우리들이 바로 며칠 전까지 목격해온 바이다. 그러는 동안 국민경제는 황폐화하고 대중의 물질생활은 더 한층 악화되고 사회적 부(富)는 소수자의 수중으로만 집중하였다.

그 결과로 절망, 사치, 퇴폐, 패배주의의 풍조가 이 강산을 풍미하고 있었으며 이를 틈타서 북한의 공산도당들은 내부적 혼란의 조성과 붕괴를 백방으로 획책하여왔다. 절정에 달한 국정의 문란, 고질화한 부패, 마비 상태에 빠진 사회적 기강 등 누란의 위기에서 민족적 활로를 타개하기 위하여 최후 수단으로 일어난 것이 다름 아닌 5·16 군사혁명이다.

4·19 혁명이 입헌정치와 자유를 쟁취하기 위한 민주주의혁명이었다면, 5·16 혁명은 부패와 무능과 무질서와 공산주의의 책동을 타파하고 국가의 진로를 바로잡으려는 민족주의적 군사혁명이다. 따라서 5·16 혁명은 우리들이 육성하고 개화시켜야 할 민주주의의 이념에 비추어볼 때는 불행한 일이요, 안타까운 일이 아닐 수 없으나 위급한 민족적 현실에서 볼 때는 불가피한 일이다. 그러나 이번의 군사혁명은, 단지 정치권력이 국민의 한 집단에서 다른 집단으로 넘어갔다는 데서 그친다면 그것은 무의미한 것이다.

혁명 공약이 암암리에 천명하고 있듯이, 무능하고 고식적(姑息的)인 집권당과 정부가 수행하지 못한 4·19 혁명의 과업을 새로운 혁명 세력이 수행한다는 점에서 우리는 5·16 혁명의 적극적 의의를 구하지 않으면 안 된다. 따라서 이러한 의미에서는 5·16 혁명은 4·19 혁명의 부정(否定)이 아니라 그의 계승, 연장이 되어야 하는 것이다.

냉철히 생각할 때, 4·19 일 년 만에 다시 정변을 보지 않으면 안 된 이 땅의 비상(非常)하고 절박한 사태에 대한 책임을 우리는 어느 한 정당이나 개인에다만 전적으로 뒤집어씌움으로써 만족해서는 안 된다.

그 배후에서 또는 주변에서 사회적 혼란을 선동한 방종 무쌍했던 언론, 타락한 망국적 금력 선거, 이미 도박장으로 화한 국회, 시세에 끌려 당쟁에만 눈이 어두웠던 소위 정객들에게도 책임이 적지 않으며, 보다 넓은 의미에서는 국민 각자에도 다소를 막론하고 간접적 책임이 있음을 우리들은 준

5·16 군사정변 당시의 박정희 소장(앞줄 왼쪽)과 차지철 대위(앞줄 오른쪽)

렬하게 자아 반성하지 않을 수 없다.

5·16 군사혁명으로 우리들이, 과거의 방종, 무질서, 타성, 편의주의의 낡은 껍질에서 자기 탈피하여 일체의 구악(舊惡)의 뿌리를 뽑고 새로운 민족적 활로를 개척할 계기는 마련된 것이다.

혁명정권은 지금 법질서의 존중, 강건한 생활 기풍의 확립, 불량도당(不良徒黨)의 소탕, 부정축재자의 처리, 농어촌의 고리채 정리, 국토건설사업 등에서 괄목할 만한 출발을 보여주고 있다. 그러나 누백년(累百年)의 사회악과 퇴폐한 습성, 원시적 빈곤이 엉클어져 있는 이 어려운 조건 밑에서, 정치혁명·사회혁명·도덕혁명을 동시에 수행한다는 것이 얼마나 어려운 일인가는 이해하기 어려운 일이 아니다.

여기서 우리는 혁명정권이 치밀한 과학적 계획과 불타는 실천력을 가지고 모든 과제를 해결해 나아갈 것을 간곡히 기대하는 동시에 동포들의 자각 있는 지지를 다시금 요청해서 마지않는 바이다.

장준하 선생은 이어서 군사정부가 "오늘의 청신(淸新)한 자세를 끝까지 유지하여, 시급히 혁명 과업을 완수하고, 최단 시일 내에 참신하고 양심적인 정치인들에게 정권을 이양한 후 쾌히 그 본연의 임무로 돌아간다는 혁명 공약을 깨끗이, 군인답게 실천하기"를 기대하면서 권두언을 마무리짓고 있습니다. 지지를 하면서 동시에 빨리 민정(民政)으로 정권을 넘겨주라는 주문도 한 것입니다. 실제로 도와주기도 합니다. 5·16 주동 군인들이 주로 농촌의 빈농 자식들이고, 다 영어도 잘 못하고 그러니까, 또 장준하 선생이 미국 사람들하고 친분도 많이 있으니까 파티를 열어줍니다. 미국 대사관 사람들과 쿠데타 주역들을 연결시켜줍니다. 사실 미국은 쿠데타 주역들이 어떤 생각을 가지고 있는 사람들인가를 잘 몰라서 의구심을 가지고 있었어요. 강원용 목사의 자서전을 보면, 박정희 주변에 남로당 경력의 사상이 위험한 사람들이 많다는 사실을 자신이 미국 사람들에게 알려주고 여러 차례 주의를 주었다고 합니다. 그렇다면 장준하 선생은 오히려 신원보증을 해주었다고 할 수 있습니다. 물론 공약한 혁명 과업을 완수하고 빨리 군대로 돌아가라는 전제를 깔기는 했지만, 적극적으로 도와준 것은 사실입니다. 이때의 장준하 선생은 나중에 "모든 통일은 좋다"라고 했을 때의 장준하가 아닙니다. "가자, 북으로! 오라, 남으로!" 하는 학생들의 움직임에 대해서 굉장히 우려하고 부정적으로 봤습니다. 아마 5·16 쿠데타

제5대 대통령 선거 지역별 후보자 득표 수

시·도명	선거인 수	투표 수	후보자별 득표 수(득표율)							계	무효 투표 수	기권 수
			신흥당 장이석	자유민주당 송요찬	민주공화당 박정희	추풍회 오재영	민정당 윤보선	국민의당 허정	정민회 변영태			
합계	12,985,015 (0)	11,036,175 (0)	198,837 (1.97)	0 (0.00)	4,702,640 (46.64)	408,664 (4.05)	4,546,614 (45.09)	0 (0.00)	224,443 (2.22)	10,081,198	954,977	1,948,840
서울	1,676,262 (0)	1,298,460 (0)	10,537 (0.85)	0 (0.00)	371,627 (30.17)	20,634 (1.67)	802,052 (65.12)	0 (0.00)	26,728 (2.17)	1,231,578	66,882	377,802
부산	665,545 (0)	532,571 (0)	3,419 (0.67)	0 (0.00)	242,779 (48.20)	11,214 (2.22)	239,083 (47.47)	0 (0.00)	7,106 (1.41)	503,601	28,970	132,974
경기도	1,492,207 (0)	1,281,166 (0)	27,554 (2.36)	0 (0.00)	384,764 (33.05)	54,770 (4.70)	661,984 (56.87)	0 (0.00)	34,775 (2.98)	1,163,847	117,319	211,041
강원도	938,143 (0)	834,453 (0)	24,528 (3.27)	0 (0.00)	296,711 (39.57)	35,568 (4.74)	368,092 (49.09)	0 (0.00)	24,924 (3.32)	749,823	84,630	103,690
충북	657,380 (0)	571,401 (0)	14,971 (2.93)	0 (0.00)	202,789 (39.78)	26,911 (5.27)	249,397 (48.92)	0 (0.00)	15,699 (3.07)	509,767	61,634	85,979
충남	1,278,294 (0)	1,112,494 (0)	23,359 (2.35)	0 (0.00)	405,077 (40.78)	47,364 (4.76)	490,663 (49.40)	0 (0.00)	26,639 (2.68)	993,102	119,392	165,800
전북	1,076,248 (0)	926,028 (0)	18,223 (2.20)	0 (0.00)	408,556 (49.43)	37,906 (4.58)	343,171 (41.52)	0 (0.00)	18,617 (2.25)	826,473	99,555	150,220
전남	1,687,302 (0)	1,457,183 (0)	22,604 (1.68)	0 (0.00)	765,712 (57.22)	51,714 (3.86)	480,800 (35.93)	0 (0.00)	17,312 (1.29)	1,338,142	119,041	230,119
경북	1,940,975 (0)	1,653,766 (0)	34,622 (2.30)	0 (0.00)	837,124 (55.64)	58,079 (3.86)	543,392 (36.12)	0 (0.00)	31,113 (2.06)	1,504,330	149,436	287,209
경남	1,427,810 (0)	1,240,412 (0)	16,014 (1.39)	0 (0.00)	706,079 (61.71)	60,645 (5.30)	341,971 (29.89)	0 (0.00)	19,323 (1.68)	1,144,032	96,380	187,398
제주	144,849 (0)	128,241 (0)	3,006 (2.58)	0 (0.00)	81,422 (69.88)	3,859 (3.31)	26,009 (22.32)	0 (0.00)	2,207 (1.89)	116,503	11,738	16,608

(자료: 중앙선거관리위원회)

를 지지한 한 가지 이유가 될 것 같습니다. 하지만 박정희는 장준하의 기대와는 달리, 또 여러 차례 스스로가 약속한 것과는 달리 군정(軍政)을 자꾸 연장하다가 결국 군복을 벗고 대통령 선거에 출마합니다. 1963년입니다. 1963년 대통령 선거의 개표 결과를 보시지요. 중앙선거관리

1963년 제5대 대통령 선거 포스터

위원회 홈페이지에 들어가시면 쉽게 찾아볼 수 있습니다.

표를 보시면 박정희가 윤보선에게 이긴 지역이 많지 않습니다. 서울에서는 윤보선이 배 이상의 차이로 압승합니다. 부산에서는 표가 비슷하군요. 하지만 경기도에서도 윤보선이 압도적으로 이겼습니다. 강원도·충청남도·충청북도에서도 윤보선이 이겼습니다. 전라남도·전라북도와 경상남도·경상북도, 그리고 제주도에서 박정희가 앞섰지요. 자세히 보면 제주도·경상남도·전라남도·경상북도·전라북도의 순서로 박정희가 많이 이겼습니다. 박정희가 경상북도 출신임에도 경남과 전남에서 더 많이 이겼다는 것이 재미있지 않습니까? 왜 이런 결과가 나왔을까요? 여러 가지로 볼 수 있겠지만, 1963년 대선의 주요 특징은 색깔론이 압도하는 선거였다는 것입니다. 누가 누구를 향해서 색깔론을 펼쳤을까요? 우리의 예상을 완전히 빗나가서, 윤보선 진영에서 박정희를 색깔론으로 공격합니다. 윤보선의 선거 캠페인에는 정책 따위는 전혀 없고, 오직 '박정희는 빨갱이다'라고 하는 공격밖에 없었습니다. 그때 기자들 얘기를 들어보면, 박정희는 경제개발에 대해서 숫자를 나열하면서 말을 하는데, 윤보선은 그런 정책에 대한 관심은 거의 없었다고 합니다. 물론 증거가 분명한, 사실에 근거한 공격이었지요. 박정희가 남로당의 군사부에 소속된 군 내 남로당 조직의 핵심에 있었다는 사실을 분명한 증거로 폭로합니다. 서울에는 월남한 사람들이 많았습니다. 반공적 분위기가 굉장히 강했습니다. 그래서 윤보선의 전략은 대성공을 거두었습니다. 그래서 두 배 이상 윤보선이 앞섭니다. 부산에는 경상남도 출신들이 주로 살지만, 월남한 사람들도 꽤 많았겠지요. 그래서 비슷한 것 같고요. 전쟁의 피해가 많았던 지역, 북한군에게 오래 점령당했던 지역, 경기도·강원도·충청도까지도 윤보선이 이겼습니다.

하지만 전라도와 경상도의 농민들은 99칸짜리 집에 산다는 귀족 출신의 윤보선보다 빈농 출신의 박정희에게 더 기대를 한 것 같습니다. 남로당 출신이라는 데 대해서는 "그게 뭐 어때서. 우리도 다 했는데"라고 속으로 생각했는지도 모르지요. 어떤 사람들은 박정희가 표를 많이 받은 선거구가 1956년에 조봉암 후보가 표를 많이 받은 지역과도 일치한다고 하는데, 사실 1956년 대통령 선거 개표 결과는 워낙 민을 수가 없어서 비교하기는 힘들 것 같습니다. 여하튼 박정희는 ①제주도, ②경상남도, ③전라남도, ④경상북도, ⑤전라북도, 이 다섯 도에서 압도적으로 많은 표를 받아서, 겨우 15만 표라는 역대 대통령 선거 가운데 가장 근소한 차이로 윤보선 후보를 이겼습니다. 윤보선이 "나는 정신적 대통령이다. 부정선거 때문에 진 것이지, 실제로 내가 진 것이 아니다"라고 주장할 만큼 근소한 차이였습니다. 1963년 대선 결과의 그 근소한 차이는 당시 국민들의 고민, 굉장히 깊은 고민을 그대로 드러내고 있는 게 아닌가 하고 생각합니다. 절차적 정당성으로 보면, 쿠데타를 일으킨 박정희를 찍어주면 안 되는 것이지요. 윤보선하고 둘 중에 선택해야 하니까 둘 중 하나를 선택하면서 고민하지 않을 수 없었던 것입니다. 하지만 1967년 그다음 대선에서 윤보선과 박정희가 다시 재대결해서는 100만 표 이상 차이가 났습니다. 국민들이 공화당 4년 집권의 성과를 인정해준 것 같습니다. 박정희는 농민들과 함께 막걸리를 마시면서 지지를 더 굳혀나갔지요. 그래서 당시에는 여촌야도(與村野都)라는 말이 있었습니다. 여당은 농촌, 야당은 도시에서 지지를 받는다는 이야기입니다. 오늘은 여기까지 하겠습니다.

경제개발과 자본주의의 발전

경제개발과 자본주의의 발전

우리나라 현대사를 이야기하는 데 빠질 수 없는 것이 '한국에서의 자본주의 발전', '경제개발과 산업화'라고 할 수 있는데요, 오늘은 바로 그것을 살펴보겠습니다.

한국은 1960년대·1970년대·1980년대, 30년간 세계에서 가장 빠른 속도로 성장하였습니다. 30년 동안의 평균 경제성장률이 9퍼센트쯤 될 겁니다. 그래서 세계적 산업국가로 도약하였습니다. 이른바 '한강의 기적'이지요. 이런 표현은 제2차세계대전 후 폐허가 되었던 독일의 재건, 독일 경제의 부흥을 가리키는 '라인강의 기적'이라는 말의 표절이라 별로 내키지는 않습니다. 하지만 만약 전쟁으로 잿더미가 된 1950년대의 대한민국을 보았던 외국인이라면 40년 후쯤 한국에 와 보고서 정말 기적이라고 느꼈을 것 같습니다. 건물이나 공장은 다 부서

지고 무너졌지만, 그 이전에 이미 세계 최고 수준의 과학자와 기술자를 가지고 있었던 나라가 독일이라고 한다면, 진정한 기적은 한국의 산업화라고 할 수 있을 것입니다.

이제 한국은 자동차·선박·기계·휴대전화와, 텔레비전이나 냉장고 같은 전자제품, 그리고 반도체·석유화학제품·의약품·철강 등을 수출하는 세계적인 선진 자본주의 나라, 최강의 산업국가가 되었습니다. 올해 IMF가 발표하기를, 우리나라 경제 규모가 세계 11위, 무역 규모는 9위쯤 된다고 했던가요? 대체로 10위권의 경제 대국이 되었습니다.

우리나라보다 경제 규모가 큰 나라는 미국과 중국·일본·독일·영국·프랑스·인도·이탈리아·브라질·캐나다 등인데요, 중국·인도·미국·브라질같이 인구와 영토가 엄청나게 큰 나라들을 제외한 나라 가운데 우리나라보다 경제 규모가 큰 나라는 일본과 독일 외에 없지 않나 싶습니다. 영국·프랑스·이탈리아는 실제로 우리나라와 비슷합니다. 일인당 국민소득에서도 이들 나라가 워낙 물가가 비싸기 때문에 구매력으로 환산하면 차이가 나지 않거나 오히려 우리나라가 많다고 봅니다. 러시아보다 우리나라 경제 규모가 크다면 120년 전에 아관파천(俄館播遷)을 하였던 고종은 믿으실까요? 정말 대단한 성취이고, 경제적인 면에서만 본다면 우리나라는 이제 선진국이 틀림없습니다. 그러니까 우리나라는 옛날식으로 표현하면, 제국(帝國)의 하나가 되었습니다. 그래서 '제국의 아이들'이라는 아이돌 그룹도 나왔던가요? (웃음)

한국 자본주의를 보는 관점

한국 자본주의가 본격 성장기에 들어서고, 또 경제개발의 전략적 방향을 결정지은 1960년대와 1970년대가 박정희 집권 시기와 겹치면서 한국의 경제개발은 그의 이름과 떼놓을 수 없게 되었습니다. 하지만 젊은 시절의 저는 박정희 대통령이 1972년, 유신 체제를 만든 이후에 그의 독재 체제에 반대하여 투쟁하는 입장이었기 때문에 그의 경제개발의 성과를 인정하지 않았습니다. 그와 맞서 투쟁하던 시기에는 티끌만큼도 그를 인정하고 싶지 않은 정서를 갖고 있었던 거지요. 그래서 학생운동 당시의 우리는 "외국의 빚으로 공장을 짓고, 저임금 정책으로 노동자를 착취하고, 저곡가 정책으로 농민을 수탈하여 재벌과 부패한 관료들의 배만 불리고 있기 때문에 이 체제는 오래 못 간다"고 보았습니다. 또 "외채로 지은 공장들은 실제로는 다 외국자본의 것이고, 우리나라의 기업인이라고 하는 자들은 외국자본의 앞잡이, 매판 자본에 불과하며, 빚으로 부풀려진 한국 경제는 곧 무너질 것이다"라고 생각하였고, 그렇게 글을 쓰고, 말로 주장하였습니다. 아마 제가 당시에 쓴 글을 다시 읽어보면 그 단순함에 조금 부끄러울 것 같습니다. 하지만 그것은 우리가 존경하던 스승들의 가르침을 수용하여 청년답게 단순화한 것이었습니다. 물론 조상 탓을 하는 이야기는 아닙니다. (웃음) 우리 스승들 가운데의 중심은 박현채 선생이었습니다. 그분을 중심으로 리영희·백낙청 선생 등이 《창작과 비평》을 만들면서 민주화 운동의 정신적 자양분, 사상의 양식을 제공하였지요.

우리는 당시에 한국 경제가 신식민지(新植民地)적 상황에 있다, 즉 제국주의 자본에 의해 수탈을 당하고 있는 것으로 보았습니다. 우리는 한국 경제의 외형적인 성장이 대외 종속의 심화를 가져온다고 믿었습니다. 그래서 곧 외채를 감당하지 못하여 무너지거나, 아니면 성장의 한계에 부닥친다고 보았습니다. 그러므로 정부가 발표하는 경제 통계를 의미 없는 것으로 생각하고 눈여겨보지도 않았습니다. 이런 우리의 시각을 이론적으로 뒷받침해주는 것은 박현채 선생의 민족경제론(民族經濟論)이었는데요, 민족경제론은 바로 모택동 사상의 식민지반봉건론(植民地半封建論)을 그 바탕에 깔고 있었습니다. 그리고 라틴아메리카로부터 들어온 종속이론(從屬理論)도 우리의 생각을 뒷받침해주었습니다. 당시에 우리는 남미와 우리나라의 차이를 잘 몰랐습니다. 그리고 당시의 노동자들이 열악한 환경에서 장시간 노동과 저임금에 시달리고 있는 모습은 우리의 그런 관점을 경험적으로 뒷받침해주는 생생한 현실이었습니다. 하지만 우리의 이런 태도와 관점은 충분히 논리적이거나 객관적이지는 못했던 것 같습니다. 장시간 노동과 저임금은 마르크스가 《자본론》에서 묘사해놓은, 지극히 정상적인 자본주의의 모습, 바로 그것이니 말입니다.

민주화 운동 진영 내에서 한국 자본주의 발전의 가능성을 최초로 깔끔하게 인정한 것은 인민노련(仁民勞聯, 인천민주노동자연맹)이 아니었나 싶습니다. 권우철 동지라고 있는데, 바로 전라북도 순창 출신이에요. 그 동지가 어느 날 양우진이라는, 당시 서울대학교 경제학과 대학원생의 석사 논문을 들고 왔습니다. 양우진 씨는 지금은 한신대 교수로 있습니다. 그 당시에는 일개 대학원생이고, 권우철 동지와 비슷한 생각을 하는 사상적 동지이자 친구였어요. 그 논문은 당시까지도 동아시아 좌파의 사상을 지배하고 있던 식민지반봉건론을 벗어던지고, 마르크스주의 원론으로 돌아가서 한국 자본주의 발전의 가능성을 과감히 인정하고 있었습니다. 우리는 그 논문을 읽자마자 여러 부 복사하여 다 돌려 읽었습니다. 조직의 입장으로 채택해버린 것입니다. 우리 모두가 고민하고 생각하고 있던 것을 잘 표현해준 논문이라고 느꼈던 것입니다. 지금 돌이켜보면 당시 여러 쟁쟁한 진보적인 학자들과 논객들이 이른바 사회구성체 논쟁, 한국 자본주의 성격 논쟁을 하고 있었으나, 감히 박현채 선생의 민족경제론과 모택동의 식민지반봉건론의 큰 틀을 벗어나려는 생각은 하지 못하였던 것 같습니다. 아마 연배가 조금 더 아래인 양우진과 권우철은 그 압도적인 지적 권위로부터 벗어나 있었던 것 같습니다. 여하튼 그것은 민주화 운동 내부에서는 성리학이 실학으로 가는 전환에 비교될 만한 철학적 전환이었습니다. 조선 말기의 성리학자들이 원시 유학으로 돌아가서 성리학을 벗어날 길을 찾은 것과 비슷하다는 뜻입니다.

원래 마르크스주의 이론에 따르면, 부르주아민주주의혁명으로 봉건제 또는 전근대의 유산을 타파하지 않으면 자본주의가 발전하지 못한다고 되어 있습니다. 그리고 우리의 스승들은 우리나라를 부르주아민주주의혁명 이전의 식민지·반봉건 사회의 발전 단계에 있다고 가르쳤습니다. 그렇다면 식민지·반봉건의 굴레를 벗어나지 못한 우리나라에서 자본주의는 발전할 수 없는 것입니다. 그런데 문제는 실제

현실에서 자본주의가 발전하고 있더라는 거지요. 이 명약관화한 현실을 설명하지 못하니 이론에 문제가 있었던 것입니다. 이미 벌써 우리 시대에 앞서서 부르주아민주주의혁명이 일어난 것은 아닐까? 만약 부르주아민주주의혁명이 일어나서 봉건적이고 전근대적인 요소들, 그리고 식민지의 잔재를 청산하였다면? 그러면 자본주의가 발전하지 못할 이유는 없습니다. 그래서 우리나라 역사를 다시 보니, 대한민국 건국을 전후한 시기에 있었던 거대한 부르주아민주주의혁명을 발견하게 되었습니다. 식민지 종속국과 후진국 시절의, 또 독립운동과 민주화 운동 시절의 철학과 사고방식을 벗어나야만 우리나라 현대사가 보인다고 저는 생각합니다. 아마 박현채 선생께서 생존해 계신다면 스승을 넘어서고, 앞선 세대를 극복하려는 우리의 이런 시도에 대하여 흐뭇해하시고 격려하시리라 믿습니다.

경제개발5개년계획

먼저 경제개발5개년계획부터 살펴보아야 하겠습니다. 이것은 1962년부터 이루어졌어요. 물론 경제개발5개년계획은 그전부터 민주당 정부 시절 또는 더 소급하여 자유당 정부 시절부터도 구상이 있었고 계획이 있었습니다. 그러나 실제로 경제개발5개년계획이 실천에 옮겨진 것은 5·16 군사정변 직후인 1961년 7월에, 그 이듬해부터 시작되는 제1차 경제개발5개년계획을 짠 이후부터입니다. 그러니까 아직 1963년 대통령 선거를 치르고 박정희가 당선되어 정상적인 정치로 돌아가

제1차 경제개발5개년계획 종합 평가 교수단 보고회

기 전의 군정(軍政) 시절입니다. 1962~1966년이 제1차 경제개발5개년 계획이었어요. 경제계획이라고 한다면, 지금은 상상하기 힘들겠지만, 전체 또는 각 산업 부문에서의 경제성장률과 인구증가율 같은 것에 대해 목표치를 다 정해놓고 그 계획대로 자원을 배분하고, 정부가 담보를 제공하여 금융을 지원하고, 또 외자를 유치하여 경제성장을 이루려던 것을 말합니다. 기업의 경제활동, 투자를 어디에 할 것인가 등을 국가가 정해주고, 심지어 손해가 나면 이를 보충해주기 위해서 다른 특혜를 주기도 합니다. 그래서 재미있는 것은, 계획경제라는 것 자체가 원래 사회주의 체제나 전체주의에 속한다는 사실입니다.

기업은 당연히 자율적인 판단을 하고 스스로 결정하며 결과에 책임을 지게 된다는 것이 지금의 우리 상식입니다. 삼성이 자동차를 했다가 잘 안 되기도 하고, 반도체 사업에서 성공을 하기도 하고, 이런 식이지요. 당시만 해도 그게 아니라 정부가 이런 산업을 일으키겠다고 결정을 다 하고, 여기에 들어갈 기업을 물색해서 "이러저러한 은행 대출이나 이런저런 특혜를 줄 테니까 이렇게 해라"라고 하는 방식이었습니다. 그러니 자연히 투자의 실패에 대해서도 정부가 어느 정도 책임을 같이 지는 겁니다. 손해를 보면 다른 분야에서 특혜를 주어서 만회를 할 수 있도록 해주고요. 그러니 '주식회사 대한민국'이라는 이야기가 나온 것입니다. 기업이 힘들어질 것 같으면 사채도 동결한 적이 있었지요. 공장의 부지나 접근 도로나 전기와 수도 시설을 국가에서 예산을 들여서 해주고, 그런 기반 시설을 갖추는 데 필요한 토지는 국가에서 강제 수용하였습니다. 은행에는 융자를 해주도록 강제하고, 심지어 외자도입을 하는 데 국가가 보증을 서주기도 하였습니다. 그리고 필요한 기술을 개발하기 위해 KIST(한국과학기술연구소)를 세우고, 외국에서 일하는 과학자들을 애국심에 호소하여 모셔 왔습니다. 오로지 수출 증대와 경제개발을 위하여 국력을 집중한 것입니다. 지금은 없어진 '경제기획원'이 엄청난 권력을 가지고 자원 배분을 마음대로 하였습니다.

이러한 당시의 경제는 전시 상황이나 계엄령하에서 이루어지는 전시경제 같은 모습이었습니다. 그래서 장하준 교수 같은 사람은 스탈린 시대의 계획경제와 통하는 면도 있다고 말하고, 어떤 사람은 박정희가 젊은 시절 만주군관학교 학생으로서 보고 배운 만주국의 경제개발 모델과 닮았다고 말하기도 합니다. 소련의 계획경제든 만주국의 개발 모델이든, 경제·자원의 배분을 시장에 맡기는 것이 아니라 국가가 주도하였지요. 국가가 정책적으로 강압하고, 다른 분야를 희생시키면서도 중공업에 집중하여 단번에 산업화를 이루려는 기도임에 틀림없었습니다. 미국은 사실 한국 정부의 이런 시도, 흡사 군국주의자들의 부국강병책 같은 방식에 대하여 별로 탐탁하지 않게 생각한 것 같습니다. 자유주의 경제학 교과서에서는 금기시하고 있는 방식이기 때문입니다. 하지만 이런 국가 주도의 산업정책을 하지 말라고 강요하거나 자유주의 시장 개방의 장점을 설교하는 선진국들도 사실은 이미 다 실시했던 방식입니다. 초기 산업화 과정에서 자기들은 자국의 국제 경쟁력이 없는 유치산업(幼稚産業)을 육성하기 위해 높은 관세 장벽 같은 보호주의 무역정책을 쓰고, 기술 개발을 국가가 대신해주거나 사회간접자본, 즉 도로나 철도망, 수도나 전기를 국가가 싼값에 공급하고, 금융 지원도 하는 등의 산업정책을 다들 실시했습니다. 이에 관해 구체적이고 역사적인 사실을 통해서 설득력 있게 보여주면서 선진국의 위선을 폭로하는 것이 뮈르달상을 받은 장하준 교수의《사다리 걷어차기》라는 책이 아닌가 싶습니다. 자, 이 표를 함께 보십시다.《한국근현대사사전》에서 인용한 것인데요, 물론 당시의 경제기획원의 발표 자료이지요.

제1차 경제개발5개년계획의 목표 성장률이 연평균 7.1퍼센트였어요. 실제 실적, 성과는 7.8퍼센트라고 합니다. 상당히 목표를 초과 달성하였습니다. 그러니까 1963년 대선 결과 박정희와 윤보선의 표차보다 1967년 대선 결과 박정희와 윤보선의 표차가 더 벌어진 것은 이런 식의 경제성장에 대해서 당대의 국민들이 지지 내지는 긍정적인 평

경제개발5개년계획의 주요 지표와 그 성장률

구분	1차 계획 (1962~1966)		2차 계획 (1967~1971)		3차 계획 (1972~1976)		4차 계획 (1977~1981)	
	계획	실적	계획	실적	계획	실적	계획	실적
국민총생산	7.1	7.8	7.0	9.7	8.6	10.1	9.2	5.6
농림 어업	5.7	5.6	5.0	1.5	4.5	6.1	4.0	−0.7
광공업	15.0	14.3	10.7	19.9	13.0	18.0	14.2	9.2
(제조업)	15.0	15.0	−	21.8	13.3	18.7	14.3	9.4
사회간접자본	5.4	8.4	6.6	12.6	8.5	8.4	7.6	6.0
인구	2.8	2.7	2.2	2.2	1.5	1.7	1.6	1.5
1인당 GNP	4.2	5.0	4.7	7.3	57.0	8.2	7.5	54.0
고정 투자	14.6	24.7	10.2	17.9	7.6	11.1	7.7	10.5
상품 수출	28.0	38.6	17.1	33.8	22.7	32.7	16.0	10.5
상품 수입	8.7	18.7	6.5	25.8	13.7	12.6	12.0	10.3
취업 인구	4.7	3.2[1)	3.3	3.6	2.9	4.5	3.2	2.3

(연평균 증가율: 퍼센트)

※1) 1963~1966년 평균(자료: 경제기획원, 제5차 경제 사회 발전 5개년 계획, 1982~1986)
※〈경제개발5개년계획〉(한국근현대사사전, 2005. 9. 10. 가람기획)

가를 한 측면도 있을 것 같습니다. 박정희 대통령의 1차 집권은 상당히 성공적이었다, 이렇게 국민들이 받아들였다고 볼 수 있겠지요. 그래서 박정희는 1967년 대선에서 다시 집권을 합니다. 그리고 제2차 경제개발5개년계획은 1967년부터 1971년까지의 기간에 성장률 목표는 7퍼센트로 되어 있었는데 실제 성과는 9.7퍼센트란 말입니다. 바로 이런 실적이 그로 하여금 자신감을 가지고 장기 집권으로 나아가게 한 것 같습니다. 또 제3차 경제개발5개년계획의 1972년부터 1976년까지 기간에 성장률 목표는 8.6퍼센트인데 실적은 10.1퍼센트였습니다. 이 수치들을 믿는다면, 굉장히 빠른 경제성장 아니겠습니까? 중국이 수십 년 후에 기록을 깰 때까지 당대에는 세계에서 가장 빨리 성장하는, 가장 높은 경제성장률을 가진 나라였던 것이고요. 여기까지는 잘나가다가 제4차 경제개발5개년계획(1977~1981년)에 이르러서는 성장률이 둔화됩니다. 그리고 유신 체제는 위기를 맞게 되고, 결국 비극적인 파국으로 끝나게 되지요. 물론 그렇잖아도 민주 헌정을 중단하고 언론의 자유를 박탈한 유신 체제가 결코 오래갈 수는 없었겠습니다만, 경제적으로도 유신 말기에는 한계에 도달한 것을 볼 수 있습니다. 제3차 경제개발5개년계획부터 본격적으로 중공업 중심으로 전환을 하는데, 중공업에 과잉 중복 투자가 있었고, 시장 논리를 무시한 무리한 투자가 결국 위기를 맞게 한 것입니다. 결국 박정희 정권은 자신의 역할을 다하고 퇴출되어 역사에서 사라져간 것이 아닌가 싶습니다.

하지만 우리나라 경제는 아직도 박정희 모델을 완전히 벗어나지 못하고 있다고 흔히 말합니다. 박정희 모델을 정의하기는 쉽지 않습니다. 세계 시장에서 상품을 팔아야 하는 수출의존도가 매우 높은 경제, 부피가 크고 무게가 무거운 중화학공업 제품을 위주로 하는 구조, 재벌 대기업이 차지하는 비중이 너무 높고, 중소기업은 대기업의 하청과 재하청 기업으로 계열화된 구조입니다. 그래서 노동자의 임금도 대기업은 세계적인 수준이지만 하청 중소기업들은 여전히 열악한 저임금입니다. 하청 중소기업, 이른바 3D 업종에서 저임금 구조를 유지하기 위해 외국인 노동자들을 너무 많이 받아들이고 있습니다. 이미 200만 명이 들어와 있다고 말합니다. 심지어 당국의 묵인하에 저임금 일자리의 가장 밑바닥 층을 불법 체류자 수십만 명에게 맡기고 있습니다. 그런 일자리의 임금은 오르지 않고, 또 바로 그렇기 때문에 우리 청년들은 그런 일자리를 외면하고 있습니다. 그러니까 우리나라는 결코 일자리가 부족한 나라가 아닌데 청년들은 취업난으로 고통을 받고 있습니다. 또 공장이든 건설 현장이든 가장 기초적인 기술인 용접이나 금형, 이런 기술을 배운 우리나라 청년이 없기 때문에 얼마 가지 않아 외국인 노동자 없이는 우리나라 경제가 돌아가지 않으리라는 걱정을 하는 사람도 있습니다.

소수 몇몇 재벌이 우리나라 경제의 중심을 이루고 있습니다. 재벌들이 너무 비대하고, 경제력 집중이 재벌 쪽에 너무 심하다고 합니다. 그래서 경제가 양극화하고, 한국 경제나 사회가 활력을 잃어가고 있다는 것입니다. 많은 사람들이 경제민주화를 부르짖는 이유가 됩니다. 하지만 박정희 시대만 하더라도 재벌들은 국가의 정책적 지원이나 특혜를 받지 못하면 지탱하기 힘들었습니다. 또 그만큼 감독과 규제를 받는 위치에 있었습니다. 전두환 시대에 와서 비로소 규모가 커진 한국 경제를 더 이상 이런 방식으로는 운영할 수 없다는 인식에서 기업에게 자율권을 조금씩 주게 됩니다. 그러더니 민주화가 되면서 거의 완전히 재벌이 국가의 간섭으로부터 벗어나서 독립하였습니다. 물론 규모도 커져서, 공룡처럼 커지니 국가 위에 군림할 만큼 된 것입니다. 노무현 대통령이 "권력이 시장에 넘어갔다"고 하였던가요? 대통령 자리에 앉아서 보니 재벌의 힘이 너무 세고, 자기가 할 수 있는 일이 별로 없더라는 이야기인가요? 하지만 한국의 재벌들은 박정희 시대에 집중적인 국가의 지원으로 자라났고, 국민의 희생과 도움으로 컸으니 엄밀히 말하면 국영기업 또는 공기업이나 마찬가지입니다.

민간 기업에게 자율권을 주기 시작한 1980년대 초 경제 자율화를 주도한 사람이 유명한 김재익 경제수석비서관입니다. 전두환이 "경제는 당신이 대통령이야"라고 말할 만큼 믿었다고 합니다. 그는 버마 아웅산 테러에서 희생되었는데요, 1970년대에 중화학공업화를 기획한 오원철 씨와 함께, 또 그들보다 선배인 김학렬·김정렴·남덕우 등과 함께 개발연대에서 활약한 유명한 경제 관료들 중의 한 사람이지요. 남덕우의 회고록《경제개발의 길목에서》도 읽어볼 만합니다. 이분은 아마 미국 가서 자유주의 경제학을 공부하고 경제 관료가 된 첫 세대인 것 같습니다. 그러니까 그 이전 일본식 교육을 받은 분들, 다분히 군국주의적인 사고를 가진 분들이 부국강병책으로서 경제개발을 밀어붙이던 1960년대식에서 벗어나서 경제정책으로 경제를 다루기 시작한 시기를 대표하지요. 점차 자유주의 경제학 원리에 따라 민간 주도의 경제, 또 대외 개방과 자유무역 정책으로 넘어가는 과도기를 대표하는 경제 관료입니다. 이렇게 개발연대에서 활약한 자유주의 경제학자들, 남덕우 같은 분들을 일컬어 '서강학파(西江學派)'라고 합니다. 서강학파는 어떤 뚜렷한 이론적 공통성보다는 서강대학교 교수 출신이 많아서 생긴 말인 것 같습니다.

박·정·이와 전태일

그러면 한국이 경제성장에 성공한 비결은 무엇인가? 정치가의 리더십인가? 국가의 경제정책인가? 기업가의 노력인가? 국제 환경인가? 남한을 쇼윈도처럼 치장하여 공산 진영에 보이고자 하는 미국의 원조와 세계 전략인가? 열심히 선진 기술을 배우고, 베낀 과학 기술자들인가? 최장 시간을 최저임금으로 일한 노동자들의 노력과 희생인가? 바로 여기서 입장과 관점에 따라 이야기가 크게 달라집니다. 물론 오로지 하나의 비결만을 고집하고 다른 모든 비결을 다 부정한다면 대화는 불가능할 것입니다. 그런데 저는 우리의 현대사 강의 처음부터 열심히 일하고 열심히 공부한 국민의 존재를, 바로 그런 국민을 만든 농지개혁이 가장 중요한 비밀이라고 주장한 바 있습니다. 남미의 여러 나라들이나 필리핀과 우리나라가 다른 점이 바로 그것입니다. 바로 그것을 가장 근본에 두고 다른 측면들을 나름대로 인정하면 될 것 같습니다. 가장 중요한 근본을 놓치고, 뿌리를 보지 않으면서 가지를 보는 것은 결국 서로가 자신이 붙잡고 있는 가지가 가장 크다고 주장하여 대립하는 결과를 낳을 수밖에 없습니다.

우리가 소주를 마시는 동네 술집에서 흔히 듣는 이야기가 있습니다. "박·정·이가 없었으면 이 나라가 아직도 가난할 것이다, 박·정·이 같은 걸출한 인물을 만난 것은 우리 민족의 행운이다"라는 이야기입니다. 여기서 박·정·이라고 하는 말은 박정희·정주영·이병철 세 사람을 가리키는 말입니다. 이들 세 사람에 더하여 포항제철을 건립하는 데 공을 세운 박태준을 높이 평가하는 사람도 있습니다. 그분들이 모두 훌륭한 정치가·기업가·리더였음을 인정하더라도, 그런 인물이 다른 시대나 다른 나라에는 없었던가요? 있었습니다. 그러므로 그런 관점은 좋게 말하면 영웅 사관(史觀)이고 냉정하게 말하면 속류(俗流) 역사, 만화로 만든 역사 인식입니다. 박정희·정주영·이병철·박태준, 이런 사람들의 반대편에 전태일이 서 있었습니다. 1970년 10월 7일, 전태일 열사를 비롯한 노동자 90여 명의 이름으로 〈평화시장 피복 제품상 종업원 근로 개선 진정서〉를 노동청에 제출한 다음날 《경향신문》 사회면에 '골방서 하루 16시간 노동'이라는 제목의 톱기사가 실렸습니다. 부제는 '소녀 등 2만여 명 혹사', '거의 직업병…… 노동청 뒤늦게 고발키로' 등이었습니다. 그 기사를 읽어보겠습니다.

나이 어린 여자들이 좁은 방에서 하루 최고 16시간 동안이나 고된 일을 하며 보잘것없는 보수에 직업병까지 얻고 있어 근로기준법을 무색케 하고 있다. 이들은 서울 시내 청계천 5~6가 사이에 있는 평화시장 내 각종 기성복 가공업에 종사하는 미싱사·재단사·조수 등 2만7천여 명으로, 노동청은 7일 실태 조사에 나서 근로기준법을 위반한 업체는 전부 고발키로 했다. 노동청은 이밖에 5백여 개나 되는 서울 시내 기성복 가공업소도 근로자의 실태를 조사키로 했다.

평화시장 내의 피복 가공 공장은 4백여 개나 되는데, 이들 대부분의 작업장은 건평 2평 정도에 재봉틀 등 기계와 함께 15명씩을 한데 넣고 작업을 해 움직일 틈이 없을 정도로 작업장은 비좁다. 더구나 작업장은 1층을 아래위 둘로 나눠 천장의 높이가 겨우 1.6m 정도밖에 안 돼 허리를 펼 수 없을 정도인데, 이와 같이 좁고 낮은 방에 작업을 위해 너무 밝은 조명을 해 이들 대부분은 밝은 햇빛 아래서는 눈을 똑바로 뜰 수 없다고 노동청에 진정까지 해왔다.

이들에 의하면 이런 환경 속에서 하루 13~16시간의 고된 근무를 하고 있으며 첫째, 셋째 일요일을 제외하고는 휴일에도 작업장에 나와 일을 하고, 여성들이 받을 수 있는 생리휴가 등 특별 휴가는 생각조차 못할 형편이라는 것이다.

특히 13세 정도의 어린 소녀들이 대부분인 조수의 경우 이미 4~5년 전부터 받는 3천 원의 월급을 현재까지 그대로 받고 있다. 이 밖에도 이들은 옷감에서 나는 먼지가 가득 찬 방안에서 하루 종일 일해 폐결핵, 신경성 위장병까지 앓고 있어 성장기에 있는 소녀들의 건강을 크게 위협하고 있는 실정이다.

이처럼 근로조건이 나쁜 곳에서 일하는데도 감독 관청인 노동청에서 매년 실시하는 건강진단은 대부분이 한 번도 받은 일이 없으며, 지난 1969년 가을 건강진단이 나왔으나 공장 측은 1개 공장 종업원 2~3명씩만 진단을 받게 한 후 모두가 받은 것처럼 했다는 것이다.

《경향신문》에 이 기사가 나자 전태일 열사는 날 듯이 기뻐했습니다. 신문사 앞에서 기다렸다가 신문이 나오자마자 사 들고서 평화시장으로 뛰어갔다고 합니다. 자신들의 이야기, 평화시장의 실상이 신문에 날 줄은 꿈에도 생각하지 못한 동료들에게 보여주려고 한 것입니다.

재단사로 일하던 시절 동료들과 함께 있는 전태일(오른쪽)

전태일이 처음 만든 조직은 '바보회'였어요. 바보회가 실패하고 다시 만든 조직이 '삼동회'였는데, 이 삼동회 회원들은 신문을 보고 모두 얼싸안고 환호했다고 합니다. 하지만 투쟁은 그날부터 시작이었습니다. 결국 전태일 열사는 한 달여 뒤, 1970년 11월 13일에 데모에 참여하려는 노동자 500여 명과 그들을 저지하려는 경찰과 경비원들이 뒤엉킨 평화시장 국민은행 앞길에서 분신하게 됩니다. "근로기준법을 지켜라"고 외치면서 화염에 싸인 전태일 열사가 국민은행 앞길로 뛰어나오는 장면을 생각해보십시오. 정치적으로 유신 체제가 성립하는 것은 2년 뒤지만, 노동자의 입장에서 바라보면 사실 훨씬 그전부터 개발 독재는 시작되고 있었던 것입니다. 노동에 대한 국가의 억압과 통제는 오늘의 우리는 상상할 수 없는 것이었습니다. 노동법은 전혀 지켜지지 않았고, 노동청이나 감독 기관들은 업주들의 불법에 눈을 감아주었습니다. 그것은 한강의 기적의 어두운 이면, 화려한 경제성장의 어두운 그늘이었습니다. 그 당시에 노동자들의 생활이나 노동 현실은 대단히 열악했습니다. 장시간 노동과 높은 노동 강도에다 노동자들의 인권이 짓밟히는 그런 상황이었습니다. 노동자 스스로의 힘으로 그런 현실을 고발하고, 폭로하고, 항의하고, 투쟁하기 시작한 것입니다. 그래서 전태일 열사는 한국 자본주의 도약의 시기, 개발연대 노동자의 상징적인 인물입니다. 지금도 11월 13일을 전후한 전태일 주간이면 전국의 노동자들이 집회를 열어 그를 기리고 있습니다.

1972년부터 1987년까지 15년 동안의 민주 헌정의 중단이나, 그 이전부터 이미 시작된 노동자에 대한 인권유린과 탄압을 정당화하는 이야기가 개발독재론입니다. "독재는 개발을 위한 필요악이다. 중국을 보라. 중국공산당이 일당독재를 하니 자본주의가 빨리 발전하지 않느냐. 싱가포르의 리콴유(李光耀)도 장기 집권한 독재자이지만, 바로 그런 정치적 안정 때문에 경제가 발전할 수 있었다"라고 말합니다. 후진국에서 처음 경제개발을 하는 일정한 시기 동안 정치적 안정이 불가결하다, 그래서 대중의 정치 참여를 크게 제한하고 독재를 하는 것이 필요하다, 또 이러한 개발독재는 장기적으로는 민주화의 물질적 기초를 마련한다는 점에서 민주화에도 기여한다고 주장됩니다. 개발독재론은 결국 박정희 시대 18년 동안의 모든 일을 설명하거나 또는 정당화합니다. 너무 막가는 느낌이 있습니다. 이런 개발독재론에 대항하여 김대중 대통령이 펼친 논리가 '민주주의와 시장경제의 병행발전론'입니다. 젊은 시절의 우리는 얼치기 마르크스주의자들이었기 때문에 김대중 대통령의 논리가 귀에 들어오지 않았습니다. 하지만 만약 자본주의 시장경제를 긍정하는 입장에서 바라보자면 그의 논리는 실로 그 의미가 크다고 하겠습니다. 싱가포르의 독재자 리콴유와 김대중의 논쟁은 유명하지요.《포린 어페어스(Foreign Affairs)》1994년 3월호와 11월호를 통해서 리콴유 수상과 김대중 대통령이 지상 논쟁을 벌였습니다. 리콴유 수상은 '아시아적 가치(Asian values)'를 내세워서 자신의 독재를 정당화하고, 이에 맞서 김대중 대통령은 보편적 가치를 주장하였습니다. 물론 저는 보편주의자로서, 민주주의와 인권이 서구적 가치라는 전제 속에서 아시아에서는 그것이 유보될 수 있다고 주장하는 리콴유를 비판한 김대중 대통령의 말이 맞다고 생각합니다. 제가 좋아하는 인도의 경제학자 아마르티아 센(Amartya Sen)도 같은 입장이었습니다.

박정희의 개발독재는 처음에 민주 헌정의 질서 내에서 제한적으로 실시되었습니다. 국민의 지지뿐만 아니라 군부의 힘을 바탕으로 큰 권력을 휘둘렀지만, 민주적 절차는 지켰으므로 엄격하게 말하면 '독재'라고 말할 수 없다고 생각합니다. 하지만 유신 체제에 이르면 사정은 달라집니다. 개발독재가 유신 체제를 가리키는 것이라면 그것은 결코 정당화될 수 없다고 생각하는 것입니다. 하지만 유신 체제조차도 중국공산당의 일당독재나 리콴유의 사실상의 일당독재에 비하면 양반입니다. 사실 우리가 1961년부터 1972년까지 박정희 시대를 긍정적으로 평가하고, 1972년 이후의 유신 체제나 1980년부터 1987년까지의 전두환 시대를 비판적으로 바라본다고 하더라도, 중국공산당의 일당독재나 리콴유의 독재는 전혀 긍정적으로 볼 수 없습니다. 우리나라 민주 헌정이 중단된 15년간은 중국공산당의 일당독재와 확연히 다릅니다. 시작과 끝이 다르고, 건국 당시에 이미 언론의 자유와 삼권분립과 대의민주주의가 확립된 대한민국이라는 토양이 달랐습니다. 얼핏 비슷한 모습을 보이더라도 결코 같은 것일 수가 없습니다. 그러므로 우리는 중국공산당 일당독재가 아무리 빠른 속도로 경제성장을 이룬다고 하더라도 결코 우리가 다른 후진국들에게 권장할 만한 길이 아니라고 생각합니다. 오늘날 중국이 보이고 있는 최악의 부정부패와 빈부 격차는 공산당 일당독재와 무관하지 않습니다.

박정희를 어떻게 평가할 것인가?

산업화 세대라고 하나요? 대체로 민주화 세대보다는 나이가 더 많은 60대 이상의 사람들을 그렇게 부릅니다. 그들은 경제개발의 시대에 직접 피와 땀을 흘리며 굉장히 많은 노력을 했던 사람들이고, 자기도 거기에 참여했다고 해서 상당한 자부심을 가지고 있습니다. 그래서 청년들에게 "니들이 뭘 알겠냐? 우리가 젊을 때 얼마나 고생했는데"라고 말합니다. 김종필은 제2의 이완용이라고 욕을 얻어먹어가면서 한일회담을 성사시키고, 대일 청구권 자금을 받아서 산업을 일으킨 자신의 업적을 요즈음 《중앙일보》에 연재하고 있는 '회고록'에서 자랑합니다. 젊은 시절에 초등학교나 중학교밖에 졸업하지 못하고 도시에 나가서 열심히 일하여 자수성가한 사람, 구로공단에서 열심히 일해서 동생 공부시킨 분 들이 박정희·김종필을 자신의 리더라고 기억합니다. 젊은 시절에 파독 광부와 간호사, 파월 장병과 노동자, 중동 건설 현장 노동자, 원양어선의 어부나 외항선의 선원으로 일하신 분 들도 마찬가지입니다. 바로 자신을 '조국 근대화의 주역'이라 자부하는 분들입니다. 그러면 민주화 세대는 그다음 세대라고 할 수 있는데, 산업화 세대의 박정희 평가와 민주화 세대의 박정희 평가는 큰 차이가 납니다. 민주화 세대의 기억에 박정희는 장기 집권에 눈이 멀어 추한 짓을 한 독재자이니까요. 그러면 요즈음 청년들은 좀 더 객관적으로 평가할 수 있을 것 같습니다. "이제는 기성세대도 자신의 경험과 기억의 한계를 넘어서 청년의 눈으로 바라볼 필요가 있다. 그렇게 하기 위해서 일단은 공칠과삼론(功七過三論)으로 퉁치고 넘어가자. 청년들의 평가, 미래 세대의 평가에 맡기자." 저는 이렇게 말씀드리고 싶습니다.

박정희에 대해서 박하게 평가하고 싶은 분들은 그를 '친일파'라고 합니다. 하지만 저는 그것의 근거가 충분하지 않다고 생각합니다. 차라리 그를 '빨갱이'라고 하는 쪽이 훨씬 더 근거가 분명합니다. (웃음) 지난 대통령 선거에 출마한 통합진보당의 이정희 후보가 방송 토론에 나와서 박정희 전 대통령을 '다카키 마사오'라 불러 세간의 화제가 된 적이 있습니다. 그런가 하면 야권에는 박정희를 굳이 '다카키 마사오'라고 부르는 것을 멋으로 여기는 분들도 있습니다. 하지만 그런 취미를 가진 분들에게, 저는 자기 아버지와 어머니에게 1945년 8월 15일 이전에 학교에서 불린 이름이 무엇인지를 물어보라고 권하고 싶습니다. 여러분도 부모님이 돌아가시기 전에 한번 여쭈어보십시오. 실은 저도 두어 달 전에야 비로소 아버지와 어머니에게 여쭈어보았습니다. 그랬더니 두 분은 싫어하기보다는 좋아하셨습니다. 자기들의 청춘에 대해 묻고, 자기들의 인생에 새삼 관심을 가져주는 아들이 고맙게 느껴진 모양입니다. 태평양전쟁을 일으킨 일제가 조선 사람들을 전쟁에 동원하기 위해서 내선일체(內鮮一體)를 부르짖으며, 일본식 이름으로 등록하라고 민법을 개정하였습니다. 당대의 조선 사람들은 대부분 새로운 민법에 따라 벌금을 내지 않으려고 창씨개명(創氏改名)을 했고, 다카키 마사오(高木正雄)라는 박정희의 일본식 이름은 그가 '고령 박씨'임을 알려주는 평범한 이름입니다. 창씨개명은 민족의 아픔일 수는 있지만, 개인의 잘못이라고 할 수는 없습니다. 그래서 창씨개명을 했다는 이유로 박정희를 친일파라고 단정을 짓는 것은 진영 논리가 천박하게 작동하는 하나의 사례에 불과합니다.

이승만 대통령이 통치하던 시기의 반일 캠페인을 기억하는 사람이 있을 겁니다. 이승만이 자신을 친일파로 모는 사람도 있다는 사실을 안다면 아마 기절할 것입니다. 사실 이승만 시대에는 일본 식민지 통치의 잔재를 씻어내기 위한 국가 차원의 노력이, 일종의 문화혁명이 필요했습니다. 여전히 일상생활에서 쓰이고 있는 일본말을 우리말로 바꾸고, 각종 '왜색문화'를 청소해야만 했습니다. 일종의 민족적인 자존심 회복을 할 필요가 있었고, 국민 모두의 기억에서 총독부의 통치에 순응하면서 숨죽이고 살았던 부끄러운 과거를 지울 필요가 있었습니다. 당시의 어른들은 모두가 식민지 시대에 태어나서 일제의 교육을 받았던 사람들이기 때문에 스스로를 세뇌하기 위해 노력하지 않으면 안 되었다고 생각됩니다. 그래서 심지어 "벚나무를 베어내고 무궁화나무를 심어야 한다"는 수준까지 갔던 것입니다. 물론 자신의 정적인 장면을 비롯한 한민당 계열 사람들을 공격하기에도 반일 캠페인만큼 효과적인 것은 없었습니다. 박정희 대통령이 민족주의를 정치에 동원한 열정도 이승만에 못지않았습니다. 박정희는 이순신을 성웅으로 받들고, 무능하고 부패한 자유당·민주당 정권을 부정하면서 함께 부정해버린 이승만 대신에 김구를 되살려내어 열심히 민족주의 캠페인을 벌였습니다. 온 국민을 부국강병의 국가 목표에 동원하기 위해서도 민족주의 캠페인은 필요했습니다. 물론 그러면서도 나름대로 실용주의 대일·대미 외교도 펼치는 이중 전략을 구사하였습니다. 그런데 이제 그런 교육을 받고 자란 지금의 민족주의자들은 더 세게, 모든 이중 전략도 거부하는 더 근본주의적인 민족주의를 요구합니다. 그래서 이승만과 박정희도 친일파로 몰고 있습니다. 이승만과 박정희로서는 자신이 휘두르던 칼이 부메랑이 되어 날아와서 자기를 치는 꼴이라 할 수 있습니다. 참으로 아이러니에 가득 찬 역사라고 아니할 수 없습니다.

아까 말씀드린 2012년 대선 당시 이정희는 박정희를 '다카키 마사오'라 부른 후에 이어서 '한일협정을 밀어붙인 장본인'이라고 비판했습니다. 하지만 저는 한일협정을 더 늦추었어야 할 일이었는지는 잘 모르겠습니다. 미국의 동아시아 전략과 일본의 경제성장에 편승하는 것 이외에 다른, 남한 경제 발전의 길이 있었을까요? 박정희 정권에서 상공부 장관, 재무부 장관, 그리고 최장수 청와대 비서실장 등을 역임한 김정렴의 회고록 《최빈국에서 선진국 문턱까지》를 읽어보면 한일협정을 하여 받아낸 대일 청구권 자금의 일부로 포항제철을 만든 결단에 대하여 자부심이 가득한 회상이 담겨 있습니다. 지식인으로서의 양심으로, 저는 그분의 자부심에 대하여 인정하지 않을 수 없었습니다. 김대중 대통령은 자서전에서 고백하는 바, 정치 인생에서 가장 힘들었던 때는 바로 1965년 박정희 정권이 추진한 한일협정에 대하여 당시 야권에서는 거의 홀로 찬성하여 동지들과 주변 사람들로부터 배신자·친일파 등 온갖 소리를 듣고, 여당의 첩자로, 당시 용어로는 '사쿠라'로 몰려서 왕따와 수모를 당할 때였다고 합니다. 김대중은 당시에 자신의 정치 생명을 걸고 자신의 동지들의 손가락질도 무릅쓰고 박정희의 한일협정을 찬성했습니다. 물론 이재오와 이명박은 당시에 학생으로 한일회담 반대 운동을 주도한 덕에 자신의 세대에서 리더가 되어 나중에 둘이서 손잡고 2007년에 정권을 잡았습니다. 재미있지 않습니까?

제 이야기는 그러니까 박정희 대통령은 유신 체제의 독재자라고 비판하면 충분하다는 것입니다. 근거가 충분하지 않은 친일파라는 공격은 오히려 역효과가 난다는 것입니다. 그렇게 비판하는 사람들 자신이 무식하거나 철부지라는 사실을 드러낼 뿐입니다. 정치학자 전인권이 쓴 《박정희 평전》에 따르면, 박정희는 사실 민주주의를 공식적으로 부인한 적은 없지만, 실제로 민주주의가 무엇인지는 잘 몰랐다고 합니다. 민주주의를 한 번도 경험해본 적이 없었고, 일본 제국의 군국주의, 전체주의가 마지막 발악을 한 시대에 청년기를 보냈으니 보고 배운 것이 군국주의와 전체주의였다는 것입니다. 그렇다고 한다면 그가 이미 성립되어 있는 4년 임기의 대통령제라든지, 야당의 존재, 삼권분립, 언론의 자유 등 대한민국이라는 나라의 민주주의를 얼마나 불편해하고 성가셔했는지 짐작이 갑니다. 그래서 결국 그는 유신 체제를 만들었지요. 그래서 우리는 그를 독재자로 비판하는 데는 망설일 필요가 없습니다. 다른 한편 생각해보면, 박정희나 전두환이 아무리 무지막지하고 민주주의를 모르는 독재자였다고 하더라도 대한민국의 민주주의를 뿌리까지 말살하지는 못하였고, 그들로 인해서 민주 헌정이 중단된 것은 불과 15년(1972년부터 1987년까지)밖에 되지 않는다는 사실도 대단한 이야기입니다. 일찍이 이승만도 사실은 4년 임기가 끝날 때마다 임기의 연장을 위하여 온갖 편법과 부정을 동원하지 않을 수 없었습니다. 그리하여 그는 쏟아지는 비난과 욕설 속에 추락해갔습니다.

박정희는 새마을운동을 살렸는가?

김정렴은 그의 회고록 《최빈국에서 선진국 문턱까지》에서 수출 지향적 경제개발, 중화학공업화 등과 함께 새마을운동, 산림녹화, 포항제철 건립, 고속도로 건설 등을 박정희 정권의 치적으로 자랑하고 있

새마을운동의 일환으로 거리 청소에 나선 학생들

습니다. 특히 포항제철과 경부고속도로 건설에 박정희가 얼마나 애를
썼는지를 이야기하고 있습니다. 또 이 대역사(大役事)는 박정희의 결단
과 추진력이 없었으면 이루어지기 힘든 일이었다고 강조하고 있습니
다. 이런 주장은 전문가들의 연구에 의해 검증이 되어야 할 부분이지
만, 저는 대체로 수긍할 수 있는 이야기라고 봅니다.

　그런데 재미있는 것은 박정희가 새마을운동에 가장 큰 애착을 가지
고 있었다고 김정렴이 증언하고 있다는 사실입니다. 하지만 포항제
철 건립이나 고속도로 건설과 새마을운동은 매우 다릅니다. 김정렴은
1970년부터 시작된 새마을운동은 순전히 박정희 대통령 본인의 구상
이었고, 그가 진두지휘를 하였다고 말하고 있습니다. 그래서 직접 〈새
마을 노래〉도 작곡·작사하였다는 것인데요, 그 노래를 한번 들어보시

지요. 저는 1979년 10월 27일, 그러니까 박정희가 김재규에게 피살당한 이튿날 새벽 부산 합동수사본부에서 이 노래를 들은 기억이 있습니다. 멀리서 아련하게 들리는 소리였지요. 그때는 아침마다 동사무소에서 스피커로 이 노래를 크게 틀어서 동네 사람들을 깨웠습니다. 나와서 청소하라고요. 그런데 이 노래가 끝나자 "민족의 위대한 영도자 박정희 대통령이 서거하셨다" 운운하는 방송이 이어지는 것이 아닙니까? 그러니까 저에게는 이 노래가 곧 그의 죽음을 상기시키는 노래가 되었습니다.

새벽종이 울렸네 새아침이 밝았네
너도나도 일어나 새마을을 가꾸세
살기 좋은 내 마을 우리 힘으로 만드세

초가집도 없애고 마을길도 넓히고
푸른 동산 만들어 알뜰살뜰 다듬세
살기 좋은 내 마을 우리 힘으로 만드세

서로서로 도와서 땀 흘려서 일하고
소득 증대 힘써서 부자 마을 만드세
살기 좋은 내 마을 우리 힘으로 만드세

우리 모두 굳세게 싸우면서 일하고

일하면서 싸워서 새 조국을 만드세

살기 좋은 내 마을 우리 힘으로 만드세

그런데 저는 이미 1950년대부터 제가 태어난 마을에서 '새마을운동'을 보고 자랐습니다. 100호쯤 되는 상당히 큰 마을이던 우리 동네에서는 1950년대부터 제방을 쌓아서 홍수를 막고, 보를 내서 가뭄에 대비하고, 농로를 넓히고, 야학을 열어서 문맹률을 낮추는 등의 활동을 하였는데, 특히 제방을 쌓는 사업은 당시로서는 굉장한 대공사였습니다. 레일을 깔고 광산에서 쓰는 차로 흙을 실어 운반하기는 했지만, 흙을 차에 싣는 일은 사람이 삽으로 담았으니 얼마나 힘든 일이었는지 모릅니다. 포클레인이나 불도저 같은 중장비는 상상조차 할 수 없던 시절이었습니다. 동네 사람들은 농한기에 이 공사장에 가서 삽으로 흙을 차에 실었습니다. 동네 어른들은 이 노동을 '땅떼기'라고 불렀습니다. 노임은 미국이 원조 물자로 준 밀가루였습니다. 이 미국에서 원조 물자로 온 밀가루야말로 춘궁기를 넘기는 식량이었습니다. 덕분에 수제비 같은 음식을 많이 먹었습니다. 그러니까 원조 물자를 그냥 나누어 준 것이 아니라 이를 가지고 제방을 쌓는 공사를 추진해 갔으니 일석이조(一石二鳥)라고 할 수 있습니다. 이렇게 해마다 몇 백 미터씩 제방을 쌓아나가서 결국에는 완공하였으니, 이를 끈질기게 추진한 마을의 지도자가 바로 저희 할아버지 주수만이었습니다. 그분을 기려서 저희 고향 경상남도 함안군 칠북면 사람들이 세운 송덕비의 비문을 보면 이런 문구들이 나옵니다.

어려운 농가 태생으로 칠원보통학교를 졸업하고 용약 현해탄을 건너 일본국 관서공업학교에서 공학을 연수하고 귀국하여(……). 칠북면 산업주임으로 재직 중 일정 말기의 갖은 학정에 기민한 수단으로 면민의 생활 안정과 신변 보호를 위하여 암약(暗躍)하는 한편 면내에서 한해(旱害)가 우심한 동남 산간 지구 일대에 포강(浦江) 설치를 적극 추진하여 주민의 복리 증진에 기여한 바 컸었고 광복 후에는 종래 전체 주민의 숙원이던 광려천 우안제(右岸堤)의 설치를 추진함에 있어 그 위원장에 선임되어(……). 십여 년만에 마침내 이를 완성시켰고 잇따라 화천 대보(大洑)의 설치를 추진 완수하여 사백여 정보의 저습 황무지가 옥토화함으로써 풍요로운 고장을 만들고(……). 또한 면 단위 농업협동조합장에 피선되어 조합의 성장 발전에 기초를 닦는 등 일관한 멸사봉공의 초범(超凡)한 정신으로 보람 있는 생애를 마쳤으니(……).

그러니까 1909년생이신 주수만은 1917년생인 박정희의 열렬한 지지자였습니다. 아마 비슷한 시대에 비슷한 사고 구조를 갖고 사신 듯합니다. 저희 할아버지는 박정희가 돌아간 이듬해 1980년에 작고하셨는데요, 사랑하는 장손(長孫)인 제가 박정희를 반대하는 민주화 운동으로 감옥을 들락거리는 모습에 아마 속으로는 걱정하셨겠지만, 직접 꾸짖은 적은 없으니 새삼 미안해집니다. 역사 공부를 하면서 그분을 다시 생각합니다만, 이런 지도자들이 대한민국의 마을마다 있었다는 것이 저의 가설입니다. 숱한 '주수만'들이 있었다는 겁니다. 1950년대의 우리나라에는 최소한 몇 만 명의 주수만이 있었습니다. 그리고 이를 따르는 몇 십만 명의 청년들이 있고, 몇 백만 명의 마을 사람들이 있었습니다. 한국 자본주의 발전의 밑바닥에는 새끼 부르주아지라 할 수 있는 부농(富農)들, 영국 경제사, 자본주의 발생사에서 말하는 요만리(Yeomanry) 같은 하나의 사회계층이 있었다는 것입니다. 새마을운동은 바로 그런 분들이 일으켜서 이미 진행 중인 운동을 박정희가 도와준 것이라는 사실을 지적하고 싶습니다. 그렇게 함으로써 일시적으로는 성과가 더 났겠지만, 장기적으로는 새마을운동을 전체주의적인 국민 동원으로 변질시켜 밑으로부터 이미 일어나고 있는 자발적인 운동을 오히려 죽인 것은 아닌가 하는 의문을 가집니다.

남미와 한국의 차이

우리는 박정희 시대를 이해하는 데 혼란과 어려움을 겪고 있습니다. 우리는 때때로 왜 아직도 많은 국민이 박정희 향수에 젖어 사는지를 이해하지 못합니다. 그래서 국민 다수와는 생각의 거리가 있고, '깨어 있는 시민'인 우리가 국민 다수를 계몽해야 할 대상으로 보게 되는 것입니다. 이런 생각을 갖고 사는 한 간혹 당황하는 일도 겪게 됩니다. 예를 들면 세계은행이 1993년에 《동아시아의 기적》이라는 보고서를 내면서 한국을 비롯한 동아시아 국가들이 '골고루 나눈 성장 (shared growth)'에 성공했다는 평가를 내리자 우리는 당황하였습니다. 하지만 혹시 우리는 대한민국의 역사와 특수성에 대해서 잘 모르고, 박정희 이전에 이미 대한민국이 평등한 나라였다는 사실을 깊이 이해하지 못하고 있는 것은 아닐까요? 저는 이런저런 생각 때문에 항상 남미와 우리나라의 차이에 대해서 상기하고 이야기합니다.

브라질에서도 1964년 군사정변이 일어났습니다. 그리고 경제 기적을 이루었다고 자찬하였습니다. 하지만 이후 브라질은 계속 성장하지도 못했고, '골고루 나눈 성장'을 이루지는 더더욱 못했습니다. 저는 이렇게 생각합니다. 쿨(cool)하게 인정해야 합니다. 박정희 모델은 성공하였습니다. 하지만 박정희 모델이 성공할 수 있었던 것은 바로 브라질과는 달리 대한민국이 농지개혁에 성공한, 이미 평등한 나라였기 때문입니다. 브라질과 동아시아의 한국과 타이완이 다른 점은 바로 중국 공산혁명이 확산되는 것을 막기 위해서는 하지 않을 수 없었던 철저한 토지개혁을 동아시아 두 나라에서만 하였다는 사실에 있습니다. 그러므로 박정희 모델은 브라질에서는 재현될 수 없는 것임을 브라질 대통령 룰라는 인정하였습니다. 2004년 8월 16일《중앙일보》인터뷰의 일부를, 지난번에 한 번 언급했습니다만, 다시 봅시다.

―시급한 과제는 무엇입니까?

룰라 개혁해야 할 일이 많지만 일자리를 늘려 국민의 빈부 격차를 줄여가는 것이 첫째지요. 둘째는 향후 10년 정도 지속적으로 성장할 수 있는 경제 환경을 조성하는 것이고, 셋째는 질 높은 교육을 전국적으로 확대해나가는 것입니다. 다행히 올해부터 일자리와 소득이 늘고 실업률이 떨어졌습니다.

―브라질처럼 풍부한 자원을 가진 나라에 어째서 5천만 명이 넘는 절대

빈곤층이 존재하는 겁니까?

룰라 한국은 과거 50년대에 농지개혁을 했지만 브라질은 그러지 못했고, 아직도 그것이 풀어야 할 숙제입니다. 브라질의 경제는 사회개혁 없이 심각한 불균형 성장을 해왔던 것이 문제지요.

흔히 우리나라는 산업화와 민주화를 동시에 이룬 기적의 나라라고 말합니다. 그만큼 전 국민이 열심히 일하고, 열심히 공부하고도 발전하지 않는다면 오히려 이상하지요. 그러니까 진정한 기적은 건국 이후의 발전이기보다는 대한민국의 건국 그 자체가 아닐까 합니다. 우리 민족 자신의 역량과 노력에 비하면 우리는 너무나 아름다운 나라를 만들었습니다. 거대한 독립운동의 서사시(敍事詩)도 없었고, 좌우를 통합할 리더십도 부족했던 우리 민족이, 세계사의 대전환의 시대가 가져다준 유리한 국제 정세 속에서 농지개혁을 하고 신분 질서의 잔재를 깨끗하게 청소하여 모두가 열심히 일하고 열심히 공부할 수 있는 조건, 전 국민의 에너지가 용솟음칠 조건을 만들면서, 또 세계 인류가 오랜 투쟁으로 쌓아올린 현대 민주주의의 개념과 제도를 마음껏 받아들여, 그 기초 위에 대한민국이라는 나라를 만들 수 있었으니, 바로 그것이 행운이요 기적이 아니고 무엇이겠습니까? 그리고 그 기적을, 그 시작의 지점을 잊지 않고 되새겨 앞으로 나아갈 길을 찾아야 하지 않겠습니까? 오늘도 장시간 경청해주셔서 감사합니다.

민주주의의 위기(1972~1987)와 민주화 운동

일곱 번째 이야기

민주주의의 위기(1972~1987)와 민주화 운동

오늘은 우리나라의 민주주의가 위기를 맞이하였던 유신 체제와 전두환 군부독재 시절의 민주화 운동을 돌아보는 날입니다. 1972년 10월에 박정희 대통령이 이른바 '10월 유신'을 선언하여 유신 체제가 성립하였습니다. 1972년이라면, 당시에 박정희는 이미 1969년에 삼선 개헌을 하고 1971년 대선에서 김대중에게 힘겹게 이겨서 대통령을 세 번째 하고 있었습니다. 그래서 당시 헌법대로라면 1975년 대선에는 다시 출마하지 못하는 것입니다. 벌써 공화당 내에서는 김종필을 차기 대통령 후보로 만들려는 사람들이 움직이고 있었고, 야당에서도 김대중과 김영삼, 이른바 양 김을 중심으로 차기 경쟁이 벌어지고 있었습니다. 그런데 느닷없이 유신헌법을 만들고 대통령 직선제를 폐지한 것입니다. 이제 대통령은 국민이 직접 뽑는 것이 아닙니다. '통일

주체국민회의'라는 기구에서 선출하게 되었습니다. 물론 통일주체국민회의는 선거에 의해 뽑힌 대의원으로 구성되지만, 미리 정해진 각본에 따라 유신 체제에 찬성하는 유지(有志)들만이 대의원으로 선출되어 수천 명이 체육관에 모여서 대통령을 선출하도록 되어 있었습니다. 1978년 7월 6일에 치러진 제9대 대통령 선거를 봅시다. 단독 후보로 출마한 박정희는 장충체육관에서 실시된 대통령 선거에서 통일주체국민회의 재적 대의원 2583명 중 2578명이 출석한 가운데 2577표를 얻어 당선되었습니다. 1표는 어디 갔지요? 바로 이런 비민주적 행태를 비판하는 언론·출판·집회·결사의 자유가 억압된 것이 1972년부터 1987년까지 15년 동안이었습니다.

하지만 바로 이 시기에 한국은 세계인이 감탄하는 자랑스러운 민주화 운동의 역사를 써내려갑니다. 한국의 민주화 운동은 유신 독재, 군부독재의 탄압 속에서도 끈질기게 계속되어 결국에는 1987년, 박정희가 유신 체제를 선포한 지 15년 만에 민주화를 이루어냅니다. 페리클레스는 그 유명한 펠로폰네소스 전쟁 전사자를 위한 추도 연설에서 아테네 민주주의를 찬양하여 "우리의 정치 체제는 다른 나라의 제도를 흉내를 낸 것이 아니고, 오히려 우리가 다른 나라의 모범이 되고 있다"고 하였던가요? 우리나라의 경우에는 비록 민주주의는 구미 선진국으로부터 배워온 것일지라도 민주화 운동만큼은 다른 나라 흉내를 낸 것이 아니라 오롯이 우리 스스로가 써내려간 자랑스러운 역사이고, 우리가 오히려 다른 나라의 모범이 되고 있다고 말할 수 있습니다. 저는 1만 명의 순교자를 낸 한국 가톨릭의 역사만큼이나 중요한

'영적(靈的) 자산'이라고 생각합니다. 바로 민주화 운동의 역사로 인하여 민주주의는 우리나라에서 바람에 쉽게 흔들리지 않을 만큼 깊은 뿌리를 내렸다고 생각합니다. 이웃 나라 일본 사람들이나 중국 사람들이 대한민국 민주화 운동의 빛나는 역사를 부러워하고, 오늘날 미얀마를 비롯한 동남아시아 여러 나라들에게도 한국의 민주화 운동은 본받고 싶은 역사가 되었습니다.

민주화 운동과 민중 항쟁

저는 1973년 3월에 대학을 입학했는데요, 바로 몇 달 전인 1972년 10월에 '10월 유신'이 나왔으니, 제 청춘은 바로 이 시기와 겹칩니다. 1972년부터 1987년이니 제 나이가 열아홉부터 서른넷이군요. (웃음) 저와 황광우 선생은 바로 이 시기에 민주화 운동으로 청춘을 보낸 사람이고, 그래서 오늘의 이야기는 바로 저희 자신의 이야기라서 매우 조심스럽습니다. 이 대목에서 우리는 우리 자신의 모습을 정직하게 들여다볼 수 있는 용기가 필요한 것 같습니다. 우리는 이 시기에 청년기를 보내고, 또 민주화 운동에 참여하면서 우리의 인생관과 세계관을 형성하였습니다. 그렇기 때문에 독특한 사고방식이나 관점을 가지고 세상사 모든 것을 재단할 수도 있고, 또 우리의 경험을 너무 크게 볼 수도 있을 것 같습니다. 그것을 경계해야 한다는 말입니다. 여러분도, 저나 황광우 선생보다는 좀 젊더라도 그 시대에 대해서 거의 기억하고 있거나, 들어서 알고 있거나, 책이나 드라마를 통해서 잘 알고 있을 것입니다. 또 한편으로는 잘 알고 있지만, 우리가 알고 있는 것을 차마 직시하지 못하는 부분도 있는 시대지요. 이 시대의 가장 극적인 사건은 바로 광주에서 일어났습니다. 공식 명칭은 '광주민주화운동'이에요. 하지만 저는 '광주민중항쟁'이라는 표현이 더 나은 것 같습니다. 왜냐하면 광주민중항쟁은 단순히 민주화 운동의 연장선에 있는 하나의 사건이 아니기 때문입니다.

지식인과 학생들의 민주화 운동은 집단적이고 조직적인 움직임으로 계속 이어졌습니다. 하지만 이러한 민주화 운동에 처자식 있고, 먹고살기 바쁜 보통 사람들은 참여할 수 없었습니다. 감옥 한 번 갔다 오면 직장에서 해고될 텐데요. 하고 싶어도 할 수가 없는 거지요. 그래서 마음으로만 지지를 하고 응원을 보내는 것입니다. 그러나 정작 결정적인 시기에 정권을 무너뜨린 것은 지식인과 학생들의 민주화 운동이 아닙니다. 평소에 가만히 참고 참으면서 억눌려 있던 보통 시민들, 당시에 우리가 즐겨 쓰던 표현으로는 '민중'의 봉기입니다. '봉기'라고 하면 들고일어나는 것을 말하지요. 민중이 봉기를 하면 몽둥이로 경찰서나 파출소 창문을 박살낸다든지, 기름을 끼얹어서 불을 질러버리니 '폭동'이라고 할 수도 있습니다. 억압과 폭력에 항의를 하여 맞서 싸운다는 의미로 '항쟁'이라고도 하고요. 이런 상황이 되면 지식인과 학생들이 상황을 이끌지 못합니다. 오히려 놀라서 말리거나, 아니면 구경꾼이 됩니다. 그래서 민중 항쟁을 민주화 운동의 연장선에서 이야기하는 것은 맞지 않습니다. 민중 항쟁은 지식인과 학생들의 민주화 운동과는 차원이 다릅니다. 부마항쟁이나 광주항쟁 같은 민중

항쟁을 지식인과 학생들의 민주화 운동과 비슷한 그 무엇으로 인식하고 설명하는 것은 잘못된 것이고, 역사를 쓰는 지식인들의 아전인수(我田引水)가 있을 수 있습니다. 저는 부마항쟁을 이야기하는 자리에서는 항상 정직하게 부마항쟁은 그 이전의 학생운동, 민주화 운동의 연장선에서 말할 수 없다고 말합니다. 당시에 부산이나 마산에서 학생 시위가 도화선이 되기는 했지만, 그 자체가 시민 봉기는 아니었고, 따라서 학생 시위를 주동한 사람들을 부마항쟁의 주역이라고 부르지 말아야 한다고 말합니다.

부마항쟁 당시 1979년 10월 18일 밤, 마산 시민들의 구호는 "불 꺼라!"였습니다. 중앙정보부 요원이나 경찰이 나의 얼굴을 알아보거나 사진을 찍지 못하게 하자는 것입니다. 심지어 시위에 참여한 사람들 서로에 대해서도 누군지를 알아보기를 원치 않았습니다. 그만큼 유신 체제의 감시와 탄압은 두려운 것이었습니다. 그래서 미처 알아듣지 못하고 불을 끄지 않은 시내버스나 택시의 헤드라이트를 이단 옆차기로 깨버리거나, 불을 끄지 않은 상가와 주택에 돌을 던지기도 하였습니다. 그렇게 하여 1979년 10월 18일 밤, 마산의 거리는 칠흑같이 어두웠습니다. 부마항쟁의 사진이 한 장도 없습니다. 그래서 언론에서는 흔히 이듬해 '서울의 봄' 당시 학생들의 시위 모습을 부마항쟁의 사진으로 대용합니다. 바로 역사의 왜곡이 시작되는 것입니다. 여하튼 그 어둠 속에서 군중은 비로소 두려움으로부터 해방이 되어 파출소에 불을 질렀던 것입니다. 평소에 파출소에 자주 끌려 들어가서 경찰에게 두들겨 맞았던 깡패, 구두닦이, 자동차 정비 공장이나 인쇄

부마항쟁 당시 계엄군이 마산시내로 들어오고 있다.

소 견습공, 건설 현장의 막노동꾼, 중국집에서 배달하는 소년, 술집에서 웨이터 하는 청년들이 앞장섰습니다. 민주화 운동을 몇 년째 하고 있었지만, 그 현장에서 저는 다만 구경꾼에 불과하였습니다. 제가 아무리 이렇게 말해도, 언론은 해마다 10월이 오면 저를 부마항쟁의 주역이라고 말하고, 대학교수들의 논문에서는 부마항쟁의 구호는 '독재 타도, 민주 회복'이라고 씁니다. 대학교수들은 그 현장에 있지 않았거나, 심지어 그 현장에 있었던 사람들이라도 그렇게 기억하지 않는 것입니다. 바로 민중 사관을 부르짖는 사람들이 진정한 민중 사관을 갖고 있지 않다는 사실이 드러납니다.

저를 부마항쟁의 주역으로 만드는 왜곡은 당시에 경찰과 보안대,

중앙정보부의 합동수사본부에서 시작된 것입니다. 부산에서 1000명, 마산에서 500명을 잡아들였지만, 모두 순진한 시민들이었습니다. 부마항쟁을 '남민전(南民戰, 남조선민족해방전선)'이라는 친북 지하조직의 음모와 지령에 의해 일어난 사건으로 만들기 위해서 저와 제 친구들 몇 사람을 강도 높게 수사하였습니다. 물론 10월 26일에 그 수사는 유야무야되고 말았지만, 김재규 중앙정보부장이 박정희 대통령을 살해하지 않았다면 저는 아마 그분이 돌아가실 때까지 감옥살이를 하였을 겁니다. 지금 제가 말씀드리고 싶은 것은 부마항쟁의 주역은 아까 말씀드린 10대 후반, 20대 초반의 노동 청년들이었고, 제가 아니라는 사실입니다. 역사의 왜곡은 그 사건이 발생한 그 순간부터 지금까지 계속되고 있는데, 합동수사본부는 의도적으로 그렇게 하였고, 이른바 진보적 대학교수들은 철저하지 못한 관점 때문에 의도하지 않게 무의식적으로 그렇게 하고 있다는 사실입니다.

저는 부마항쟁을 경험하였지만, 광주항쟁은 저의 상상을 초월하는 상황입니다. 광주에는 계엄군이 들어와서 시민들에게 발포하여 숱한 사람이 죽거나 다치고, 그래서 시민들이 총을 들게 되었습니다. 결국 시가전(市街戰)까지 갔던 것입니다. 그 점이 부마항쟁과 다릅니다. 부산과 마산에서도 경찰이나 군인이 엄청난 폭력을 행사하기는 했지만, 시민을 향하여 총을 쏘지는 않았거든요. 또 4·19 혁명 당시에는 경찰이 발포하여 시민과 학생들이 희생되었지만, 계엄군이 중립을 지키고 시민들이 무장하지는 않아서 사태가 더 악화되지 않았습니다. 그래서 광주민중항쟁은 우리나라 민주화 운동의 역사에서 가장 비극적인 사건으로 남았습니다. 여러분들이 목격하셨기 때문에 광주항쟁의 구체적인 사실에 대해서는 감히 제가 무어라고 말씀드릴 처지가 아닌 것 같습니다. 다만 저는 그 극한 체험이 남긴 트라우마와 살아남은 자의 미안함을 극복하면서, 또 다른 지역 사람들의 오해와 편견을 의식하면서 지난 35년 세월을 살아오신 광주 시민들에게 위로의 말씀을 드리고 싶습니다. 광주에서만큼은 광주민중항쟁은 아직 끝나지 않았다고 말할 수 있습니다. 아직도 그 사건을 객관적으로 바라본다는 것이 과연 가능할지 모르겠습니다. 굉장히 힘든 일이고, 큰 정신력을 필요로 하는 일입니다.

공자가 《춘추》라는 자기의 시대의 현대사를 말년에 썼습니다. 공자가 《춘추》를 쓴 역사 서술의 방법론을 춘추필법(春秋筆法)이라고 합니다. 옳고 그름을 명확히 하는 거지요. 이를테면 같은 사건이라도 폭군(暴君)을 죽인, 즉 도덕적으로 정당한 경우는 혁명이라 쓰는가 하면, 정당하지 않은 경우는 '임금을 시해했다'라고 쓰는 방식이에요. 역적이 임금을 정당하지 않게 죽인, 민심이 원치 않는데 죽인 것은 '시해(弑害)'입니다. 그때부터 옳고 그름을 분명히 세워서 후세인들에게 '이런 행동은 하면 안 된다, 하면 된다'는 도덕적인 기준이 세워졌습니다, 춘추필법에는 역사와 도덕이 혼합되어 있다고 말할 수 있습니다. 오늘 우리가 현대사를 공부하는 자세도 어느 정도는 공자가 《춘추》를 쓸 때와 같아야 한다고 봅니다. 그래서 1980년 5월 전두환 일당의 악행을 분명히 단죄하는 역사를 써야 한다고 봅니다. 전두환이라는 친구가 '하나회'의 회장이기는 했지만, 하나회라는 것은 비밀결사에 불과했고, 더욱이 무슨 이념이 있는 것도 아닌 사조직에 지나지 않았습니다. 일반 대중들 사이에서는 전혀 알려지지 않은 모임이었습니다. 그러니까 쉽게 말하면 전두환은 요즈음 말로 '듣보잡'이었지요. 군부라는 특수한 집단 내에 비밀결사가 있었는데, 그것을 누가 알았겠습니까? 그런데 그 친구가 대통령이 된다는 것은 민주주의 방식으로는 결코 있을 수 없는 일이었습니다. 그것은 쿠데타였고, 바로 그 쿠데타 과정에서 광주 시민들이 희생되었습니다.

민주화 운동은 좌파가 주도했는가?

민주화 운동의 역사를 이야기하려면 먼저 크게 줄기를 잡아야 할 것 같습니다. 흔히 민주화 운동과 진보나 좌파를 혼동하는 경우가 많은데요, 이게 완전히 다르다는 것을 먼저 말씀드립니다. 민주화 운동이라 함은 온갖 종류의 사상을 가진 사람들이 죄다 참여한 거예요. 자유주의자부터 사회주의자·공산주의자·무정부주의자까지 다 참여했어요. 민주화 운동 자체는 특정한 정치사상적 또는 종교적·이념적 지향이 분명했던 것은 아니다, 그래서 예를 들면 "어떤 사람들이 민주화 운동에 참여하다가 나중에 변절했다" 하는 표현을 쓰는데, 본인이 전혀 그렇게 안 느끼는 사람도 많다는 것을 잘 알아야 합니다. 예를 들면 "김수환 추기경이 나중에 좀 바뀐 것 같다"고 하는데 그분의 생각은 바뀐 게 아닐 수도 있는 것입니다. 1974년 민청학련(전국민주청년학생총연맹) 사건 당시 학생들과 함께했던 김동길·류근일 이런 분들도 자기들로서는 바뀐 것이 아닐 수 있다는 것입니다. 그러니까 민주화 운동 자체는 굉장히 다양한 생각을 가진 분들이 참여했습니다. 독재에 반대하는 데에서는 동지가 될 수 있지만, 막상 민주화가 되고 나면 판도라의 상자가 열리듯이 다양한 생각들이 쏟아져 나올 수 있지요. 사회주의가 민주화 운동의 젊은 층에서 이데올로기적 주도권을 잡았기 때문에 간혹 민주화 운동 그 자체를 사회주의운동과 혼동하기도 하지만, 결코 그 둘이 같은 것이 아니었습니다.

저하고 황광우 선생님도 민주화 운동의 태내에서 나타난 사회주의자의 부류에 속한다고 볼 수 있는데, 유신 체제하에서 학생운동이 탄압을 받아서 지하로 들어가고, 지하에서 조직 운동이 이루어지면서 생각은 더 급진화되었던 것 같습니다. 그래서 유신 체제하의 지하화된 학생운동, 좌파 민주화 운동의 족보 이야기를 조금 해볼까 합니다. 무림(霧林), 학림(學林) 이야기는 들어보셨습니까? 남민전도 있었고요. 나중에는 그것이 민민투(民民鬪)다, 자민투(自民鬪)다, 무슨 NL이다, PD다, CA다……. 이렇게 복잡하고 많은데 큰 흐름은 두 가지, 인디펜던트(independent)와 디펜던트(dependent), 독립파와 의존파 두 흐름이 있다고 보아야 합니다. 그러면 무엇으로부터의 독립이고 의존이냐? 그것은 NK, 즉 북한으로부터의 독립이고 의존입니다. 이게 원래 이렇게 되어 있는 것은 우리나라의 특수한 사정인데요, 그래서 사실은 1950년대 말, 1960년대 초부터 이미 그런 흐름이 나타났습니다. 통일혁명당은 의존파, 인민혁명당은 독립파, 이렇게 볼 수 있습니다. 그러니까 북한을 종갓집으로 인정하느냐 마느냐지요.

그런데 1980년대에 와서 갑자기 의존파가 왜 그렇게 득세를 하게 되었느냐? 전두환 세력, 저 악마를 몰아내기 위해서는 어떤 놈하고도 손잡을 수 있을 것 같은 그런 심정인데, 북한이라는 존재를 재발견해 낸 거예요. 그 당시 20대들이, 김영환이나 그런 사람들이 재발견한 거예요. "아, 그렇지, 북한이란 게 있었구나" 하고 말입니다. 사실 저처럼 그전부터, 당시에 들다가 들키면 반공법으로 처벌받던 북한의 대남 방송을 자주 듣고, 북한과 통일 문제를 자주 생각해보지 않은 사람일수록 김영환이 말하는 '전국적 관점'이라는 데 쉽게 넘어갔습니다. 전(全)국적 관점이란 것은 남한만 따로 떼어내서 생각하는 반(半)국적 관점이 아니라는 이야기입니다. 피아(彼我) 힘의 계산을 남북한 합쳐서 하자는 이야기지요. 게다가 그 당시 1970년대 말, 1980년대 초의 북한이라는 게 밖으로만 보기에는 그럴싸했습니다. 그러니까 인민들의 실제 생활은 잘 몰랐어요. 예를 들어 IISS라고 국제전략연구소 같은 군사학 전문 연구소 발표를 보면 탱크 생산 대수가 연산 200대였다고, 거의 독일 수준이에요. 처음에는 물리적·군사적 힘에 끌렸지만, 점차 생각을 그 방향으로 발전시키니 나중에는 그 북한이 역사적·도덕적 힘도 가진 것으로 믿게 되었습니다. 만주의 무장 항일 투쟁, 보천보 전투, 그런 것이 얼마나 멋지게 보입니까? 반면에 정당한 주장을 하는 우리를 반대하는 놈들은 모두 친일파의 후손이라고 생각해버립니다. 싸움이 치열한데, 전선을 그어서 아군과 적군을 단순하게 정리하고, 적군은 무조건 나쁜 놈이고 아군은 무조건 아름답게 보아야 할 필요가 있었던 것입니다. 도덕적 우월감을 가져야 막강한 적에 대한 두려움을 떨칠 수 있습니다. 또 정신적으로 의지할 수 있는 막강한 권위가 있으면 안심이 됩니다. 그래서 순식간에 학생운동의 90퍼센트가 다 의존 노선으로 넘어가버렸습니다.

그러나 세계 어떤 나라 사회주의운동의 역사에서도 의존 노선이 승리한 적이 없습니다. 의존 노선이 왜 승리하지 못합니까? 그 나라의 현실에서 나온 생각이 아니거든요. 예를 들면 중국공산당이 모택동 노선을 정립하지 않고서 승리했겠습니까? 중국공산당이 창당되어 한동안 당을 이끈 사람은 마오쩌둥이 아니었습니다. 당시 쟁쟁한 공산주의자들이 보기에 마오쩌둥은 공산주의자라기보다는 농민반란의 비적 두목 같은 이였어요. '28인의 볼셰비키'라고 하는, 소련에서 공산주의 이론을 정식으로 교육받고 온 친구들이 있었어요. 이 친구들이 이론에 밝아요. 마오쩌둥은 이론을 잘 몰라요. 물론 그 이론이라는 게 러시아의 현실을 바탕으로 만들어졌어요. 그런데 코민테른·소련·스탈린에 의존하는, 그들이 시키는 대로 하는 이들이 중국공산당을 이끌어서, 결국 의존 노선으로 계속 가다가 패망, 패망해서 쫓기고 또 쫓기고 멸망의 직전에 가서 도저히 안 되니까 촌놈 마오(毛)에게 당의 지도권을 넘깁니다. 그때 저우언라이(周恩來)가 마오쩌둥한테 맡기자고 하지요. 유명한 준의회의라는 데서 말입니다. 그때부터 중국공산당은 독립 노선으로 갔고, 결국에는 승리하였습니다. 의존 노선의 문제는 첫째로 정신의 노예성, 둘째로 반지성, 이런 거예요. 시키는 대로 하다보면 비판적인 사고력이 정지되어버리는 거지요. 그러므로 독립 노선이어야만 하는 것은 어떻게 보면 당위적으로 요청되는 것입니다.

그 독립 노선을 하기 위해서는 모든 것을 스스로 생각하고, 경험하고, 반성해서 헤쳐 나갈 수밖에 없는 거예요.

1987년의 '비판적 지지'와 '독자적 정치 세력화', 그리고 '후보 단일화'라는 민주화 운동 진영 내의 노선 대립은 사실은 1980년대 학생운동, 당시의 전대협(전국대학생대표자협의회)이 비판적 지지의 입장을 취하면서 거의 판가름이 났습니다. 비판적 지지의 노선을 대표하는 이는 김근태·이해찬 같은 분들입니다. 민주화 운동 내에서도 다수파가 되었어요. 비판적 지지의 흐름이 486세대의 NL파와 만나서 대세를 이루었기 때문입니다. 저는 독자적 정치 세력화를 주장하다가 소수파가 되고 말았습니다. 소수파가 되고보니 다수파에 대해서 항상 비판하고 잔소리하는 입장이 되고 말았는데요, 후배들로부터 존경받기는 글렀습니다. 그래도 하고 싶은 이야기는 해야겠습니다. (웃음) 여하튼 광주 민중항쟁 이후 1980년대에 청년기를 보낸 세대의 절대 다수, 90퍼센트가 주체사상파, 또는 친북반미 민족주의, NL 성향으로 가면서 한국 민주화 운동의 주류가 되었습니다.

주사파의 탄생

작년에 통합진보당에 대한 헌법재판소의 심판을 앞두고《오마이뉴스》에서 인터뷰를 하자고 했습니다.《오마이뉴스》와 인터뷰하려고 전화로 약속을 잡는데, 마침《중앙일보》기자가 옆에 있다가 "우리하고도 하자"고 해서 양쪽에다 거의 비슷한 이야기를 했어요. 저는 그때

"통합진보당이라는 괴물은 전두환이라는 악마가 만들어낸 것이다. 그 악마를 몰아내기 위해서는 어떤 누구하고도 손을 잡아도 좋다는 심정이 바로 통합진보당의 뿌리다"라고 말했습니다. 1980년 5월의 광주는 고립무원(孤立無援)이었어요. 일부 어른들 중에서는 미국에 과도한 기대를 하시는 분도 있었습니다. "미국이 아마 그냥 있지 않을 거야. 전두환하고 쟤들을 그냥 두겠나?" 이런 과도한 기대. 그런데 막상 광주에서 대학살이 났을 때, 미국이 모른 척해요. 그래서 반미 감정이 생겨났습니다. 그러면 이제 누구하고 손을 잡아야 하지? 누가 우리 편이지? 없는 거야? 마침내 북한이라는 '우군(友軍)'을 발견하였습니다. 이른바 '주사파(주체사상파)'가 탄생한 것입니다. 1980년대 초·중반, 당시 대학교 1, 2학년 어린 학생들은 자기들만이 홀로 전두환이라는 악마와 맞장을 뜨고 있다고 느꼈습니다. 그러니 저들 마음대로 생각하고 선배들 말을 지독하게 듣지 않았습니다.

그러면 그때 기성세대는 뭐하고 있었냐? 대다수 국민은 돈벌이에 정신이 없었습니다. 그때가 말하자면 한국 경제의 청년기였습니다. 우리가 지난 시간에 이야기했던 박정희 시대에 시작된 산업화가 궤도에 올라서 한국 경제가 폭풍 성장을 하였습니다. 물론 1970년대 말의 중화학공업화는 상당히 무리하게 추진되었습니다. 그래서 아주 큰 어려움까지 겪었어요. '오일쇼크'라고 부르는, 원유값이 갑자기 세 배나 오르는 충격 속에서 경제 위기를 맞고, 그것이 유신 체제가 무너지는 한 요인이 되었습니다. 그러나 한국의 건설 회사들은 중동으로 진출하여 막대한 오일달러를 벌어들입니다. 또 김재익 등 경제 관료들이 수입 자유화를 해서 물가를 잡고 구조조정을 하자 바로 경기는 회복되고, 다시 한국 경제는 10퍼센트에 가까운 고도성장을 계속합니다. 특히 1986년부터 1988년 사이에 '저달러·저금리·저유가'라는 이른바 '3저 현상'에 힘입어 엄청나게 성장합니다. 바로 이 '3저 호황'에 힘입어 한국의 수출은 1986년 28.3퍼센트, 1987년 36.4퍼센트, 1988년 29.0퍼센트 성장했고, GNP는 각각 12.9퍼센트, 13.0퍼센트, 12.4퍼센트라는 높은 성장률을 달성했습니다. '단군 이래 최대 호황'이라는 말이 사람들 입에 오르내렸습니다. 그동안 만성적으로 적자 기조에 있던 경상수지는 1986년 46억 2천만 달러, 1987년 98억 5천만 달러, 1988년 141억 6천만 달러의 흑자를 기록했습니다. 더 이상 종속의 심화를 이야기할 수 없는 상황이 온 것입니다.

1980년대는 바로 이런 시대입니다. 말하자면 한국 자본주의가 비약적으로 발전하던 시기입니다. 1980년대는 한국 경제가 후진국에서 자본주의 선진국의 대열로 올라서는 그런 시기입니다. 이때 사람들은 전부 돈벌이에 미쳐 있었다고 말할 수 있습니다. 당시에 기성세대라 하면 뭐 지금처럼 40대 이상 이런 사람을 가리키는 것도 아닙니다. 20대 후반만 되어도 직장에 취직해서 돈벌이에 나선 것입니다. 제 친구들 중에서도 이때 돈을 번 사람이 많습니다. 중산층의 아들이고, 아마 지금도 자신은 중산층이라고 생각하는 사람이지만, 서울 강남에 아파트가 두어 채, 그러면 자산이 부동산만 대충 20억 원 이상 된다고 봐야겠지요. 그 정도 되면 아마 금융자산도 10억 원쯤은 가지고 있겠지요. 얼마 전에 KB금융그룹의 경영연구소가 발표한, 금융자산이 10억

원 이상 되는 부자 18만2000명(2014년 기준)에 속하는 것입니다. 제 친구 중에도 상과대학이나 공과대학을 졸업하고 현대건설이나 동아건설에 들어간 이들이 있습니다. 그들은 중동에 가면 월급을 세 배 준다고 해서 갔습니다. 몇 년 일하고 오니까 집을 한 채 샀다는 거예요. 그 집값이 그동안 열 배씩 오른 것 아닙니까? 이런 기회가 지금 청년들에게는 없는 것 같습니다.

기성세대가 그렇게 그저 열심히 일하는 사이에, 전두환이라는 악마를 죽이는 거창한 일을 스무 살 어린 학생들이 한 겁니다. 어른들은 전부 무관심, 모른 척, 술자리에 앉아서는 전두환이 무식하다고 비웃는 우스개를 주고받으면서, 실제 생활에서는 열심히 돈벌이에 열중하는 거지요. 그러니까 20대 학생들의 간덩이가 얼마나 부었겠어요. 전두환은 박정희만한 권위도 없고 무서운 존재도 아닙니다. 대학교는 이미 해방구나 마찬가지였고, 탄압이라는 것도 북한처럼 삼족(三族)을 멸하는 것도 아니고, 잡아넣었다가 얼마 있지 않아서 풀어주니 애들 간덩이를 키워주기 딱 알맞은 정도였습니다. 그러니 20대 초반의 아이들, 공부 잘한다고 어릴 적부터 칭찬만 받아온 아이들이 바로 레닌 같은 혁명가와 자기를 동일시하는 것입니다. 이른바 '82학번들의 혁명놀이'가 시작된 것입니다. 제 이야기가 너무 거칠지요? 여기도 그 세대가 계시니 말을 조심해야겠습니다. (웃음) 여하튼 제가 하고 싶은 이야기는 주사파도 시대의 산물이고, 주사파의 탄생에는 지금 보수 세력의 핵심이 되신 분들의 책임도 있다는 것입니다.

이제 세월은 흘러 1980년대 초, 당시 스무한두 살 청년들이 50대 초반의 장년이 되었습니다. 그런데 그들이 야권의 핵심, 야권의 중추 세력이 되어 있고, 야권의 모든 잘못과 허물의 책임이 있는 집단으로 욕을 먹고 있습니다. 요컨대 혁신의 대상이 되고 있는 것입니다. 문재인 씨 같은 사람들이 대표를 하고 있지만, 모두 얼굴마담일 뿐이지요. 정치 안 하려고 하는 문재인을 "다 알아서 해드릴 테니 걱정 마세요"라고 하면서 끌어낼 수 있는 것이 바로 민주당 내 486, 전대협 세대의 힘입니다. 말하자면 택군(擇君)을 할 수 있는 정도의 힘을 가진 집단입니다. 강화도령이든 누구든 데리고 와서 내세울 수 있는 것은 엄청난 조직력을 갖고 있지 않으면 할 수 없는 일입니다. 수십 년 동안 다져진 인간관계로 뭉친 하나의 커다란 인간 집단이지요. 그들이 이른바 '진보'라고 불렸던 골목, '민주'라고 불렸던 골목을 다 장악하고 있었던 것이 아니겠습니까? 그쪽 야당의 중앙당 실무진, 도당 사무처, 국회의원 보좌관, 지방자치단체의 장과 지방의회 의원, 야권 성향의 언론과 여론조사 기관, 심지어 여의도 주변의 정치 건달들까지 모두가 다 친구들이에요. 그렇기 때문에 고급 정보가 하룻밤 사이에 다 교환되고, 내부에서 합의를 이루어낼 수 있는 집단입니다.

그런데 이 사람들은 기술자들이에요. 어릴 때부터 학생회 선거를 해서 권력 잡는 데는 도사들이지요. 그때부터 훈련이 되어 있어요. 또 그게 적성에 맞는 사람들이 모여들었을 겁니다. 그래서 매우 권력 지향적이지만, 무식하고 건방집니다. 1980년대에도 이미 한국 사회를 연구한 논문들이 나오고 있었어요. 대단한 수준이나 내용이 아니더라도 외국에서 들어온 사회과학 이론으로 한국 사회를 분석하고 이해하기 위한 값진 노력들이었습니다. 그런데 이를 전혀 읽지를 않고 북한에서 온 방송만 듣더라고요. 대화가 안 되는 거지요. 또 어떤 패거리는 소련 과학아카데미에서, 그것도 주로 일본 사람들 번역을 통해서 들어온 것만 읽더라고요. 그게 바로 NL과 PD 아니겠습니까? 그래서 그 세대가, 그런 반지성적인 태도, 역사는 우리가 처음 만든다는 그런 건방진 태도를 가지고 있던 사람들이 지금 한국 사회의, 특히 야권의 중추를 차지하고 있는 것이 큰 불행이고 어려움이라고 생각합니다. 그들이 나이가 들어도 쉽게 반성하지 않는 것은 자신들이 노무현을 대통령 만들고, 자신들이 그동안 세상을 주무르고 흔들었기 때문입니다. 하지만 이제 그들을 '꼰대'라고 느끼는 청년 세대가 등장하고 있습니다. 시간만큼 무서운 힘은 없습니다. 아무리 대단한 존재도 시간이 다 부숴버립니다. 아무리 복잡한 문제도 시간이 다 해결합니다.

서울의 봄

15년 동안 계속된 군부독재 시대의 한가운데에 '서울의 봄'이 있었습니다. 1980년의 그 꿈같은 봄날은 1979년 겨울을 거쳐서 왔습니다. 1979년 10·26 사태가 일어나자 이원주라는 학생은 서울대학교 도서관으로 달려가서 무언가를 찾기 시작하였습니다. 1972년 이전의 학생회 회칙이었습니다. 유신 체제 시절에는 학생회가 없어지고 학도호국단이라는 것이 있었거든요. 그래서 이제 학생회를 만듭니다. 1979년 긴 겨울이 지나고 봄이 오자 서울대학교에 이어서 다른 대학교에서도 일제히 학생회가 부활합니다. 그리고 '서울의 봄'을 맞이합니다. 흔히 NL, PD 이전의 학생운동에는 '무림(霧林)'과 '학림(學林)'이라는 양대 흐름이 있었다고 알고 있지만, '서울의 봄' 이전에는 그런 것이 없었습니다. '서울의 봄'을 거치면서, 그것을 이끈 지도부가 잘못했다고 비판하는 움직임이 '학림'이라는 흐름으로 나타나게 되었습니다. 당시 이야기에 흔히 등장하는 '서울역 회군(回軍)'이라는 표현도 하나의 비유법이에요. 군대도 아니고, 그냥 학생들의 데모대였는데요, 뭐. 저도 그시점 서울역에 있었습니다. 데모대가 경찰과 충돌을 피하여 곱게 학교로 돌아왔다는 것을 말합니다. 그들의 생각은 군부에게 계엄령 확대의 핑계를 주면 안 된다는 것이었습니다. 그래서 경찰과의 충돌을 피하여 교내로 되돌아옵니다. 이를 일컬어 '서울역 회군'이라고 부르는 것입니다.

그러나 전두환을 비롯한 신군부는 학생들이 이렇게 자제를 하는데도 가만히 있지 않습니다. 마침내 계엄령을 전국으로 확대하고 김대중을 체포합니다. 그리고 우리가 잘 알다시피 광주 시민들이 김대중체포와 계엄령 확대에 반발하여 광주항쟁이 일어나고요. 사태가 이렇게 되자 '서울역 회군'을 한 것은 잘못된 일이라는 비판이 제기됩니다. 나중에 광주항쟁의 참혹한 탄압과 시민군의 처절한 저항 소식을 들은 사람들은 감정이 격해졌습니다. 그날 서울역에서 경찰이든 군대든 맞붙었어야 했다고 생각하였습니다. 그래서 광주항쟁 이전에 학생운동을 이끌던 사람들을 비판합니다. 비겁하게 싸움을 붙어보지도 않고 후퇴한 책임을 묻는 사람들이 뭉쳐서 '학림'이 됩니다. 비판을 당한

최루가스와 함께 시작한 1980년 서울의 봄은 5·18 광주민중항쟁의 비극으로 이어졌다.

광주민중항쟁 이전에 학생운동을 이끌던 사람들을 '무림'이라고 부르게 된 것은 나중의 일입니다. 무림이라는 이름은 1980년 가을에 서울대학교 학생회를 이끌던 사람들이 데모를 하려다가 다 붙잡혀 가서 고문도 많이 받고, 그동안 학생운동을 배후에서 조종해온 지하조직과 학회, 서클들이 모두 조사받게 되는데, 아무리 캐어도 전모(全貌)와 핵심이 드러나지 않아 '안개가 자욱하고 나무가 무성한 숲'과 같다고 하여 공안당국에서 안개 무(霧), 수풀 림(林) 자를 써서 '무림사건'이라고 부르는 데서 생겨났습니다. 그 이듬해에 이태복 씨 등을 조사하니, 이들은 첫 모임을 대학로 '학림다방'에서 가졌다고 하여 '학림사건'이라고 이름 붙이고, 또 이들과 연결된 부산 쪽의 비슷한 조직을 조사하여 '부림(釜林)사건'이라고 불렀다는 이야기입니다. 《매천야록》에 나오는

1980년 5월 광주민중항쟁 당시 옛 전남도청 앞에서 시민 대토론회가 열렸다.

이야기들과 비슷하지요? 여하튼 학림은 무림을 비판하면서 1980년 '서울의 봄'과 광주민중항쟁 이후에 새롭게 형성된 집단이고, 무림은 그 이전에 분열되기 전에 서울대학교 학생운동 지하 서클을 모두 망라하여 지도한 비밀 조직이라고 할 수 있습니다. 저도 말하자면 무림의 멤버였습니다.

분명한 것은, '서울의 봄' 당시 논쟁 구도는 무림과 학림의 대립이 아니었다는 사실입니다. 학림은 당시에는 형성되기 전이었고, 무림 계열의 재학생과 DJ계 복학생들의 입장 차이가 컸습니다. DJ 계열의 복학생은 노무현 정부에서 국무총리를 했던 이해찬이 중심이었어요. 다른 학교들은 복학생들이 주도권을 잡았기 때문에 그 입장이 쉽게 관철되었지만, 서울대학교는 복학생들이 돌아오기 전에 이미 재학생들이 학생회를 조직하여 장악하고서 말을 잘 듣지 않았습니다. 저는 당연히 후배 재학생들의 편이었지만, 아직도 왜 그렇게 DJ계 복학생들이 자꾸 교문 밖으로, 가두로 학생들을 끌고 나가려고 했는지 이해를 하지 못하고 있습니다. 이미 전두환 등 신군부가 정권을 잡으려고 준비를 하고 있는데, 학생들이 길거리로 나가면 이를 핑계로 군부가 움직일 텐데, 왜 그랬을까? 왜 학생 시위대를 학내로부터 학교 밖으로 끌고 나가려고 했을까? 아직도 저는 이해를 하지 못하고 있습니다. 미국이 전두환을 견제해줄 것이라고 믿었는지도 모르겠습니다. 하지만 전두환은 이미 12·12 사태도 일으켰기 때문에 물러설 수 없다, 물러서면 오히려 자기들이 역적이 된다는 생각을 가지고 있었던 것 같습니다. 그런 상황인데 김대중과 김영삼 등은 마치 정권이 자기들 눈앞에 있는 것처럼 행동하는 듯이 보이기도 하였습니다. 우리 눈에는 말입니다. 젊은 시절의 김근태가 만든 단체 민청련(民靑聯, 민주화 운동청년연합) 기관지, 1985년 5월 10일에 발간된《민주화의 길》10호에 실린 이원주의 증언을 한번 읽어보시지요.

스스로의 대중적 기반과 역량을 갖추지 못했던 국민운동파의 일부 학생운동 출신자들은 80년 들어 학원에 되돌아오게 되면서 학생운동의 가두 진출을 적극적으로 요구하게 되었다. 당시 학생운동의 지도력은 앞으로 전개될 싸움이 물리력 대 물리력의 싸움이라고 판단하고 학생 역량의 비약적인 발전을 꾀하려 하고 있었다. 양자 사이에 갈등이 나타날 수밖에 없는 상황이었다. 국민운동파의 복학생들은 재학생 지도력이 학원 민주화에 안주하려 한다고 비난하게 되었고, 재학생 지도력은 국민운동파 복학생들을 상황과 싸움에 대하여 과학적 인식을 결여한 모험주의자들이라고 비판하였다. 이러한 내부 갈등의 상태에서 3월과 4월 초에 이르기까지 전국적으로 대학은 학내 대중운동의 여건을 확보하고, 4월 들어 운동을 집회와 학내 시위로 발전시키고 있었다.

여기서 말하는 국민운동파는 이해찬을 비롯하여 김대중 대통령과 연결된 복학생들을 가리키고, 재학생 지도력은 바로 이원주 자신을 포함한 무림파 지하 지도부를 가리킵니다. 비극은 학생운동에 너무 큰 짐이 지워졌다는 데 있었습니다. '물리력 대 물리력'으로 싸운다고요? 무슨 수로 비무장 학생이 군인을 상대로 싸웁니까? 여하튼 3월과 4월에 전국 대학교들에서 학생회를 만들고, 다가올 싸움에 대비하였지만, 막상 5월의 싸움이 닥쳤을 때 역시 학생들은 군부의 정국 장악을 저지하기 못했습니다. 다만 국민들이 모두 일어나서 저항을 해야 하는데, 광주에서만 그런 저항운동이 일어났으니 안타까운 일입니다. 우리 모두에게 미안함으로, 마음의 빚으로 남아 있습니다.

6월 항쟁과 7·8월 노동자 대투쟁

1980년에 저는 27세의 청년이었습니다. 27세부터 34세까지, 인생에서 가장 중요한 시기지요. 사회생활을 배워야 하는. 그런데 저는 그 기간 동안 어떻게 하면 전두환 정권을 무너뜨릴까, 아니, 당시의 제

말로 표현하면 어떻게 '혁명'을 할까만 생각했습니다. 부모님이 제 속을 잘 몰랐으니 다행이지, 알았더라면 얼마나 걱정을 하셨을까요? 오로지 먹고 마시고, 밤낮 궁리하는 것이 '혁명'이었습니다. 물론 저만 그런 게 아니었습니다, 숱한 젊은이들이 혁명을 꿈꾸고, 직업적 혁명가를 자처하였습니다. 그런 젊은이들이 늘어갔습니다. 그들 주변에는 동조자도 늘어갔습니다. 하나의 집단, '운동권'이라는 것이 생겨나고 있었던 것입니다.

민주화 운동은 나날이 발전해갔습니다. 1985년, 1986년쯤에는 이제 '혁명'이 무르익어가고 있다는 것을 누구든지 느낄 수 있었습니다. 전국의 모든 도시에는 지식인과 청년의 집단이 형성되어 저항의 문화권을 형성한 것입니다. 그리고 집회와 시위도 자주 일어났습니다. 인천에서 일어난 1986년 '인천 5·3 투쟁' 같은 경우에는 학생, 노동자, 야당 지지자까지 수만 명이 들고일어나서 혁명 상황을 연출하였습니다. 황광우 선생이 쓴 《젊음이여, 오래 거기 남아 있거라》를 다 읽어보셨지요? 당시에 활약한 동지들 이야기가 그 책에 나옵니다. 인천 5·3투쟁에서 우리 동지들은 정말 날아다니는 청년들이었습니다. 당시의 황광우 선생은 지금 여러분이 보시는 모습과는 전혀 달랐습니다. 참으로 날렵한 투사였지요. 유인물을 뿌리고 시위를 선동하고는 경찰의 추적을 뿌리치고 사라지고는 했습니다.

당시 인천은 수도권에서 공장이 가장 많고 노동자가 많은 곳이었습니다. 그래서 인천은 노동자와 지식인이 만나고, 노동운동과 사회주의가 결합한 혁명을 꿈꾸는 우리에게 러시아혁명이 일어난 페테르

1987년 6월 9일 최루탄 파편을 맞고
쓰러진 이한열

부르크 같은 곳이었습니다. 거기에는 수백 명의 위장 취업자들이 몰
려들어 '학출(학생운동 출신)' 활동가가 없는 공장이 없었습니다. 또 당시
인천 노동운동가들 사이에 '누나'라 불린 김지선은 후에 노회찬과 결
혼하였지요. 지금은 전라북도 장수로 귀농하여 문필 작업도 열심히
하는 전희식 같은 걸출한 노동자 활동가들도 맹렬하게 일하였습니다.
조세희 선생의 소설집《난장이가 쏘아 올린 작은 공》도 인천을 무대
로 삼고 있지요. 그 인천과 부천을 배경으로 인민노련(仁民勞聯, 인천민
주노동자연맹)이 만들어졌는데, 저도 불려가서 함께 활동하게 되었어요.

학생운동에 이어서 노동운동에서도 황광우 동지와 한 조직에서 활동하게 된 것입니다.

1960년 4·19 혁명에 마산상고 학생 김주열의 귀한 희생이 있었다면, 1987년 6월 항쟁에는 서울대학교 언어학과 학생 박종철의 안타까운 희생이 있었습니다. 1987년 1월 14일, 서울 남영동의 치안본부 대공분실에서 박종철 군이 고문을 받다가 죽고 말았습니다. 치안본부에서는 "책상을 '탁' 하고 치니 '억' 하고 죽었다"라고 발표하였습니다. 말도 안 되는 소리라는 것을 누구나 다 알았습니다. 국민들이 서서히 '꼭지'가 돌기 시작하였습니다. 그래서 우리는 '살인·강간·고문 정권 타도를 위한 인천노동자투쟁위원회'라는 긴 이름의 단체를 급히 만들었습니다. 이름이 너무 기니까 '타도투위'라고 부르며 전두환 정권 타도를 선언하고 나섰습니다. 2월 14일 자 타도투위가 내놓은 선언문을 한번 보실까요?《젊음이여, 오래 거기 남아 있거라》에서 찾아보았습니다.

정의를 사랑하는 꽃다운 나이의 청년 박종철 군이 고문 정권의 마수에 죽어갔다. 또한 분노의 불길이 모든 계층, 모든 사람들 속에서 뜨겁게 치솟아오르고 있다. 차마 입에 올리기조차 두려운 이 천인공노할 사실을 놓고 공장에서, 가정에서, 사무실에서, 학교에서, 전철과 버스간에서, 술자리에서, 교회·성당·절간에서, 다방에서, 전 민중이 격분하고 있다. 놈들이 말하듯 이 사건이 '우연한 실수'에서 비롯된 것이라면, 또한 두 경찰의 충성심 과잉에서 저질러진 일이라면 우리는 이렇게까지 분노하지 않을 것이다. 그러나 그간 집시법·국가보안법 위반 등으로 구속되었던 수많은 민주노동자·학생·민주인사들이 스스로 이렇게 당했다고 외쳐왔던 끔찍한 고문, 강간, 살인 사건들이 하나같이 거짓 없는 사실이었음을 다시 확인하면서, 우리는 '우연한 실수'라고 입에 침도 바르지 않고 떠들어대는 이 전두환 군사독재정권이야말로 이러한 고문·강간·살인의 진정한 교사범이요, 주범임을 밝히고자 한다.

마지막까지 전두환은 버티지요. 1987년 4월 13일, 전두환은 '4·13 호헌 조치'라는 것을 발표합니다. 개헌을 하지 않고 현행 헌법대로 정권을 재창출하겠다는 선언입니다. 전두환이 텔레비전에 나와서 이렇게 말합니다. "이제 본인은 임기 중 개헌이 불가능하다고 판단하고, 현행 헌법에 따라 내년 2월 25일, 본인의 임기 만료와 더불어 후임자에게 정부를 이양할 것을 천명하는 바입니다. 이와 함께 본인은 평화적인 정부 이양과 서울올림픽이라는 양대 국가 대사를 성공적으로 치르기 위해서, 국론을 분열시키고 국력을 낭비하는 소모적인 개헌 논의를 지양할 것을 선언합니다." 당연히 그에 따른 반발이 각계각층에서 터져 나왔습니다. 많은 대학교수들이 '시국 선언'으로 전두환을 비판한 것은 물론이고, 배우 안성기, 가수 조용필, 바둑 기사 조훈현까지도 4·13 호헌 선언에 반대하고 나섰습니다. 우리도 〈4·13 호헌 선언과 우리의 대응〉이라는 글을 발표하였습니다.

누구나 한국의 정치사에 있어 중요한 고비가 될 것이라 말하는 87년과 88년, 이 시기를 특징짓는 군부독재 정권과 민중 간의 운명을 건 한 차례

대결은 바야흐로 본격적인 국면으로 접어들고 있다. 지난 4월 13일 발표된 전두환의 특별 담화는, 그러한 정세가 전개되는 도상에서 특별한 의미를 가지고 있다. 그것은 단순한 호헌 선언에 그치지 않고, 한판 대결에 임하는 군부독재 정권 측의 입장과 결의의 표명이기도 하기 때문이다. 그들이 감히 정면 대결을 성급히 선언하고 나섬으로써 결전의 시간이 다고오고 있음을 말하고 있다.

아까 읽은 타도투위의 선언문은 김수영의 시를 흉내낸 듯한 화려한 문장인데요, 황광우 선생이 썼는지 모르겠습니다. 그런데 지금 읽은 이 글은 자못 장중하고 엄숙하기가 그지없군요. 박헌영 선생의 〈8월 테제〉를 흉내낸 듯한 이 글은 아마 제가 쓴 것 같습니다. (웃음) 그때의 비장한 분위기를 느낄 수 있지요?

1987년 5월 18일 광주민주화운동 7주기 추모 미사에서, 천주교정의구현전국사제단의 김승훈 신부는 박종철 고문치사와 관련된 경찰의 은폐 조작을 폭로했습니다. 치안본부 5차장 박처원 등 대공 간부 3명이 이 사건을 축소 조작하였고, 고문 가담 경관은 2명이 아니라 5명이었다는 사실이 폭로되었습니다. 안기부·법무부·내무부·검찰, 그리고 청와대 비서실 및 이들 기관의 기관장이 참여하는 '관계기관대책회의'가 은폐 조작에 조직적으로 관여했다는 사실이 드러났습니다. 모든 반정부 세력이 참여하는 민주헌법쟁취국민운동본부는 6월 10일에 '박종철 고문 살인 조작·은폐 규탄 및 호헌 철폐 국민대회'라는 긴 이름의 집회를 전국 18개 도시에서 개최하였습니다. 전국에서 이 집회

1987년 노동자 투쟁의 중심에 있었던 울산 지역 노동자 파업

에 참여한 사람은 수십만 명이 넘었습니다. 민주 헌정이 중단된 지 15
년 만에 드디어 1987년 6월 10일부터 6월 29일까지 전 국민이 참여하
는 6월 항쟁이 전개된 것입니다.

이제 지식인·학생들의 민주화 운동과 민중 항쟁은 비로소 하나가
됩니다. 시민들이 박수를 치면서 격려하고, 차를 몰고 지나가는 사람
들도 경적을 울려 호응을 하고, 모든 시민이 지지하고 참여하니 이제
야당 사람들과 운동권 학생들은 신이 났습니다. 당시에 이른바 '넥타
이 부대'라고 불린 화이트칼라 노동자들까지도 박수를 치고 슬슬 합
류하였지요. 그때 최루탄이 정말 많이 소비되었습니다. 날마다 전국
주요 도시의 시가지가 매캐한 최루탄 냄새로 가득 찼지요. 28년이나
지났지만 기억이 생생합니다. 저는 그때 흥분하여 무언가를 하고 돌

아다니느라고 이틀에 한 번 잠을 잔 것 같습니다. 나이 서른넷, 당시에 젊기도 했지만, 저의 모든 것을 민주화 투쟁에 바칠 열정이 넘친 것입니다. 기다리고 기다리던 순간, 혁명의 순간, 그야말로 오랜 민주화 운동이 결실을 거두는 민주주의혁명의 순간이 왔기 때문입니다.

경찰이 아무리 최루탄을 쏘아대고 곤봉을 휘둘러도, 6월 항쟁은 흡사 3·1운동처럼 자꾸 전국 방방곡곡으로 확산되어갑니다. 1987년 6월 26일, 전국 33개 도시와 4개 군에서 100만 명이 넘게 참가하는 집회와 시위가 벌어집니다. 그러자 할 수 없이 전두환은 4·13 선언을 번복하는 6·29 선언을 합니다. 개헌과 민주화를 약속한 것입니다. 전두환은 전날까지도 군부를 동원하여 시위를 진압하는 시나리오를 검토했지만, 군부의 상층 간부들 사이에서 만약 군부를 시위 진압에 다시 동원하면 오히려 전두환 등을 감금해야 한다는 말들이 공공연하게 오갔다고 합니다. 그만큼 민주화는 시대의 대세가 되었던 것입니다. 그것이 바로 6월 항쟁이지요.

이어서 7월·8월·9월에 걸쳐서 노동자 대투쟁이 일어납니다. 전국에서 파업이 일어나고, 노동조합이 만들어집니다. 7월 3일에 울산 현대엔진, 나중에 현대중공업에 합병된 회사에서 노동조합이 만들어집니다. 바로 유명한 노동운동가 권용목이 이끄는 울산의 노동운동이 시작된 것입니다. 그리고 이 움직임은 곧바로 마산·창원으로, 그리고 전국으로 번져나갑니다. 7월부터 9월까지 3개월 사이에 3458건의 노동쟁의가 일어납니다. 누가 하루 평균 40건이라고 계산했더군요. 그렇게 해서 새롭게 결성된 노동조합이 모두 1060개입니다. 민주주의는 바로 거리에서 공장의 담장을 넘어 들어가기 시작하였습니다. 공장에서 옆 공장으로 파급되기 시작하였습니다. 옆 공장에서 파업이 일어나면, 이쪽 공장에서는 굳이 파업을 하고 노동조합을 만들지 않아도 사장님과 관리자가 노동자를 대하는 태도가 달라지고, 근로기준법을 지키게 되고, 임금이 올라갔습니다. 그래서 노동자는 어깨를 펴고 당당한 시민으로서 권리를 주장하기 시작하였습니다. 당시의 우리는 바로 혁명의 주체인 노동자계급이 역사의 전면에 등장하고 있다고 생각했습니다. 지금 와서 생각하면, 1987년은 우리나라가 젊은 시절 우리가 꿈꾸던 선진국이 되기 시작한 해가 아닌가 싶습니다.

민주화 운동과 광주

마지막으로 말씀드리고 싶은 것은, 여기 공부하는 자리가 광주이기 때문에 더 말씀드리기가 조심스럽습니다만, 한국 민주화 운동의 성지가 광주라는 사실과 함께 호남 사람에 대한 차별이라는 문제입니다. 우리나라 민주화 운동에는 호남 출신 지식인들이 앞장을 섰습니다. 호남 사람들이 민주화 운동에 앞장서고, 김대중을 열렬히 지지하여 반박정희, 또는 반전두환의 첨병이 되고, 특히 광주민중항쟁의 주역이 되면서 광주는 한국 민주화 운동의 성지(聖地)가 되었습니다. 저 같은 경상도 출신도 민주화 운동을 오래 한 사람은 광주가 더 마음이 편합니다. 하지만 그럴수록 광주가 차별과 적대시의 대상이 되어갔다는 사실도 참 아픈 역사입니다. 특히 영남 사람들 중에는 호남 사람들과 그 지도자인 김대중을 이념적인 적(敵)으로, 거의 '빨갱이'로 보는 이가 많았습니다. 그래야만 자신들의 마음이 편해서였을까요? 미안함을 그런 적대감으로 덮어야 양심이 덜 아팠는지도 모릅니다. 그래서 민주화 이후에도 영호남의 적대감은 오히려 더 심해지는 듯하였습니다. 그것을 이른바 '지역감정'이라고 말해왔습니다. 하지만 그것은 감정의 문제가 아닙니다. 가장 밑바닥에는 무엇이 있습니까? 결국 사회경제적인, 물질적인 문제가 있습니다. 유물론자로서 저는 그렇게 생각합니다.

영남에는 한국의 자본주의 발달과 함께 생겨난 대도시들이 많습니다. 구미와 포항의 인구가 50만이 넘고, 울산과 창원의 인구가 100만이 넘습니다. 이들 도시는 산업화 과정에서 엄청나게 커졌습니다. 구미의 전자산업, 포항의 제철소, 울산의 조선과 자동차·석유화학, 창원의 기계와 자동차 부품, 거제의 조선 등은 우리나라를 대표하는 산업단지를 이루고 있습니다. 그리고 이미 그전부터 무역과 산업의 중심이었던 대도시 부산이 있습니다. 이들 도시로 호남 사람들이 일하러 갔습니다. 그리고 그보다 더 많은 사람들이 멀리 서울로, 수도권으로 사회 밑바닥의 노동자로, 자영업자로 일하러 갔습니다. 호남 사람들이 고향에서 차별받습니까? 아닙니다. 바로 타향에 가서 차별을 받습니다. 영남 사람들은 바로 자기 고향에 새롭게 들어선 산업 단지에 취직을 하거나, 신도시에서 자영업을 하고, 도시가 커지면서 땅값이 올라 큰 부자가 되는데 말입니다. 호남의 가난한 사람들이 서울이나 영남에 가서 노동자로 일하게 되면서 차별을 받게 되었다고 저는 생각합니다.

반면에 대구·경북 출신들 가운데 운이 좋은 사람들은 한국 사회 기득권의 주류가 되었습니다. 1961년부터 1992년까지 박정희·전두환·노태우까지 30여 년 동안 한국 자본주의가 세계 경제사의 기록을 세우면서 발전하던 그 시대에 이른바 TK, 대구·경북 사람들이 집권을 했습니다. 김종필의 증언에 따르면, 박정희가 자신을 제치고 김성곤을 비롯한 TK 출신 사람들에게 의존한 것은 1960년대 말부터라고 합니다. 삼선 개헌으로 장기 집권의 길로 들어서면서 박정희 정권은 'TK 정권'이라는 성격이 강해졌다는 것입니다. 사실 5·16 주체 세력 가운데 경상북도 사람들이 그렇게 많지 않았어요. 그런데 서서히 박정희가 독재자로 바뀌어가면서 TK 출신들에 의존하고, 그 그늘 밑에서 전두환과 노태우 등도 자라기 시작하였습니다. 그 시기에 돈을 번 사람들이 한국 사회의 기득권이지요. 아까 말씀드렸듯이 2014년 말 기준으로 금융자산이 10억 원 이상인 사람이 18만 명이나 되는데, 강남구가 1만2000명, 서초구가 1만 명, 송파구가 8000명, 성남시가 7000명에 이른다는 겁니다. 성남시는 분당을 말하는 겁니다. 그쪽 사람들이 청계산에 주로 등산하러 다닌다는데요, 청계산에서는 경상도 사투리가 자주 들립니다. (웃음)

이렇게 본다면 박정희가 유신 체제를 만든 것은 정말 큰 과오를 저지른 것이라 하지 않을 수 없습니다. 그 이전의 공적에도 불구하고 그가 숱한 비판을 받고 있는 이유일 것입니다. 김대중의 1997년 집권은 호남과 비호남 간의 그동안의 오해를 푸는 과정이었습니다. 하지만 그런 정치적인 과정으로 한국 자본주의 질주(疾走)의 30년 동안 벌어진 사회경제적 불평등은 해결되지 않습니다. 그리고 사회경제적 불평등이 해결되지 않고서는 호남 차별과 호남 사람들에 대한 편견은 완전하게 해결되지 않을 것입니다. 지금까지 35년 동안, 광주가 한국 민주주의의 십자가를 홀로 지고 왔습니다. 그 부담 때문에 광주 시민은 매우 전략적으로 생각해왔습니다. 하지만 진정 광주가 한국 민주주의의 십자가를 지고 한국 민주주의의 방향을 제시해야 한다면, 선거 공학 따위가 아니라 더 근본적으로 이 나라 민주주의의 발전 방향을 제시하는 것이어야 한다고 저는 생각합니다. 아마 광주 시민들이, 2500년 전의 아테네 시민들처럼 다 함께 깊이 고민하고 또 토론하고 계시리라 믿습니다. 감사합니다.

민주화 이후 28년

민주화 이후 28년

1987년 민주화가 된 지 벌써 28년이 지났습니다. 고대 동아시아에서는 밤하늘의 별자리를 스물여덟 개라고 하였습니다. 아마 28이라는 숫자에 하나의 완전수라는 의미가 있지 않았나 싶습니다. 그토록 많은 하늘의 별을 스물여덟 개의 집단으로 나누었으니 말입니다. 지난 28년이라는 시간, 우리가 경험하고 느낀 바를 이야기하고 나서, 다음 시간에는 한국전쟁, 그리고 북한의 역사를 이야기하면서 저의 현대사 이야기를 모두 마칠까 합니다. 오늘 이야기할 지난 28년은 역사로서 다루기에는 정말 너무나 가까운 과거이니 사건에 대해서는 생략하고, 그 세월을 살면서 느낀 바를 주로 말씀드리도록 하겠습니다.

제가 참고하시라고 추천한 책은 《어떤 민주주의인가》입니다. 공동 저자의 한 사람인 박찬표 씨는 목포대 교수입니다. 최장집 교수의 제자입니다. 박찬표 씨의 형 박병태 씨는 저와 황광우 선생이 함께했던 한국사회연구회 회원이었습니다. 루쉰(魯迅)을 좋아하여 독학으로 백화문(白話文)을 배워서 루쉰의 소설을 읽고, 시도 쓰는 문학청년이었지요. 그 사람은 젊은 나이에 사고로 죽고 말았습니다. 아까운 인재가 요절했는데, 그의 동생이 박찬표 교수입니다. 또 한 사람의 공동 저자 박상훈 박사는 후마니타스 출판사의 대표인데, 최장집 교수의 제자입니다. 그러니까 최장집 교수와 함께 수제자 두 사람이 쓴 책이라고 할까요?

나는 민주주의가 무엇인지를 몰랐다

책《어떤 민주주의인가》앞부분의 최장집 선생 인터뷰가 재미있더라고요. 최장집 선생이 아주 솔직하게 말씀하시고, 재미있는 이야기가 많습니다. 그분이 자기의 스승도 포함된 세계적인 정치학자들, 폴란드계 미국 정치학자 아담 쉐보르스키, 또《절반의 인민 주권》을 쓴 샤츠슈나이더, 로버트 다알 등의 책을 학생 때 읽었지만, 요사이 다시 읽으니 그 느낌이 전혀 다르더라고 해요. 학생 시절에는 무슨 내용인지 충분히 알지 못하고 읽었구나 하는 생각이 들더라는 겁니다. 그리고 그것은 아마 우리나라가 민주화되기 전에는 민주주의를 현실로서 경험하지 못하였기 때문이라는, 자신에게 민주주의는 권위주의라는 현실에 대한 낭만적 안티테제(Antithese)였기 때문이 아니겠느냐는 겁니다. 그리고 민주주의를 경험하고 나서 그 사람들의 책을 읽으니까 비로소 그분들의 문제의식을 이해하게 되었다는 것입니다.

사실은 저도 같은 경험을 하였습니다. 우리가 젊은 시절 민주주의를 위해서 목숨을 바치겠다고 생각하고, 그야말로 죽음을 무릅쓰고 민주화 운동을 하며 투쟁하였습니다. 저야 운이 좋아서 이렇게 멀쩡히 살아남았지만 실제로 죽거나 다친 사람도 많습니다. 육체적으로 다치지 않았더라도 거대한 권력의 탄압은 감수성이 예민한 젊은이들의 정신에 깊은 상처를 남기기도 했습니다. 하지만 지난 28년 동안 민주주의를 경험해보니 젊은 시절 우리는 민주주의가 무엇인지 전혀 몰랐다는 사실을 깨달았습니다. 참으로 기가 막힌 이야기입니다. 민주주의가 무엇인지도 모르고 민주주의를 위하여 목숨을, 또는 청춘을 바쳤다는 이야기입니다.

지난 28년 동안 민주주의를 경험해보니 소크라테스와 플라톤이 이해가 되었습니다. 평생을 바쳐, 그야말로 목숨을 걸고 민주주의를 비판한 소크라테스와, 스승의 뜻을 받들어 대를 이어서 민주주의를 비판한 플라톤이 이해가 되기 시작하다니, 저는 이제 민주주의에 대한 반대자가 되고 만 것일까요? 우리가 젊은 시절 민주화 운동을 할 때, 민주주의는 아름다운 꿈으로, 이상향으로, 상상하고 선망하는 그 무엇으로 다가왔던 것 같습니다. 김지하의 〈타는 목마름으로〉라는 시를 읽어보시지요. 1975년 유신 체제하에서, 서른다섯의 김지하가 쓴 이 시에서 민주주의는 청년들이 간절하게 부르는 이름입니다. 젊은 시절 우리는 이 시를 노래로 참 많이도 불러댔습니다.

신새벽 뒷골목에

네 이름을 쓴다 민주주의여

내 머리는 너를 잊은 지 오래

내 발길은 너를 잊은 지 너무도 너무도 오래

오직 한 가닥 있어

타는 가슴속 목마름의 기억이

네 이름을 남몰래 쓴다 민주주의여

아직 동 트지 않은 뒷골목의 어딘가

발자국 소리 호르락 소리 문 두드리는 소리

외마디 길고 긴 누군가의 비명 소리

신음 소리 통곡 소리 탄식 소리 그 속에 내 가슴팍 속에

깊이깊이 새겨지는 내 이름 위에

네 이름의 외로운 눈부심 위에

살아오는 삶의 아픔

살아오는 저 푸르른 자유의 추억

되살아오는 끌려가던 벗들의 피 묻은 얼굴

떨리는 손 떨리는 가슴

떨리는 치 떨리는 노여움으로 나무 판자에

백묵으로 서툰 솜씨로

쓴다

숨죽여 흐느끼며

네 이름을 남몰래 쓴다.

타는 목마름으로

타는 목마름으로

민주주의여 만세

하지만 우리가 막상 경험해보니 민주주의는 아름다운 얼굴만 가지고 있는 것이 아니었습니다. 민주주의의 다른 얼굴은 금권정치, 선동정치, 중우정치였습니다. 아테네 당시에 이미 그런 말들이 나왔으니, 이런 추한 모습은 민주주의가 타락하고 잘못되어 나타나는 현상이라기보다는 민주주의의 다른 얼굴, 아니면 뒷모습이라고 보는 것이 맞을 듯합니다. 소크라테스는 사실 아테네 민주정이 보장하는 언론의 자유를 마음껏 누리면서 민주정체를 비판하였어요. 아테네 시민들이 그 사람이 늙어서 70세가 넘도록 잘 참다가 결국 재판에 회부하여 사형선고까지 내리게 된 데는 현실적인 이유가 있었습니다. 소크라테스의 정치철학에 영향을 받은 청년 제자 30명이 쿠데타를 일으켜 과두정을 수립하였습니다. 그 과정에서 사람들이 많이 죽거나 다쳤습니다. 그러니까 소크라테스의 정치철학이 아테네 민주정에 실질적인 위협이 되었던 것입니다. 그래서 아테네 시민들이 소크라테스를 재판에 회부한 거지요. 그리고 소크라테스가 사형을 당하자 제자 플라톤이 대를 이어서 민주주의를 비판합니다. 소크라테스와 플라톤은 아테네 민주정에 대한 대를 이은 집요한 비판을 통해서 하나의 정치철학을 발전시킵니다.

1992년의 제14대 대통령 선거 포스터

　그들의 정치철학을 철인정치론(哲人政治論)이라고 합니다. 하나의 위대한 정치철학을 유산으로 남기고 있는 것입니다. 그들은 철학자 왕이 다스리는 정치체제를 이상적인 정치체제라고 주장합니다. 공자와 맹자의 왕도정치론(王道政治論)과도 비슷한 사상이지요.

　우리가 요즈음 자주 듣는 이야기가 "민주주의가 위기다, 유신 체제나 군부독재 시절로 돌아가고 있다"는 말입니다. 그래서 다시 민주화 운동을 해야 한다는 것입니다. 과연 한국 민주주의는 그렇게 작동이 잘되지 않고 있는 것일까요? 저는 그렇게 생각하지 않습니다. 저는 한국의 민주주의가 잘 작동되고 있다고 봅니다. 국민의 눈으로 바라보면, 두 번이나 정권 교체를 시켰더니 여당과 야당이 서로 충성 경쟁을 하고 있는 꼴입니다. 국민의 말을 참 잘 듣고 있습니다. 선거 때마다 선물 보따리를 내놓습니다. 복지 혜택이라든지, 표를 가진 이익집단이나 세대를 위한 정책들을 내놓습니다. 국민들은 민주주의를 잘 이해하고 이를 잘 활용하고 있습니다. 향우회든 동창회든 교회든 성당이든, 아니면 각종의 단체든 일단 머리의 수가 많으면 정치인들을 쉽게 움직일 수 있다는 것을 잘 알고 있습니다. 저 시골의 연세 많은 농민들도 모두 주권자로서 자신이 가진 힘을 충분히 의식하고 있고, 정책 자금이나 예산을 따낼 방법에 대해 잘 알고 있습니다. 실제로는 소수 이익집단이나 지역의 이익을 다투면서도 나라를 위한다는 미사여구(美辭麗句)를 동원할 줄도 압니다. 사정이 이러한데도 민주주의가 위기라고 느끼는 분들은 바로 민주화 운동을 했다는 사람들입니다. 그분들을 만족시킬 수 있는 민주주의는 이 세상에 없습니다. 그들의 마음속에서 민주주의는 현실에 없는 이상향입니다. 지금 우리가 보는 이 민주주의가 바로 원래 소크라테스와 플라톤이 목숨을 걸고 비판했던 바로 그 민주주의입니다.

민주주의와 철인정치

그런데 우리가 부러워하는 현대의 유럽 선진국 정치는 민주주의만으로 이루어져 있는 것이 아니라고 저는 생각합니다. 바로 민주주의와 철인정치가 교묘하게 결합되어 있는 것이 아닌가 싶습니다. 그러면 현대 민주정에서 철인정치의 요소는 무엇입니까? 바로 정당입니다. 정당은 현대의 군주입니다. 철학자 왕이지요. 현대 민주정에서 일반 시민은 복수의 왕들, 정당들 가운데 하나를 선택하여 정부를 맡기고 가벼운 마음으로 휴가를 갑니다. 독일 사람들이라면 지중해로 휴가를 가겠지요. 반면에 우리나라 국민은 나라 걱정을 너무 많이 합니다. 유럽 민주주의 선진국 사람들은 정치인 개개인에 대해서는 우리처럼 그렇게 크게 관심을 가지지 않습니다. 그들이 믿는 것은 개인이라기보다는 정당이고, 지금 정권을 잡고 있는 정당이 마음에 들지 않으면 다른 정당으로 바꾸어버립니다. 그래서 정당이 중요한 것입니다. 아테네 민주정에서는 정당이 없었습니다. 현대의 정당들은 집권과 통치의 경험, 오랜 체험으로부터 나오는 경륜과 정책, 그리고 인재를 가지고 있습니다. 예를 들면 독일 사민당은 역사가 150년이 되었습니다. 정당은 그 나라에서 가장 현명한 수만 명의 철학자, 지식인, 나라의 일과 공공의 일에 헌신하고자 하는 엘리트의 집단입니다. 그들은 자신의 시간과 돈을 자발적으로 내서 정당 활동에 참여합니다.

독일 국민이 8000만 명이라면 사민당·좌파당·기민당·기사련·자민당·녹색당 등 정당의 당원은 모두 120만 명 정도가 됩니다. 인구의 1.5퍼센트 내지 2퍼센트는 10대 후반부터 벌써 나라의 일에 관심을 가집니다. 그들은 자기가 타고 태어난 유전자의 끌림대로 좌파나 우파 정당에 가입하여 활동하기 시작합니다. 석기시대 부족의 규모는 대체로 150명 정도, 그중에 추장과 추장의 후계자가 2명이라면 1.5퍼센트 내지 2퍼센트 되겠지요? 공직자의 유전자를 가지고 태어나는 사람의 비율은 그 정도가 아닌가 싶습니다. 너무 멀리 갖다 붙였나요? 국민 가운데 당원인 사람이 2퍼센트쯤 되는 것은 자연의 비율이 아닐까 하는 게 저의 가설입니다. 그 비율만큼은 독일의 청년들 중에서 스스로 당비도 내고 시간을 쪼개서 정당 활동에 참여한다는 것입니다. 10대 후반부터 벌써 정당 활동을 하기 때문에 40세면 벌써 정치 경력이 20년이 넘는 거예요. 그래서 간혹 40대 수상도 나타나지만, 우리나라처럼 다른 분야에서 종사하다가 정당이라고는 처음 가입한 사람, 생애 처음 당원이 된 사람이 바로 대통령 후보가 되는 그런 일은 없습니다. 정치가들은 철저히 정당이 키운 인재들입니다.

독일·프랑스·영국같이 정치가 지식인의 직업이자 의무인 나라에서는 교사 출신, 공무원 출신 정치인들이 많습니다. 독일에서는 경찰 출신 시의원이 많다고 합니다. 왜 그렇겠습니까? 원래 유전자에 공동체에 봉사하는 것을 즐겁게 생각하는 사람이 경찰 공무원이 되었을 테고, 또 그 사람들이 지역사회에서 활동하다보니 지역사회 문제에 대해서도 잘 알 것입니다. 그래서 시의원 같은 역할을 잘할 수 있다는 거지요. 그런데 우리나라처럼 '경찰은 정치적 중립을 지켜라'고 하게 되면 그런 사람은 당원이 될 수 없으니, 정당은 사익 추구에 능한 사람들의 집단이 되는 것 아닙니까? 영국의 철학자 버트런드 러셀도 한 번 국회의원 출마를 했습니다. 낙선했지요. 그다음부터는 "나 출마 한 번 했는데 낙선했다"고 했지요. 말하자면 "내가 지식인의 의무를 피한 것은 아니다"라는 이야기입니다. 프랑스의 지식인들, 다들 여간한 수다쟁이가 아니지요. 현대 철학은 거의 프랑스 지식인들이 만들어서 수출하는 것 같아요. 이들도 거의 다 정치인과 기자와 교수 또는 교사라는 직업을 거치면서 살고 있습니다. 정치를 해서 개인적으로 이득을 취하는 것이 없고, 약간의 권력이나 명예 이상 얻는 바가 없다고 한다면, 정치가 공동체에 대한 지식인의 의무가 될 것입니다. 그럴 때 정치는 지식인의 의무가 될 수 있습니다. 아마 우리나라도 조선의 선비 정치라는 전통도 있으니 빠른 속도로 지식인 정치가 실현될 날이 올지도 모릅니다.

어떤 선거구, 어떤 지구당에 사회민주당 당원들이 300명쯤 있으면, 함께 모여서 맥주 마시며 토론도 하고, 그렇게 하다가 선거가 다가오면 아무개를 시의원 후보로 추천합니다. 각자 시간을 내어서 길거리로 나가 장미꽃과 전단지를 나누어 주면서 선거운동을 하는 거지요. 그렇게 하니 이혼녀든 30대 싱글맘이든 시의원이나 국회의원이 될 수 있습니다. 후보가 개인적으로 선거나 정당 활동에 큰돈이나 시간을 들이지는 않거든요. 모든 당원들이 함께 정치 활동을 합니다. 사실 당원이 된다는 것은 굉장한 특권이기 때문에 시간과 돈을 들여가면서 당원으로 활동할 만한 충분한 이유가 있습니다. 국민들은 그저 정당이 추천한 후보들 가운데 선택을 할 뿐입니다. 당원은 공직 후보자의 공천권을 가지고 있습니다. 당원은 정책 결정에 참여합니다. 일반 국민들보다 나라의 일에 훨씬 큰 권한과 책임을 가지는 것입니다. 나머지 98퍼센트 국민은 "잘난 너희가 알아서 해라"라는 식입니다. 그 잘난 집단, 정당이 뭐냐? 플라톤이 말한 '철인(哲人) 왕'이고, 이탈리아 공산당의 사상가 그람시가 말한 '현대의 군주(君主)'라는 것입니다.

그런데 참 신기한 것은 대개 좌파와 우파가 균형을 맞춘다는 사실입니다. 지식인들은 영국의 노동당과 보수당, 프랑스의 사회당과 드골파 대중운동연합, 독일의 사민당과 기민당처럼 대체로 비슷하게 나누어집니다. 그런 정당들의 역사가 100년이 넘습니다. 얼마나 많은 경험이 축적되고 쌓였겠습니까? 그 나라들은 말로는 국민이 왕이라고 하지만, 사실상 그 정당들이 통치하는 거지요. 그런 정당들 안에는 또 원로(元老)들이 있습니다. 중요한 의사 결정에 원로들이 개입합니다. 그 원로들은 그야말로 현자(賢者)들이지요. 플라톤이 생각한 철학자 왕에 가까운 사람들입니다. 오랜 경험과 엄청난 지식을 가진 박식하고 사려 깊은 원로들이 당원 교육과 당내 토론을 통해서 청년들에게 자기의 경륜과 지혜를 전수할 겁니다. 그래서 정당은 하나의 정치적 당파이면서 동시에 철학적 학파가 되는 것입니다. 국민은 이 정당들을 신뢰하여 편안한 마음으로 문학과 예술을 즐기고, 휴가를 떠납니다. 하지만 우리나라에서는 국민 모두가 나라 걱정을 너무 많이 합니다. 불안해합니다. 제대로 된 정당이 없기 때문입니다.

한국의 정당

한국의 이른바 '정당'은 유럽 선진국의 정당과는 아주 다릅니다. 그야말로 '사이비(似而非)'라고 할 수 있지요. 우리나라 정당에는 자발적으로 당비를 내고 정당 활동에 참여하는 이른바 '진성 당원', 즉 진짜 당원이 많지 않습니다. 그나마 있는 진성 당원도 대다수가 하다못해

구의원이라도 해보고 싶다는 입신출세의 꿈을 가지고 있는 사람입니다. 그래서 정당의 하부 조직은 자영업자들과, 보험 팔고 자동차 파는 영업직들이 차지하고 있습니다. 그들은 먹고살기 위해서라도 평소 이웃에게 친절하게 인사하고, 통장도 맡으면서 봉사활동을 하고, 교회에도 열심히 나가고, 여러 친목회에도 가입하고, 동창회에도 열심히 나갑니다. 대기업에 다니는 사람, 좋은 직장에 다니는 사람은 오직 자기 직장 사람들과 잘 지내기만 하면 됩니다. 동네의 일에는 관심이 없습니다. 그래서 공직 선거에 출마를 준비하는 사람이 있다면, 그는 우선 정당에 가입하고, 그다음으로 지구당 내에서 자기 세력을 키워야 합니다. 주변 친구들 가운데 자영업에 종사하면서 동네에 뿌리를 내리고 사는, 다양한 네트워크를 많이 가지고 있는 마당발들을 자신의 정당에 가입시켜서 세력을 키웁니다. 그래서 정당은 자영업이나 영업직에 종사하는 이들이 많이 모인 집단이 됩니다. 아니, 그런 이들이 정당의 하부를 구성하고, 출세하고 돈 많이 번 사람들이 정당의 상부를 차지하게 됩니다.

그러면 지식인들은 어디에 있습니까? 그들은 정당 바깥에 있습니다. 플라톤이 정치를 하라고 했던 철학자들, 유식하고 잘난 사람들은 당 바깥에 있어요. 그래서 지식인은 정치하는 사람들을 비판하는 일에 종사합니다. 그리고 일반 국민도 지식인 흉내를 내서 정치가들을 비판하고 비하합니다. 그런 이야기들은 전 국민이 즐기는 안줏감이지요. 상당히 품격이 있는 지식인도 정치인 욕하는 데는 품위를 지키지 않아요. 만날 하는 거라고는 '한국 정치 어떻게 할까?' 하고 토론만

하고 있습니다. 그런 토론회에 저도 가끔 불려 나갑니다. 그런 자리에 가서 제가 꼭 하는 이야기가 있습니다. 그것은 정당법을 고쳐야 한다는 것입니다. 정당법에 무엇을 고쳐야 합니까? 공무원·교사·기자는 당원이 될 수 없다고 정당법에 규정되어 있습니다. 공무원과 교사와 언론인이 정치적 중립을 지켜야 한다는 이유로 말입니다. 그 세 가지 직업은 무엇입니까? '먹물'들이 갖는 직업이 아닙니까? 다수 지식인들이 정당 근처에 가지 못하게 막아놓았습니다.

우리나라 정당의 또 다른 문제는, 비유를 하자면 대기업이 아니고 자영업자들의 협동조합 같다는 겁니다. 국회의원이든 시의원·구의원이든 모두가 정치가 개인의 사업입니다. 개인이 정치인으로 활동하고 싶으면 평소부터 덕을 쌓고, 인지도를 높이고, 이미지와 네트워크를 관리해야 합니다. 정치가 아닌 다른 분야에서라도 명성을 쌓아 유명해지면 됩니다. 일단 유명해지고 나면 정당의 스카우트 대상이 되기도 하니까요. 유명해진 사람, 돈도 충분히 벌어서 이제 명예와 권력을 갖고 싶은 사람은 그동안 쌓은 덕과 재산을 투자하고, 또 친구들과 친척들, 가족과 처가 식구들까지, 모든 주변 사람의 도움을 받아서 정치를 하게 됩니다. 주변 사람은 이 사람이 선출직 공직자가 되면 민원을 해결한다든지, 아들 취직 부탁을 한다든지, 하다못해 작은 범법 행위를 하면서 파출소 경찰이나 동사무소 공무원들에게 좀 봐달라고 부탁할 때, 내가 누구와 친한 사람이라는 것을 내세우기 위해서라도 도와줍니다. 그래서 후보자와 혈연·학연의 연고가 있다고 해야 친구들도 도와줍니다. 왜냐하면 친구의 고종사촌 형, 사돈의 팔촌이라도 되어야 연고가 닿는 사람이 되는 것이니까요. 국회의원에 당선된 사람이라면 얼마나 많은 사람에게 빚을 졌겠습니까? 얼마나 많은 사람에게 도움을 받았겠습니까? 또 자신과 배우자와 가족과 처가 식구 들도 얼마나 노력하고 주변 사람에게 고개를 숙였겠습니까? 그래서 당선이 되면 그 지역구는 개인 사업장과 마찬가지가 됩니다. 그래서 무슨 정당이라고 하여 프랜차이즈 간판을 걸고 있다가도 수틀리면 다른 프랜차이즈 간판으로 바꾸어 답니다. 그렇게 할 수 있는 것이 한국 정치입니다.

그래서 한국 정치에서 중요한 것은 정당이 아닙니다. 정당이 내거는 이념이나 정책이 아닙니다. 정당의 강령은 있지만, 아무도 읽어보지 않습니다. 그것은 장식에 지나지 않습니다. 중요한 것은 사람, 인물이지요. 이해찬이라는 분 아시지요? 노무현 정부에서 국무총리도 했던 6선 의원입니다. 그분이 여섯 번 출마하여 당선되었는데, 여섯 번 모두 이름이 다른 정당의 후보였다고 스스로 밝혔습니다. 평화민주당·새천년민주당·새정치국민회의·열린우리당·민주통합당·통합민주당, 아마 대충 맞을 겁니다. 그러면 그분이 철새 정치인인가요? 아닙니다. 한 번도 탈당을 하거나 당적을 옮긴 분이 아닙니다. 가만히 있어도 자기 당의 이름이 그렇게 바뀌더라는 것입니다. 이렇게 바뀐 이름을 국민이 일일이 기억하겠습니까? 아마 국민은 그저 김대중당, 김영삼당, 김종필당, 이렇게 기억하실 겁니다. 정당이라는 것이 미발달 상태에 있는 거지요. 김대중·김영삼·김종필 이런 인물들이 정당보다 위에 있고, 여러 차례 정당을 만들고 깰 수 있었습니다. 현재 존재하는 정당 가운데 10년의 역사를 가진 정당이 없습니다.

사실은 미국도 정당이 오래전부터 발전한 나라가 아닙니다. 루스벨트의 뉴딜 정책 시기에 와서야 민주당은 비로소 진보적인 정책 정당이 되고 전국 정당이 되었습니다. 1930년대 초반이니 그리 오래되지 않은 일이지요. 그전에는 남부에서 90퍼센트의 압도적 지지를 받지만, 북부에서는 거의 맥을 추지 못하는 지역 정당이었습니다. 물론 지금은 민주당이 동북부와 서부 캘리포니아 등 산업화·도시화된 지역에서 우세하고, 공화당이 오히려 남부와 중부 및 농촌 지역에서 우세합니다. 우세 지역이 완전히 뒤바뀌었을 뿐만 아니라, 우세 지역에서도 90퍼센트라든지 그렇게 압도적으로 우세한 경우는 드물어요. 두 정당 다 전국 정당, 정책 정당이 된 것입니다. 바로 뉴딜 정책과 더불어 민주당이 미국식 사회민주당(노동당)이 되고, 공화당이 미국식 기민당(보수당)이 된 셈입니다. 정치에서 미국 예외주의가 끝난 것이지요. 그래서 미국 현대사는 바로 뉴딜 정책으로부터 서술합니다. 미국 민주당이 진보 정당이 되면서 미국의 현대가 시작되었다고 보는 것입니다. 그전에는 오히려 공화당이 더 진보적이었습니다. 공화당이 자본주의 산업화를 추진한 탓이에요. 노예 해방을 추진한 링컨도 공화당 출신입니다. 어쩐지 지금까지의 우리나라 정치와 비슷한 것 같지 않습니까? 그래서 저는 이제 미국의 뉴딜 정책과 같은 것이 우리나라에도 도래하고 있다고 봅니다. 한국도 미국처럼 자영농의 나라로 출발하였고 평등한 기회의 나라였지만, 자본주의가 발전하여 빈부 격차가 벌어지며 계급이 발생하고 있으니까요.

그래서 우리는 곧 철학과 이념에 근거한 정당, 일관된 정책과 주장이 있는 정당, 그들 간의 경쟁이 이루어지는 모습을 보게 될 것입니다. 진정한 정당 정치가 이루어지는 것을 보게 될 것입니다. 우리가 지금 한국 정치에 대해 아주 깊이 실망하고, 왜 안 될까 하는 답답한 시간을 보내고 있지만, 조만간 정당이 발달하면서 선비 정치의 전통을 되살려낼 것이라고 낙관합니다. 정당을 중시하는 이런 입장, 최장집 선생과 그 제자들의 입장에 대해서 비판하는 사람이 많습니다. 이미 선진국에서도 정당이 한물가고 있는데 무슨 시대착오적인 생각이냐? 유럽에서도 정당의 당원이 줄고 있다, 정당은 쇠퇴하고 있다, 그래서 세계적 현상이라는 겁니다. 하지만 저는 생각이 다릅니다. 세계사의 시간표와 한국사의 시간표를 혼동하지 말라는 거지요. 언젠가 우리나라에도 그런 시기가 닥치겠지만, 우리나라 민주정은 정당다운 정당이 만들어지는 발전 단계를 거치지 않으면 안 된다, 진화의 단계를 건너뛸 수는 없다는 것이 저의 생각입니다. 그러면 왜 이런 주장이 나오는가? 선진국에서 나온 책들을 보고, 그들의 현실을 설명하는 이론에 따라 우리나라 문제를 보기 때문입니다. 모든 문제에서 항상 그렇습니다.

노동운동과 시민운동

저는 시민운동을 한 적이 없습니다. 저는 학생 시절 오래된 마르크스주의 책들을 엉터리 번역본으로, 또 서투른 영어로 탐독한 탓에 노동운동만을 알았습니다. 학교를 졸업한 이후로는 줄곧 노동운동의 뒤를 따라다녔고, 경실련(경제정의실천시민연합)을 비롯한 시민 단체들이 등장할 때도 시민운동이 이리도 크게 번창할 줄을 예상하지 못했습니다. 하지만 그 힘을 피부로 느끼지 않은 것은 아닙니다. 사실 동유럽의 시민혁명으로 공산 정권들이 무너진 후, 사상(思想)의 심해(深海)가 뒤집어지는 상황에서 등장한 경실련으로부터 저는 직접적인 영향을 받기도 하였습니다. 1992년의 경실련 실무자 가운데 절반이 저와 함께 한국노동당 창당 발기인을 했던 분들입니다. 저와 함께 한국노동당 창당에 뛰어들었다가 좌절한 분들이 부산·대구·구미·안산·수원·거제 등 경실련 지역 조직의 거의 대부분을 만들었습니다. 그러니 경실련은 저에게 청춘을 함께한 동지들의 혼을 빼앗아 가버린 묘한 존재이기도 하였습니다. 당시에 저의 눈에 비친 경실련은 유사 정당이었습니다. 당시 한국에서 정당은 정책에 대한 관심이 없고, 이를 보완하는 기능을 하는 것이 경실련이었습니다.

순수한 시민운동이라는 이름으로 양식 있는 시민들을 끌어모으고 있었습니다. 반정치주의 정서에 영합하는 수사(修辭)들을 앞세우고, 공익을 위해서 일하고 싶은 욕구와 명예욕을 채우는 또 다른 길을 제시하면서 지역의 변호사·의사·교수들을 모았습니다. "나는 정치에는 관심 없다!" 이 한마디는 우리 활동가들이 대안 정당에 참여해달라고 찾아간 명사들이 하는 한결같은 답변이었습니다. 그래서 대안 정당의 조직가들이 돌아서고 나면, 그 명사들은 사회를 아름답게 만드는 일에 봉사하고 싶은 마음을 내어 '순수한' 시민운동에 참여하게 됩니다. 과연 그 명사들은 시민운동에 헌신하고 봉사하여 아름다운 이름을 얻고, 조만간에 기성 정당의 영입 대상 인물이 됩니다. 그토록 경멸하던

기성 정치인들의 '삼고초려(三顧草廬)'에 그분들은 어김없이 감동하였습니다. 그러니 저의 입장에서 바라보면 시민 단체란 얄밉도록 영리한 전략으로 장사를 하는 경쟁 업체로 보이기도 하였습니다. 과연 경실련과 그 뒤를 잇는 참여연대는 유사 정당으로서 매우 독특한 역할을 했습니다. 그를 통해서 유명해진 활동가들이 정치인으로 변신하기도 하였습니다. 한국적 현상이 아닐까 싶습니다.

선비 정치의 전통이 깊은 한국에서 시장통의 장사꾼, 졸부의 아들 들이 공직을 차지하고 권력을 휘두르니 이상할 따름입니다. 나라가 망하면서 선비다운 선비는 다 죽고, 한국전쟁의 피난 시절에는 선비의 마지막 남은 체면마저 다 내버리고 굶어 죽지 않으려고 모두 상놈이 되기로 하였던가요? '상놈들'이 설치는 정치판에는 돈이 '가장' 중요한 요소입니다. 돈이 없이 공직 선거에 뛰어드는 사람은 모자란 사람입니다. 우리나라 정당은 선비 정신을 물려받아 의무감으로 정치에 참여한 지식인들의 집단이 아닙니다. 한국에서 정치는 지식인의 의무도 아니고 지식인의 직업도 아닙니다. 지식인들이 간혹 정당의 초청을 받아서 참여하기도 하지만, 대다수는 정당을 외부에서 비판하는 역할을 맡아서 무식한 정치인들을 마음껏 비웃으면서 나름대로 즐겁게 삽니다.

젊은 우리가 기대한 것과 달리 1987년 이후 등장한 2세대 노동운동이 민주화 이후의 민주주의를 주도하지 못했습니다. 노동운동이 국민 전체의 보편적인 요구, 시대정신을 대변하지 않았습니다. 대신에 시민운동이 '공공선(公共善)'을 대변하는 역할을 하였습니다. 시민운동에 대한 국민의 신뢰는 높습니다. 도덕적 영향력도 큽니다. 반면에 오늘날 노동운동의 도덕적 권위와 영향력은 땅에 떨어졌습니다. 공익(公益)을 앞세운 사회적 기구가 아니라 사익(私益)을 추구하는 이익단체로 몰리고 있습니다. 그와 동시에 노동운동을 기반으로 하여 대안 정당을 만들어보려고 하는 우리의 시도는 실패하였습니다. 시민운동을 하신 분들은 그나마 대접을 받는 반면, 저처럼 그저 배운 대로 계속하여 노동운동을 뒤따라 다닌 사람들은 손자 손녀들에게조차 노동운동을 했다고 자랑할 수가 없는 지경이 되었습니다. 어리석은 저로서는 아직 왜 이렇게 되었는지, 이런 사태를 이해하지도 못하고 받아들이지도 못하고 있습니다. 저는 아직도 한국 사회와 문화를 다 이해하지 못하고 있습니다. (웃음)

왜 지금의 청년들은 이른바 기득권을 버리고, 너무나 순수하고 이타적인 동기에서 노동운동에 청춘을 바친 저를 존경하지 않을까요? 노동운동이 '평등'과 '연대'라는 가치를 추구하지 않았기 때문입니다. 노동운동에 '더불어 함께 살자'는 대의, 같은 처지의 노동자 형제들에 대한 형제애, 유럽 사람들이 하는 말로 바꾸면 '사회주의' 정신이 없었기 때문입니다.

IMF가 발표한 바에 따르면, 우리나라의 국민 가운데 상위 1퍼센트가 차지하는 소득이 전 국민의 소득 중에서 1995년에는 7퍼센트였는데, 2013년에는 12퍼센트라고 합니다. 18년 동안 5퍼센트가 늘어난 것입니다. 그리고 상위 10퍼센트가 차지하는 소득은 1995년에 29퍼센트였는데, 2013년에 45퍼센트라고 합니다. 그러니까 18년 동안 16퍼센트나 늘어난 거지요. 상위 10퍼센트가 45퍼센트를 차지하고 나면 나머지 90퍼센트의 사람들은 어떻게 하나요? 남은 55퍼센트를 나누어 가져야 한다는 이야기입니다. 그래서 상위 10퍼센트의 소득은 하위 10퍼센트의 소득의 10배가 넘습니다. 우리나라 상위 1퍼센트의 소득은 OECD 가입 국가 중에서 가장 불평등이 심한 미국의 19퍼센트보다는 낮습니다. 그러나 상위 10퍼센트의 소득이 차지하는 비중은 미국의 48퍼센트와 거의 비슷한 수준입니다. 매우 특이한 경우입니다. 그것은 바로 노동시장의 이중 구조에 원인이 있습니다. 대기업과 공기업의 정규직·공무원·교사 같은 사람들은 대부분 강력한 노동조합의 보호 아래 그동안 꾸준히 임금이 상승하여 소득이 세계적인 수준까지 올랐지요. 하청 중소기업의 노동자, 비정규직 노동자, 일용직 노동자, 자영업자 등은 노동조합의 보호도 거의 받지 못할 뿐만 아니라 200만 명이나 들어와 있는 외국인 노동자들과도 경쟁해야 하는 처지이다보니 임금이 오르지 않았습니다. 공무원연금, 군인연금, 사학연금과 국민연금의 구조가 달라서 퇴직 후에 받는 노령연금도 크게 차이가 납니다. 그 결과 청년들은 그런 일자리에는 취업을 하려고 하지 않아서, 한국은 결코 아직은 일자리가 부족한 나라가 아닌데도 청년 실

주요 OECD 가입 국가 소득 점유율

상위 1퍼센트 소득 점유율 (단위: %)

네덜란드	6.33
덴마크	6.41
스웨덴	7.13
핀란드	7.46
노르웨이	7.80
프랑스	8.08
뉴질랜드	8.13
스페인	8.20
호주	9.17
이탈리아	9.38
일본	9.51
포르투갈	9.77
아일랜드	10.50
스위스	10.54
독일	10.88
캐나다	12.22
한국	12.23
영국	12.93
미국	19.93

상위 10퍼센트 소득 점유율 (단위: %)

덴마크	26.88
스웨덴	27.90
노르웨이	28.33
뉴질랜드	30.88
네덜란드	30.90
호주	30.98
스페인	31.64
핀란드	32.50
프랑스	32.69
스위스	33.15
이탈리아	33.87
독일	34.71
아일랜드	36.13
포르투갈	38.25
영국	39.15
캐나다	40.12
일본	40.50
한국	44.87
미국	48.16

파리경제대학 DB에 등록된 OECD 가입국 기준 (자료: 세계 상위 소득 데이터베이스)

업도 심각합니다. 표를 보십시오.

소득 점유율 표에 따르면 덴마크·네덜란드·스웨덴은 상위 1퍼센트의 소득이 차지하는 비중이 6~7퍼센트, 상위 10퍼센트가 차지하는 비중은 27~30퍼센트 수준입니다. 우리나라가 1995년만 해도 이들 나라와 비슷하였습니다. 참 좋은 나라였습니다. 그 시절은 아름다운 추억입니다. 그렇다고 한다면 그동안 민주주의는 도대체 무엇을 하였으며, 노동운동은 또 무엇을 한 것일까요? 민주화가 된 후에 오히려 더 살기 힘들어졌다고, "전두환이가 오히려 정치를 잘했다"고 건설 현장에서 일하는 일용직 노동자들이 말합니다. 군부독재 시절을 그리워하는 것입니다. "반드시 민주주의란 경제적 조건을 구비(具備)케 하여야 합니다. 근로자는 직업을 잃고 노력할 자유가 없다면 그것이 무슨 민주주의이며, 도시 및 농촌 빈민이 아침저녁을 끓이지 못하고 굶주리는 데에서 해방되지 못하면 그것이 무슨 인민의 자유를 보장하는 민주주의입니까? 청년이 지식에 굶주리고 개성을 발휘할 기회를 얻지 못한다면 그것이 무슨 평등을 보장하는 민주주의이겠습니까?" 1946년 2월 15일, 조선공산당 중앙위원회 총비서 박헌영이 방송 연설에서 한 말입니다. 이렇게 오래된 말이 새롭게 들리는군요. 1946년 여름에 출판된《조선 인민에게 드림》이라는 책에서 읽었습니다.

우리는 젊은 시절에 배웠습니다. 자본주의 사회의 자유경쟁은 필연적으로 양극화를 부른다고, 빈부 격차는 자본주의의 속성 가운데 하나라고요. 한국에서 자본주의가 발전하여 이런 현상이 일어난 것은 하나의 보편적인 일입니다. 그래서 그에 대응하느라고 우리나라도 나름대로 복지 제도가 많이 도입되고, 복지 예산도 많이 늘렸습니다. 그럼에도 불구하고 왜 빈부 격차는 이렇게 빠르게 늘어났을까요? 바로 노동운동이 그렇게 만든 원흉 중의 하나라는 것이 청년들의 생각입니다. 참으로 통곡하고 싶습니다. 우리가 젊은 시절 '위장 취업'을 하고, 온갖 짓을 다 하면서 노동운동을 도운 목적은 무엇입니까? 노동운동에 '사회주의'와 연대의 정신을 불어넣기 위해서였다는 사실은 이제 까마득한 추억이 되고 말았습니다. 결국 인정할 수밖에 없습니다. 우리는 실패했습니다. 우리가 청춘을 바친 노동운동에는 '함께 살자'는 연대의 대의가 없습니다. 우리나라 사회의 특유의 치열한 경쟁 앞에 노동조합도 하나의 단기적·개인적 이익 추구의 도구일 뿐입니다. 그 결과를 다음의 표가 보여주고 있습니다.

광주 기아차 노동자 임금 격차

고용 형태		평균 연봉
기아차 광주 공장	정규직	9700만 원
	사내 하청	5000만 원
1차 협력사		4700만 원
1차 협력사 사내 하청		3000만 원
2차 협력사		2800만 원
2차 협력사 사내 하청		2200만 원

(자료: 한국노동연구원. 2014년 기준)

아프지만 이렇게 인정하고 나서도 아직 큰 의문이 풀리지 않고 있습니다. 왜 우리나라에서는 노동운동이 노동자계급 전체의 이익을 대변하지 못하고 자기 조합원의 이익만을 대변할까요? 대기업 정규직 노동조합, 공기업 노동조합, 공무원 노동조합, 전교조 등은 왜 상위 10퍼센트에 해당하는 자기들의 기득권을 지키는 운동을 벗어나지 못할까요? 한국 사회가 너무나 각개약진, 각자도생의 사회라서 그런 것인가요? 사실 한국 사회의 모든 구성원과 그 단체들이 지독하게 이기적인데, 노동조합에게만 부처님이나 예수님이 되라고 할 수는 없을 겁니다. 보다 근본적으로는 한국 사회가 계급으로 분화되기 이전 상태여서 그런 것이 아닌가 싶습니다.

한국의 노동운동은 계급 운동, 계급의 이익을 위해 투쟁하는 운동이 아니었습니다. 우리가 젊은 시절에 책에서 읽은 계급은 한국 사회에 존재하지 않았습니다. 한국에서 계급은 지금에 와서야 만들어지고 있는 것 같습니다. 한국 자본주의가 발전한 것은 얼마 되지 않은 일입니다. 농지개혁으로 전근대적 지주-소작인은 사라졌지만, 자본주의적 자본가-노동자는 여태까지 계급 대 계급의 관계가 아니라 개인들의 관계에 지나지 않았습니다. 하지만 이제는 그것이 세대를 이어 대물림되면서 계급이 되려고 합니다. 그런데 이것은 한국 사회의 위기로, 한국이라는 나라의 정체성을 위협하는 사태로 받아들여지고 있습니다. 그래서 계급사회로의 변질을 저지하는 새로운 노동운동이 등장할 것이라고 저는 생각합니다. 한국노총, 민주노총에 이어 제3세대 노동운동이지요. 그래서 저는 그런 차세대 노동운동에 기초한 선진국형 진보, 진정한 좌파가 등장하리라고 믿고 있습니다. 지금 우리는 우리나라를 다시 평등한 나라로 되돌려놓을 '미륵 부처님'처럼 차세대 노동운동의 등장을 기다립니다.

후진국형 진영 구도

그러면 이미 선진국이 된 한국에서 왜 후진국형의 진영 대결 구도가 유지되고 있을까요? 이 답답한 구도 속에서 저는 지난 30년 동안 후배들에게 귀찮은 잔소리꾼이 되어 이리도 고달픈 인생을 살았습니

다. 선배들과 불화하면 끝이 있을 텐데, 후배들과 불화하니 이 고달픈 싸움에 끝이 없습니다. (웃음)

그런데 생각해보면 우리나라 진보 진영의 정서와 이데올로기는 뿌리 깊은 전통이고, 저 식민지 종속국 시절부터 내려오는 겁니다. 그래서 그만큼 뿌리가 깊은 것입니다. 식민지 종속국 또는 후진국 시절에는 나라의 독립이 우선적인 과제가 됩니다. 그다음에 근대화, 자본주의 발전, 민주화 등을 해야만 했습니다. 그래서 그 당시에는 좌파라고 해도 실제 행동은 우파와 별로 다르지 않았습니다. 무정부주의자들이 독립운동을 하고 있습니다. 공산주의자들도 민족 독립운동을 하고 있습니다. 관념으로는 무정부주의나 공산주의, 온갖 좌파 사상을 펼칩니다. 하지만 행동은 독립운동을 하고, 자본주의 발전시키고, 민주주의 도입하고, 그런 일을 하고 있습니다. 우파하고 하나도 다를 게 없었습니다. 그것은 식민지 종속국 좌파 지식인들의 숙명이었습니다. 그래서 시류를 타고 일본 사람들이나 미국 사람들과 잘 어울리는 '기회주의자'들을 미워하는 것이라도 해야만 보수파와 구별되는 자아의 정체성을 세울 수 있습니다. 비슷하기 때문에 더 과격하게 다름을 강조하지 않을 수 없습니다. 사실은 자신도 기회주의자가 될 기회가 있으면 얼마든지 되고 싶은 숨은 욕망이 있기 때문입니다. 격렬한 자신과의 투쟁이지요. 명분과 의리에 집착하는 전근대인 같은 모습은 그래서 나오는 것입니다.

우리나라 보수 진영은 반공주의를 가장 중요한 이데올로기로 삼고 있습니다. 이들은 북한 인권 문제에 대하여 침묵하는 진보 진영을 친북·종북이라고 생각합니다. "다 빨갱이들 때문에 이 나라가 시끄럽고, 경제가 어렵다!"라고 생각합니다. 다 알다시피 반공주의는 한국전쟁을 거치면서 이 땅에 뿌리를 내렸습니다. 그러므로 몇 마디 말로 이의 맹목성과 위험성을 깨우칠 수 없습니다. 그래서인지 보수를 혁신하자는 운동은 부패 청산과 같은 도덕주의 운동에 그치고, 뿌리 깊은 반공주의에 대해서는 전혀 접근하지 못하고 있는 것 같습니다. 그래서 뉴라이트 운동이 보수를 혁신하자는 운동이었지만, 오늘날 과연 보수의 무엇을 혁신하였는지 의심스러울 때도 간혹 있습니다.

여전히 문제는 '햇볕 정책'의 평가와 북한 인권 문제, 북한 민주화 문제를 둘러싼 관점의 차이입니다. 이제 서로를 이해하고 인정하는 것이 불가능할까요? 보수 진영에서 햇볕 정책은 현상을 유지하는 평화 정책으로서 공이 있었고 개성공단의 경우에는 매우 소중한 성과이니 잘 발전시켜야 한다고 인정하거나, 햇볕 정책의 의도는 좋았으나 상대가 북한이라 그 목적을 충분히 달성하지 못했다고 하여 북한의 책임을 부각시킨다든지 할 수는 없을까요? 진보 진영 쪽에서 북한 인권 문제 제기나 북한의 민주화를 위한 노력은 의미가 있고 성과도 있다고 인정하면 안 될까요? 야당이 북한 인권 법안을 지지하면 안 될까요? 햇볕 정책과 북한 인권 문제를 둘러싼 진보 진영과 보수 진영의 완고한 태도를 조금 변화시킬 수 있다면, 두 진영 사이의 거리는 크게 좁혀질 것입니다. 과연 햇볕 정책은 뼛속까지 진보적인 정책인가요? 굳이 말하면 햇볕 정책은 본질적으로 자본의 정책이 아닙니까? 어떻게 하든 북한을 개방으로 이끌어서 자본을 북한에 투자하고 자유주의 바람을 북한에

불어넣으려는 정책이니 자본주의를 북한 지역까지 확대하려는 정책이 아닙니까? 다시 말해서 자유주의 정책이라는 말입니다. 과연 북한 민주화 운동과 북한 인권 운동은 근원적으로 보수적인가요? 민주주의와 인권은 본질적으로 진보적인 이슈가 아니던가요? 그렇다면 양 진영은 남의 일을 바꾸어서 하고 있다고 볼 수 있습니다.

다니엘 튜더 전 《이코노미스트》 서울 특파원은 최근 《오마이뉴스》와 가진 인터뷰에서 이렇게 말했습니다. "한국에서는 북한을 바라보는 의견도 진보와 보수를 가르는 큰 기준으로 작용하는 것 같다. 다만 조지 오웰이 살아 있다면 북한을 어떻게 평가할까? 물론 나는 대북 포용 정책을 지지한다. 하지만 북한을 비판하지 못하는 '진보'를 보면 토할 것 같다. 북한은 시대 흐름에 역행하는, 전 세계적으로 가장 퇴행적인 나라 중 하나다." 이것은 뭐 그렇게 대단한 말이 아니고, 우리나라 20·30세대 청년들이 흔히 하는 말입니다. 그런 의미에서 20·30 세대 청년들은 외국인, 아니 선진국 사람입니다. 유다가 아니라 예수와 바울의 길을 갈 수 있는 사람들입니다. 세계인들이라는 이야기입니다.

1987년 체제와 개헌

1987년 민주화가 되면서 5년 단임 대통령제 개헌이 있었습니다. 이 새로운 헌법에 의해 여섯 차례의 대통령 선거가 이루어지고, 두 번의 정권 교체가 있었습니다. 10년 주기로 여당과 야당이 번갈아 정권을 잡았습니다. 노태우·김영삼·김대중·노무현·이명박·박근혜, 모두 6명의 대통령을 만들었습니다. 그런데 지나고보니 민주화가 되었다고 하지만, 이렇게 선거에 의해 평화적으로 정권 교체를 두 번이나 이룬 나라가 없다는 것입니다. 정권 교체, 우리는 예사로 생각하지만, 그게 그렇게 어려운 일이고, 바로 민주화의 중요한 지표라는 것입니다. 최근에도 민중 봉기로 민주화가 된 나라들이 있었습니다. '자스민 혁명'이라고 하였습니까? 튀니지·이집트 등 북아프리카 나라들이지요. 그런데 어떻게 되고 있습니까? 혼란을 거듭하다가 다시 군사 쿠데타가 일어나서 민주 정권이 붕괴되었습니다. 또 결코 후진국이라고 할 수 없는 일본을 보십시오. 제2차세계대전 후 50년 동안 사실상 자민당 일당이 계속 집권했습니다. 이탈리아를 보십시오. 제2차세계대전 후 50년 가까이 연정의 파트너는 바뀌었지만, 계속 공산당을 배제한 우파 연립 정권이 이어졌습니다. 공산당이 동유럽 민주화 이후에 공산당이라는 당명을 버리고, '좌파민주당'으로 이름을 바꾸고, '오렌지 동맹'을 맺어서야 비로소 정권을 잡았습니다. 그런데 근간에 15년 동안 독재를 거친 나라가 민주화되자마자 두 번이나 선거에 의한 정권 교체를 이루었다는 것은 대단한 일이라는 이야기입니다.

우리는 1987년 12월 노태우가 당선되었을 때 엄청난 절망감을 느꼈습니다. 그리고 양 김의 분열을 탓하면서 김대중·김영삼은 이제 은퇴하라고 외쳤습니다. 그런데 지나놓고보니, 1987년 12월 대선에서 1·2·3등을 한 노태우·김영삼·김대중 씨가 순서대로 5년씩 대통령을 하고, 4등을 한 김종필 씨는 김영삼·김대중 대통령 시절에 2인자의 역할

김종필·김대중·김영삼(왼쪽부터), 이들이 만든 1987년 체제는 수명을 다했다는 목소리가 나오고 있다. (사진: 김영삼민주센터)

을 하였습니다. 자기들끼리 돌아가면서 해먹을 요량으로 5년 단임제를 채택한 것이 아닌가 싶습니다. (웃음) 젊은 우리는 그것을 몰랐습니다. 이제 1987년 체제는 수명을 다했다는 목소리들이 나옵니다. 그래서 개헌을 하자는 분도 많습니다. 1987년 헌법의 수명이 다했다고 보는 것입니다. 특히 5년 단임제를 바꾸어야 한다고, 그것은 당시 정치세력들의 담합이었다고, 이제 평시로 돌아가서 4년 중임제로 바꾸어야 한다고 주장하는 분이 많습니다. 그래야 국회의원 임기, 지방자치 선거와 주기를 맞출 수 있다는 것입니다. 어떤 분은 기왕이면 '이원집정부제'로 개헌을 하자고 주장합니다. 대통령은 외교·국방 등의 권한을 갖고, 국무총리가 내치(內治)를 담당하자는 주장입니다. 프랑스에서 지금 실시하고 있는 제도입니다.

　우리나라 헌법 개정은 항상 이런 식으로 권력 구조를 중심으로 개헌을 해왔습니다. 하지만 우리는 역사 공부를 하면서 우리나라가 의원내각제의 요소를 조금 가미한 대통령제로 출발하여 여전히 그 틀을 유지하고 있음을 보았습니다. 미국에는 없는 국무총리가 있고, 국무총리를 국회에서 인준하게 되어 있으니 의회 다수당의 동의를 받아야 총리가 될 수 있으며, 또 국무총리는 장관의 추천권을 가지고 있습니다. 사실 헌법을 고치지 않고도 이원집정부제에 가까운 정부를 만들 수 있는 거지요.

　만약 앞으로 헌법을 고친다면 검토해야 할 더 큰 문제들이 있습니다. 예를 들면 국회를 양원제로 바꾸는 문제 같은 경우를 들 수 있습니다. 우리나라 국회는 소선거구제를 기본으로 하고 비례대표제를 가미하였습니다. 소선거구제는 '뒤베르제의 법칙'에 의해 양당 체제로 귀결되는 탓에 국민의 변화에 대한 욕구가 잘 반영되지 못합니다. 또 정치가 개인의 사업이 되어 정당이 잘 발달할 수 없습니다. 그래서 광역시·도를 하나의 선거구로 하는 '대선거구 정당 명부식 비례대표제'로 바꾸자는 주장이 진작부터 나왔습니다. 예를 들면 1980년대 말, 1990년대 초에 언론인 박권상 선생 같은 분에 의해 주장되고, 2000년대 초에는 중앙선거관리위원회가 바로 그것을 정치권에 공식 권유하기도 하였습니다. 하지만 우리가 역사 공부를 해보면 제도의 경로의존성이 대단합니다. 그래서 새로운 기관을 만들면서 새로운 제도를 채택하는 것이 차라리 현실적이지요. 국회를 양원제로 바꾸고, 하원은 지금처럼 소선거구제로 두고, 상원은 비례대표 의원으로만 구성하도록 하면 좋을 것 같습니다. 그러니까 지금의 비례대표 의원들을 상원으로 독립시키는 셈입니다. 비슷한 선례가 있어요. 1987년 헌법 개정 당시에 헌법재판소를 신설하여 대법원과 또 다른 권능을 갖도록 하여 매우 좋은 역할을 하고 있습니다. 그러면서 행정부는 국무총리의 권한을 강화하고, 감사원을 행정부로부터 독립된 기관으로 만들어서 대통령의 권력을 분산시키면, 삼권분립이 7개 헌법 기관으로 권력이 더 세분하여 나뉜다는 것입니다. 연세대학교 박명림 교수의 제안인데요, 저는 그것이 좋다고 봅니다.

요즈음 선거제도의 한계를 지적하면서 추첨제를 이야기하는 분이 많습니다. 한국 녹색당에서는 대의원 선출에서 추첨제를 실험하고 있다고 들었습니다. 저는 재미있는 실험이라고 생각합니다. 미국이 독립할 당시에 헌법을 만든 사람들, 제헌의회에 참석한 대의원 55명을 비롯한 100명 가까운 사람들, 미국 사람들이 '건국의 아버지들(Founding Fathers of the United States)'이라고 부르는 사람들 사이에 재미나는 논쟁이 있었습니다. 그런 논쟁을 벌인 사람들 중에는 지금 미국 달러화 지폐에 얼굴이 나오는 조지 워싱턴(초대 대통령), 존 애덤스(2대 대통령), 토머스 제퍼슨(3대 대통령), 제임스 매디슨(4대 대통령), 초대 재무장관 알렉산더 해밀턴, 피뢰침을 만든 벤자민 프랭클린도 당연히 포함되지요. 그들은 앞으로 대의민주주의를 해야 하는데, 대의원을 어떤 사람이 해야 할 것인가를 두고 고민하며 논쟁하였습니다.

먼저 평균에 가장 가까운 보통 시민이 해야 한다는 주장이 있었습니다. 그래야 대의원들이 모여서 결정을 하면 그것이 시민 전체의 의견과 같을 수 있다는 것입니다. 특출한 사람들만 모아놓으면 전체 시민들과는 다른 결론을 내릴지도 모른다는 이야기입니다. 그러면 보통 시민 가운데 누구를 대의원으로 보내야 합니까? 추첨으로 결정하면 아마 개별 선거구에서는 편차가 발생하더라도 전체적으로는 평균적인 시민에 가까운 대의 기관을 구성할 수 있을 것입니다. 요즈음 여론조사를 바로 그런 방법으로 하는데, 사실 과학적인 여론조사를 해보면 거의 오차가 없이 전체 시민의 뜻을 알 수가 있습니다. 그런데 다른 의견도 있었습니다. 사익보다는 공익을 앞세우고, 공동체 전체의 입장에서 심사숙고하여 옳은 판단을 내릴 수 있는 덕성을 갖춘 '자연 귀족'이 대의원을 해야 한다는 주장이었습니다. 영국과 달리 미국에는 세습 귀족이 없었습니다. 하지만 타고난 덕성이 자기의 사익보다는 공익을 우선하는 그런 사람이 있다는 것이고, 바로 그런 사람을 자연 귀족이라고 불렀습니다. 그러고보니 자연 귀족은 철인정치론의 철인(哲人)과 비슷하군요. 이런 사람을 선출하면 나라 전체의 이익이 되는 쪽으로 판단을 하지 않겠느냐는 것입니다. 자연 귀족이 누구인지를, 누가 더 그런 이상형에 가까운 사람인지를 결정하는 것이 바로 선거제도라는 것입니다. 이렇게 선거에 의해 선출된 자연 귀족들이 깊이 토론하여 정책을 결정하고 법률을 만드는 것을 그들은 '공화주의'라고 불렀습니다.

사실 선거는 민주주의로부터 유래된 제도가 아닙니다. 원래 아테네에서는 선거는 예외적인 상황이 아니면 기피하는 방법이었습니다. 선거는 뛰어난 사람을 뽑아서 비상 대권을 쥐어주는 것이니, 아테네에서는 전쟁을 치를 때 장군을 예외적으로 선거로 뽑았습니다. 하지만 500명의 재판관 같은 경우에는 추첨으로 뽑았습니다. 모든 공직자를 선거로 선출한다면, 이는 이미 혼합정이나 마찬가지입니다. 미국 건국의 아버지들은 아마 공화주의와 민주주의를 혼합하여 자기들 나라의 정체를 만든다고 생각한 것 같습니다. 우리나라 헌법 제1조 1항에서 '대한민국은 민주공화국이다'라고 규정한 것도 우리나라 정체가 순수 민주주의가 아니라는 이야기입니다. 여러 가지로 생각할 점들이 많습니다. 오늘은 역사 이야기라기보다는 두서없는 정치철학 이야기가 되었군요. (웃음) 수고하셨습니다.

한국전쟁

한국전쟁

오늘은 한국전쟁을 이야기하는 날입니다. 60여 년이 지난 지금도 전쟁이 남긴 깊은 상처와 아픔의 기억이 생생하게 남아 있습니다. 아니, 차라리 대한민국이라는 나라가 한국전쟁을 통해서 만들어진 것인지도 모르겠습니다. 저는 첫 강의에서 대한민국이라는 나라가 사주팔자가 좋아서, 좋은 유전자를 갖고 태어났다고 말씀드렸습니다만, 그 이야기에 반드시 덧붙여야 할 말이 있습니다. 대한민국이 사실은 태어나자마자 죽을 뻔한 홍역을 치르면서 그 흉터가 온몸에 깊이 아로새겨졌다는 이야기입니다. 그 홍역이라는 것이 실은 치명적이고 심각한 병입니다. 자칫 어린아이의 목숨을 앗아갈 뻔했습니다. 다행히 아이가 죽지는 않았지만, 그 아이의 마음과 몸에 너무나 큰 상처를 남겼습니다. 그 트라우마와 상처는 오랜 세월이 흘러 여러 세대가 바뀌고,

통일이 되어야 비로소 아물 것입니다. 그래서 한국전쟁을 모르면 대한민국을 이해할 수 없다고 말할 수 있습니다. 하지만 수백만이 죽거나 다친 전쟁은 너무나 참혹한 비극이어서 차마 말하기조차 싫은 주제입니다. 그래서 저는 이 주제를 지금까지 미루어왔습니다. 피하고 싶지만 피할 수 없는 주제, 마침내 오늘은 한국전쟁을 이야기해보겠습니다.

한국전쟁 3년간의 인명 피해는 너무 컸습니다. 정확한 숫자는 누구도 알 수 없지만, 사망자·부상자·실종자를 모두 합치면 300만 명이 넘는 것으로 추산되고 있습니다. 이는 당시 우리나라 인구의 10분의 1에 해당합니다. 그리고 이 전쟁에서 우리 민족은 군인이 아닌 사람들도 두 편으로 나뉘어서 서로를 죽였습니다. 심지어 같은 마을 사람끼리, 얼굴을 아는 사람끼리도 서로 죽였습니다. 인간 이성으로 이해할 수 있는 극한까지 몸으로 겪고 또 눈으로 보았습니다. 우리 민족은 그 경험을 아직 소화시켜내지 못하고 있으며, 그 충격에서 벗어나지 못하고 있다고 보아야 할 것 같습니다. 또 미군 3만6000명을 포함하여 유엔군으로 참전한 16개 나라의 청년 수만 명이 죽거나 다쳤습니다. 남측에서는 '중공군'이라고 불렀지만, 스스로는 '중국인민지원군'이라 했던 중국의 청년 수만 명이 죽거나 다쳤습니다. 중화인민공화국의 공식 발표로는 15만2000명이라고 합니다. 마오쩌둥의 아들 마오안잉 (毛岸英)도 한국전쟁에서 미군기의 폭격으로 사망하였습니다.

이렇게 수많은 사람이 죽어나가는 전쟁이라는 극한상황 속에서 보통 사람들은 살기 위해서 대한민국과 조선민주주의인민공화국 둘 중에서 하나에 대한 과장된 충성심과 동시에 다른 하나에 대한 과장된 적개심을 표현하지 않으면 안 되었습니다. 전쟁은 어떤 '회색분자'도 용납하지 않았습니다. 그래서 사람들은 타이밍을 놓치지 않고 변신을 하지 않으면 안 되었습니다. 전쟁 상황 속에서 자의든 타의든 대한민국 국민이 된 사람은 대한민국에 충성심과 동시에 '북한 괴뢰'에 대한 적개심을 과장되게 표현하지 않으면 안 되었습니다. 거꾸로 인민공화국의 백성이 된 사람도 마찬가지로 인민공화국에 대한 충성심을 '미제와 이승만 괴뢰 도당'에 대한 적개심으로 표현하지 않으면 안 되었습니다. 그러므로 자연히 전쟁을 통해서 개인이 속하는 나라가 어디인지 분명해졌다는 것입니다. 남북한의 경계도 사실 전쟁 전에는 직선으로 된 아프리카의 국경처럼 위도 38도선이니 어색하기 짝이 없었습니다. 지도를 펼쳐서 38도선을 한번 자세히 살펴보십시오. 옹진반도는 전쟁 전에 남한이었고 설악산은 북한 땅이었습니다. 전쟁이 끝난 후에 비로소 남한과 북한의 경계는 산과 강으로 이어진 자연스러운 국경의 모습으로 되었습니다. 마찬가지로 전쟁 전에는 남한과 북한을 가르는 정신적인 경계, 마음속의 경계선 역시 분명하지 않았습니다.

요즈음도 '이남·이북'이라는 말을 즐겨 쓰는 분들이 있습니다. 간혹 멋으로 그런 표현을 쓰기도 합니다. 하지만 엄격하게 말하면 '이남·이북'과 '남한·북한'은 의미가 다릅니다. '이남·이북'은 아직 모든 것이 유동적이고 분명하지 않으며, 통일 정부 수립이 될지 단독정부 수립이 될지 모르는 해방 정국에서 미·소 양국이 임시로 그은 분할 점령의 경계, 38도선 남쪽과 38도선 북쪽을 가리키는 말이었습니다. 하지만 전쟁 후에는 남한과 북한이, 두 개의 나라가 자리 잡았습니다. 이제 남북한은 실재하는 두 개의 나라로 되어 장기적으로 적대하면서 공존할 수밖에 없는, 이른바 '분단 체제'가 성립하게 된 것입니다. 삼국시대라는 표현을 여기로 가져온다면 '남북국시대'라고 할 수 있을 것입니다. 전쟁 당시까지도 북한의 헌법에서 조선민주주의인민공화국의 수도는 서울이라고 표기되어 있었다고 합니다. 38도선을 경계로 하는 분단은, 남북한 사람들 모두에 의해 '조만간에 사라질 인위적이고 임시적인 현상'으로 받아들여진 것이지요. 전쟁을 거쳐서 비로소 두 나라는 안정적인 공존 체제에 들어갔습니다.

전쟁은 누가 일으켰는가?

저는 1954년 여름에 태어났습니다. 전쟁이 끝난 직후에 태어났기 때문에 저는 전쟁을 모르는 전후 세대입니다. 저와 저의 친구들은 지금 생각해보면 정말로 '철모르는 아이들'이었습니다. 그렇게 끔찍한 일이 불과 몇 년 전에 일어난 줄도 모르고, 그 상처를 모르고 산과 들로 뛰어다니면서 놀았으니 말입니다. 어른들이 그토록 큰 트라우마를 가지고 있는 줄을 우리는 몰랐습니다. 그리고 그것은 차라리 다행이었습니다. 바로 그래서 새로운 시대가 시작될 수 있었던 것이 아닐까요? 하지만 지금에 와서 한국전쟁을 공부하면 할수록, 우리 민족이 지난 세기에 경험한 가장 큰 사건으로서 한국전쟁에 대해 잘 모르면 대한민국을 이해할 수 없겠구나 하는 것을 느낍니다. 한국전쟁은 얇은 바다에 몰아닥친 태풍과도 같이, 직접 겪은 세대에게는 악몽이었지만 새로운 세대에게는 짐이 될 구시대의 잔재들을 깔끔하게 청소해주었습니다. 그래서 전후 세대에게 한국전쟁은 우리나라 근대화를 위한 부르주아민주주의혁명의 장엄한 최후의 장(章)이기도 했습니다.

1950년 6월 25일, 북한의 선제공격으로 전쟁이 시작되었습니다. 북한은 여전히 북침설(北侵說)을 주장하고 있고, 미국이나 남한에서도 북침설에 동조하는 사람들이 꽤 많이 있었습니다. 그리고 보다 수준 높은 학자들에 의해 주장되는, 조금 복잡한 이야기로 '남침 유도설'도 있었지만, 소련이 해체된 이후 공개된 비밀문서들을 연구한 학자들에 의하여 전부 부인되었습니다. 6·25 전쟁은 김일성이 철저히 준비하고, 마오쩌둥의 동의와 스탈린의 허락을 받아서 일으킨 전쟁이라는 것은 사실로 확정되었습니다. 인민군 사단장들에게는 이미 6월 24일에 공격 개시의 D데이와 H아워가 하달되었습니다. 물론 병사들에게 명령이 하달될 때는 "남한의 국방군이 쳐들어와서 우리가 반격한다"고 말했습니다. 북한 당국의 공식 발표도 그렇게 했고요. 사실 '전쟁을 누가 먼저 일으켰는가' 하는 문제는 '그 엄청난 동족상잔의 비극에 대한 책임을 누구에게 물을 것인가' 하는 점에서 매우 중요한 문제입니다. 그래서 북한은 단 한 번도 자신들이 먼저 전쟁을 일으켰다는 사실을 시인한 적이 없습니다.

《역사 앞에서》라는 이름으로 출간된, 당시 서울대학교 사학과 교수 김성칠의 일기에도 그와 관련한 이야기가 나옵니다. 사학과 교수였던 분의 일기이기 때문에 믿을 만한 기록으로 받아들여지고 있습니다.

1950년 7월 26일, 그러니까 인민군이 서울을 점령하고 있을 때입니다. 오전 5시에 정릉리 주민 1만 수천 명이 모여서 정릉리 인민위원회 선거를 하는 자리에서, 어떤 젊은 사람이 경과보고를 하면서 "강도 미제의 사주로 말미암아 6·25를 기하여 그 주구 이승만 매국 도당이 동족상잔의 불집을 터트려서 평화를 애호하는 우리 인민공화국으로서도 마침내 이를 반격하지 아니할 수 없어서……"라고 말했다고 합니다. 며칠 뒤 7월 29일의 서울대학교 문리과대학 교수 회의에서는 인민군 치하에서 학장을 맡고 있던 이명선이라는 사람이 연설을 하면서 "이승만 괴뢰 집단이 그들의 상전인 강도 미제의 사주를 받아서 무모하게도 일으킨 6·25 불법 침공에 대하여 영용무쌍한 우리 인민군이 정의의 칼을 짚고 일어서서 쉽사리 이를 물리치고 도망하는 적을 추격하여 단시일 내에 조국 통일의 성스러운 과업을 완수하려던 것이 미제의 야만적인 무력 간섭으로 말미암아 필요 이상의 피를 흘리게 되었다"라고 말했다고 합니다. 그러니까 전쟁을 먼저 일으킨 것은 자신들이 아니라는 주장을 북한 당국이 그 당시부터 했다는 이야기입니다. 2500만 북한 동포들은 아직도 다 그렇게 알고 있습니다.

초반 전쟁의 양상

일단 전쟁이 시작되자 대비가 없던 남한 국방군은 거의 저항을 하지 못하고 일방적으로 밀렸습니다. 특히 남한 군대에게는 북한 군대가 가진 소련제 탱크를 상대할 탱크나 그 두꺼운 장갑(裝甲)을 뚫을 대전차포 같은 무기가 거의 없었습니다. 그래서 남한군의 방어선은 맥없이 무너지고, 남한군은 패주(敗走)를 거듭하였습니다. 전쟁이 시작된 지 불과 3일 만에 서울이 북한군 손에 넘어갔습니다. 전선은 계속 남하하여 결국 8월 1일에는 낙동강 전선까지 밀렸습니다. 그것은 최후의 저지선이었습니다. 낙동강을 사이에 두고 숱한 병사들이 죽거나 다치는 치열한 전투를 밤낮없이 거듭하였습니다. 전선은 거기서 한 달 보름 동안 교착 상태에 머물렀어요. 그러다가 9월 14일 인천상륙작전으로 전세는 역전되었습니다. 이번에는 북한군이 맥없이 무너졌습니다. 독안에 든 쥐처럼 우왕좌왕하다가 흩어지기도 하고 포로가 되기도 하였습니다. 특히 남한에서 반강제에 의해 북한군의 '의용군'으로 모집되어 전선에 투입된 사람들은 급속하게 전의(戰意)를 상실하였습니다. 그중에는 시인 김수영 같은 이도 포함되어 있었는데요, 그분은 포로가 되어 거제도 포로수용소에 갇혀 있다가 반공포로 석방 때 풀려납니다. 또 북한군의 일부는 퇴로가 막혀서 후퇴하지 못하고 지리산·덕유산 등으로 들어가서 빨치산 부대와 합류하기도 했습니다.

이제 남한군과 미군이 밀고 올라가서 서울을 탈환하고, 평양을 점령하여 곧 통일이 눈앞에 다가온 듯하였습니다. 그러나 중국군이 압록강을 건너와서 참전하여 미군과 국군은 청천강 유역이나 개마고원에서 크게 패하고, 다시 후퇴하기 시작하여 유명한 '흥남 철수'가 있었습니다. 흥남 철수는 영화 〈국제시장〉에서 생생하게 묘사되었지요. 〈국제시장〉 안 보신 분은 꼭 보십시오. (웃음) 그리고 1월 4일에는 다시 중국군과 북한군이 서울에 들어왔기 때문에, 그 후퇴 전체를 가리켜 '1·4 후퇴'라고 부릅니다. 중국군은 평택과 삼척을 잇는 선까지 내려왔으나 유엔군의 반격으로 밀려 올라갑니다. 1951년 3월 14일에는 서울을 재탈환합니다. 그리고 3월 24일에는 38선을 다시 돌파합니다. 이후 전선은 지금의 휴전선 근처에서 형성되어 2년여 동안 밀고 밀리는 공방전을 계속하였습니다. 그러니까 전쟁이 시작된 처음 1년 동안 전선은 국토의 거의 남단 끝까지 밀려 내려왔다가, 또 국토의 거의 북단까지 밀고 올라갔다가, 다시 밀려 내려오는 요동을 칩니다. 그러다가 원래의 경계인 38도선 근처에서 멈춘 채 이후 2년 동안 전쟁이 계속되었습니다. 한국전쟁은 처음 1년은 전 국민이 죽거나 다치는 전투를 벌였고, 나머지 2년은 군인들이 많이 죽거나 다치는 전투를 벌인 격렬한 전쟁이었습니다.

전쟁이 일어나고 며칠 사이에 벌어진 충격적인 장면들이 많습니다. 남한군이 아무런 예고도 없이 한강 인도교를 폭파하여 다리를 건너고 있던 피난민 수백 명이 그 자리에서 목숨을 잃었습니다. 당시 한강에는 유일하게 용산과 노량진을 잇는 다리가 있었습니다. 물론 폭탄을 터트려 이 다리를 끊어야 할 만큼 군사적으로 긴박한 상황이기는 했지만, 폭탄을 터트릴 그 순간에 숱한 피난민이 다리를 건너고 있었던 것이 문제입니다. 나중에 책임자라고 하여 공병부대장 한 사람이 사형되었으나, 그 사람에게 책임을 묻고 끝날 일이 아니었습니다. 그리고 KBS 라디오 방송국에서는 이승만 대통령의 육성으로 "국군이 인민군을 격퇴하고 있으니 서울 시민은 아무 걱정을 하지 말라"는 거짓 방송

한강철교가 폭파되는 모습. 한강철교 동쪽에 있던 인도교는 아무런 예고 없이 폭파되어 많은 희생자가 발생했다.

을 계속 내보냈다고 합니다. 이승만 자신은 이미 피난을 한 후까지도 말입니다. 이승만 대통령이 대구로, 대전으로, 목포로, 거기서 배를 타고 부산으로 갔다가 다시 대구로, 대전으로 황망하게 오락가락 피난을 다닌 일은 두고두고 그를 비웃는 이야기의 소재로 쓰였습니다. 심지어 한동안은 장관들도 대통령이 어디 있는지 몰랐다고 합니다.

　이승만 대통령 혼자만 살자고 그렇게 도망친 것은 아닙니다. 대부분의 정치 지도자, 종교 지도자들이 그랬습니다. 국회의장 신익희도 자기 가족부터 챙겨서 서울을 빠져나갔습니다. 그런데 국회부의장 조봉암은 침착하고 대범하게 국회로 가서 중요한 국가 기밀문서를 챙기고, 마지막까지 서울에 남아서 의원들에게 피난 비용을 마련해준 뒤 가까스로 서울을 탈출하였습니다. 그러는 동안 자신의 가족은 미처 챙기지 못하여 부인 김조이 여사는 숨어 지내다가 북한군에 체포, 결국 납북되었습니다. 그분 역시 젊은 시절에는 공산주의 독립운동의 열렬한 투사였어요. 이를 곁에서 지켜본 윤길중은 그날 이후로 조봉암의 사람이 되었다고 합니다. 그전에는 신익희와 가까웠던 분입니다. 윤길중은 나중에 진보당 창당에 참여하여 간사장, 요즈음 말로 하면 사무총장을 맡게 됩니다.

더 어이가 없는 것은 국회가 6월 27일 오전 1시, 심야에 비상 국회를 열어서 격론을 벌인 끝에 '수도 사수'를 결의했다는 사실입니다. 항상 우리나라에서는 위기를 당했을 때 명분론과 현실론이 격돌하고, 또 항상, 반드시, 꼭 명분론이 이깁니다. 그날도 마찬가지로 명분론과 현실론이 한차례 격돌하다가 명분론이 승리하여 "국회는 일백만 애국시민과 같이 수도를 사수한다"고 결의하였습니다. 그리고 그 회의에 참석하였던 국회의원들은 회의가 끝나자마자 바로 집으로 달려가서 가족들을 찾아 앞다투어 서울을 빠져나갔습니다. 심지어 집에 도착하기도 전에 전화로 가족들에게 피난 준비를 지시하였습니다. 국회의 수도 사수 결의와 국회의원 개개인의 실제 행동은 전혀 별개였던 것입니다. 한국 사람들의 이런 이중적인 모습은 참으로 낯익은 것이지요. 행동으로는 비겁하게 살기 때문에 공식적인 자리에서는 오히려 더 강경하게 원칙론과 명분론을 외치는 모습 말입니다.

신익희 의장과 조봉암 부의장이 '수도 사수' 결의를 전달하려고 경무대, 지금의 청와대로 갔을 때 이승만 대통령은 이미 피난을 가고 없었습니다. 대통령은 국회 의장단에도 알리지 않고 먼저 피난을 간 것입니다. 그러니 보통 국민들은 누구를 믿겠습니까? 각자도생(各自圖生)의 아비규환이었지요. 서민들은 당국의 발표에 대해 선전 선동과 사실을 헤아려 들어야 하고, 눈치 백단이 되어야 살아남을 수 있었습니다. 제헌국회의원이었던 김영기 선생은 신당동에 '서울 집(본가는 경기도 안성)'이 있었는데요, 의정부 방면에서 대포 소리가 들리고, 미아리고개에서 전투가 벌어지고 있다는 다급한 소식을 듣고도 한동안 가만히 앉아서 깊은 생각에 잠겨 있었다고 합니다. 그분의 아드님, 당시에 중학생이었던, 김진현 전 과학기술처 장관의 이야기입니다. 무엇을 생각하였을까요? 이 전쟁이 어떻게 결말이 날 것인가, 앞으로 세상이 어떻게 될 것인가를 그런 지도자적인 위치에 있던 분들도 판단하기 어려웠다는 이야기가 아닐까요? "나는 어디로 가야만 할 것인가? 어떻게 해야만 살아남으면서도 역사의 가혹한 평가를 피할 수 있을 것인가?"를 생각하고 고민하셨겠지요. 물론 그분은 곧 서울을 벗어나서 피난을 떠납니다.

1950년 6월 28일 서울, 졸지에 세상은 뒤집어졌습니다. 피난을 간 사람은 그렇게 많지 않았습니다. 일부는 어찌해야 할지 몰라서 망설이다가, 일부는 "국군이 북한 인민군을 격퇴하고 반격을 하고 있으니 안심하라"는 방송을 믿고, 그리고 대다수는 피난을 갈 만한 형편이 되지 못하여 집에 그대로 남아 있었습니다. 그러다가 하루아침에

1950년 7월 2일 구 국회의사당 앞에서 인민재판을 받고 있는 팔봉 김기진
(김복희, 《아버지 팔봉 김기진과 나의 신앙》, 정우사, 1995)

세상이 뒤집어져서 대한민국의 국민으로부터 조선민주주의인민공화국의 인민으로 처지가 바뀌었습니다. 자신이 충성하고 있음을 증명해야 할 대상이 바뀐 것입니다. 중앙청에는 스탈린과 김일성의 대형 사진과 함께 인공기가 걸리고, 인민군을 환영하는 군중 집회가 매일 열렸습니다. 조국 통일이 이루어졌다고 기뻐하는 사람도 있고, 여기저기에 숨어서 붙잡히지 않으려고 애쓰는 사람도 있고, 붉은 완장을 차고 돌아다니면서 '반동분자'를 밀고하는 사람도 있었습니다. 저는 아직 읽어보지 않았지만, 박완서 선생의 소설에 잘 묘사되어 있다고 합니다. 아까 말씀드린 김성칠의 일기에서도 당시 상황을 알수 있고요.

국제전으로 발전하다

남한의 국방군은 무기도 형편없고 훈련도 되어 있지 않아서 북한의 인민군을 막아내지 못했습니다. 한국전쟁이 일어날 시점에 병력은 남한이 10만 명쯤 되고, 북한은 20만 명쯤 되었습니다. 북한은 전투기를 211대 가지고 있었으나 남한에는 전투기가 한 대도 없었고, 북한에는 탱크(전차)가 242대 있었으나 남한에는 한 대도 없었고, 자주포도 북한군은 176문 갖고 있었으나 남한군은 한 문도 갖고 있지 않았습니다. 그래서 남한군은 북한군의 상대가 되지 못하였습니다. 순식간에 무너졌고 뿔뿔이 흩어져서 후퇴하였습니다. 그나마 춘천을 지키던 6사단이 잘 막아내서 서울을 점령한 북한군이 곧장 한강을 건너 바로 추격을 하지 못하고 3일을 지체하였다는 이야기도 있습니다. 그런데 그 춘천 6사단을 지휘한 사단장 김종오가 1921년생이니 당시의 나이가 서른 살밖에 되지 않았습니다. 이분은 나중에 유명한 '백마고지 전투'도 지휘하였습니다. 그래서 전쟁 영웅으로 추앙받고 있습니다. 전쟁이 일어날 시점에 개성과 파주 방면 방어를 맡고 있던 1사단 사단장 백선엽, 지금도 살아 계시지요? 이분 같은 경우도 1920년생이니 당시 나이가 서른한 살밖에 되지 않았습니다. 그러니까 한국군은 전쟁 경험도 거의 없었다고 보아야 할 것 같습니다. 여하튼 인민군 부대들이 낙동강 전선에 이르자 북한 중심의 통일이 곧 눈앞에 다가온 것 같았습니다. 그래서 시인 임화는 〈밟으면 아직도 뜨거운 모래밭 건너〉라는 시에서 이렇게 외쳤습니다.

앞으로 앞으로

락동강을 건너 왜관을 지나

나아가자 동무들아 다만 앞으로

앞에는 대구 그다음엔 부산

또 그다음엔 원쑤들이 처박힐

현해탄의 물결 높고 험한 바다

전우들아! 전진이다 진격이다

  이제 대한민국의 운명은 오직 미국이 군대를 보내주느냐 아니냐에 달려 있었습니다. 소련군은 1948년 12월에 북한에서 철수하고, 미군은 1949년 6월에 남한에서 철수하였습니다. 그래서 당시 미군은 한국에 없었습니다. 김일성은 미국이 개입해주지 않기를 간절히 바랐을 것입니다. 하지만 그의 기대와는 달리 의외로 미국은 신속하게, 마치 기다렸다는 듯이 곧장 개입하였습니다. 이미 6월 29일에 맥아더가 수원 비행장으로 날아와서 한강 방어선을 시찰하였습니다. 그리고 비슷한 시각에 평양에는 미군 비행기가 날아가서 폭격을 하였습니다. 7월 1일에는 미군 첫 부대가 한국에 상륙합니다. 이 부대는 오산에서 처음으로 북한군과 전투를 벌입니다. 유엔도 6월 25일에 벌써 안전보장이사회를 열어서 북한군에게 38도선 이북으로 돌아갈 것을 요구하고, 6월 27일에는 남한을 지원할 것을 결의합니다. 또 7월 7일에는 "유엔 군사령부를 설치하고 유엔 회원국들의 무력 원조를 미국 정부의 단일 지휘 아래 둔다"는 결의안이 유엔 안전보장이사회에서 통과됩니다.

이에 근거하여 미국을 비롯하여 오스트레일리아·벨기에·캐나다·콜롬비아·프랑스·그리스·에티오피아·룩셈부르크·네덜란드·뉴질랜드·필리핀·태국·터키·영국·남아프리카공화국 등 16개국이 군대를 파견했습니다. 물론 당시 유엔은 미국의 압도적 영향하에 있었지요. 유엔군의 구성 역시 미군이 최대 30만 명 이상 파견된 반면 다른 나라들의 군대는 다 합쳐도 최대 4만4000명 정도밖에 되지 않았습니다만, 유엔군이라는 명분은 중요했습니다. 또 이런 명분이 주어진 것은 역시 1948년에 건국된 대한민국을 유엔이 승인했기 때문에 가능한 이야기였습니다.

개전 초기, 한국군과 미군은 일방적으로 밀리기는 했으나 크게 보면 우리가 일반적으로 생각하는 것보다는 훨씬 질서정연하게, 사전에 준비된 작전 개념에 따라 후퇴를 한 것 같다는 이야기도 있어요. 북한군이 한강 건너는 것을 저지한 전투도 의외로 강력하였지요. 상당히 체계적으로 '공간을 내주고 시간을 버는' 작전이 이루어졌습니다. 일본에 있던 미군이 투입되는 데 필요한 시간을 벌기 위한 전투를 나름대로 잘해서, 낙동강 전선까지 밀리는 데 한 달이라는 시간을 끌었습니다. 아까 말씀드렸듯이 동부 전선의 춘천 같은 곳에서는 강력하게 저항을 해서 북한군이 많은 사상자를 내고도 며칠 동안이나 춘천을 점령하지 못합니다. 그러니까 처음에 남한군이 패주하여 남쪽으로 밀려 내려가고, 호남을 포기한 뒤 낙동강 전선까지 밀려 내려간 것은 북한군에 비해 열세인 탓에 일방적으로 패배하여 그렇게 된 면도 있지만, 전쟁이 일어나기 전에 미리 세워둔 작전 계획이 또한 그렇게 되어 있었다는 이야기입니다. 나머지 지역은 모두 포기하고 부산을 교두보로 하는 이 지역만을 지키는 전략 개념이 이미 수립되어 있었다고 합니다.

왜 미국이 그렇게 신속하게, 망설임 없이 한국으로 군대를 보냈을까요? 북한의 지도부는 미군이 그렇게 신속하게 개입하리라고 생각하지 않았던 것 같습니다. 하지만 주일 미군은 마치 기다리고 있었던 것처럼 일본으로부터 부산항으로 들어왔습니다. 미국의 입장에서는 항상 일본이 중요한데요, 패전국이지만 일본은 미국에게 가장 중요한 전략적인 가치를 갖는 나라였습니다. 중국에 이어 일본이 소련의 영향권, 사회주의권으로 넘어가는 것은 곧 그들에게 태평양을 넘겨주는 것으로 생각하고 있었습니다. 그런데 한국은 바로 일본과 접해 있습니다. 그래서 미국은 일본 때문에라도 한국을 포기할 수 없었다고 생각됩니다. 또 바로 직전에 중국에서 장제스가 타이완으로 밀려난 사태야말로 미국으로 하여금 '자꾸 밀리면 일본까지 공산권에 넘어갈 수 있고, 동아시아와 태평양을 다 넘겨줄 수도 있다'고 생각하게 했던 것 같습니다. 지금 다시 짚어보면 그렇습니다. 제2차세계대전으로 동유럽이 소련의 영향권으로 넘어갔다고는 하지만, 만약 세계 최대의 나라 중국에서 공산혁명이 성공하지 않았다면 공산주의는 그리 위협적인 세력이 아니었을 것입니다. 그만큼 중국혁명은 충격적인 사건이었고, 미국으로 하여금 당황하게 하는 큰 사건이었습니다. 그래서 한국전쟁은 그 연장선상에서 일어난 사건으로 볼 수밖에 없다는 겁니다.

8월 1일에는 낙동강 방어선이 형성됩니다. 그날 이후 한 달 보름 동안 낙동강 방어선은 그야말로 피로 물들게 됩니다. 제 외갓집이 바로 낙동강 방어선이 지나가는 낙동강 강가 마을에 있었습니다. 제가 외할머니로부터 들은 한국전쟁에 관한 이야기는 지금 생각해보면 바로 1950년 그 여름의 치열했던 공방전과 관련된 것이었습니다. 태평양을 통하여 부산으로 들어온 유엔군의 입장에서 바라보면 포항에서 마산에 이르는 전선 안의 좁은 땅은 하나의 교두보, '부산 교두보'인 셈입니다. 포항에서 낙동강까지 동에서 서로 이어지고, 다시 남으로 낙동강을 따라 내려오다가 마산에 이르는 전선에서 숱한 병사들이 죽었습니다. 대구 북쪽 외곽 '다부동 전투'에서 한국군 지휘관 백선엽은 북한군의 공격을 막아내어 미군도 그의 지휘 능력을 인정하는 전쟁 영웅이 됩니다. 백선엽의 회고록 《군과 나》를 보면, 다부동 전투에서 한국군은 장교 56명을 포함하여 2300명이 전사하고, 북한군은 5690명이 전사하였다고 합니다. 그래서 미군이 이 지역을 한국군으로부터 넘겨받을 때 "시체를 치워주지 않으면 인수받지 않겠다"고 버텼다고 합니다. 그만큼 시체가 많았던 것입니다. 그리고 이 전투에서 한국군이 용감하게 잘 싸우는 모습을 보고 미군이 첨단 무기들을 한국군에 넘겨주기 시작했다고 합니다. 중국의 장제스 군대에게 무기를 주면 그 무기는 곧장 중공군으로 넘어갔던 탓에 처음에는 한국군을 믿지 않았고, 좋은 무기를 잘 주지 않았다는 겁니다.

드디어 9월 14일에 인천상륙작전이 이루어지고, 9월 28일에는 서울이 수복됩니다. 석 달 만에 다시 세상이 뒤집어집니다. 남쪽 깊숙이 들어가 낙동강 전선에 있던 북한 군대는 포위되고 섬멸됩니다. 무수

인천상륙작전으로 전쟁이 일어난 지 석 달 만에 세상은 다시 뒤집혔다.

히 사살되고, 포로로 잡히거나 뿔뿔이 흩어져 몇 개 사단은 부대 전체
가 사라지기도 해요. 10월 1일에는 미군과 남한 군대가 38도선을 돌
파하여 북진합니다. 10월 19일에는 평양을 미군과 남한 군대가 점령
합니다. 국군의 선봉 부대는 10월 25일에 벌써 압록강 강변의 초산까
지 진출하지요. 엄청난 속도로 진격을 하였습니다. 10월 30일에는 평
양에서 이승만 환영 대회가 열립니다. 이승만은 군중 집회에서 조국
통일이 눈앞에 다가왔다고 선언합니다. 그 옆에서 신성모 국방장관이
감격의 눈물을 흘리고 있었어요. 하지만 이미 10월 19일에 중국군 12
개 사단이 조용히 압록강을 건너왔습니다. 이제 한국전쟁은 본격적인
국제전으로 확대됩니다. 당시 북한군은 거의 괴멸되어 얼마 남지 않

았지만, 그런 북한군의 지휘권까지 중국군 사령관 펑더화이(彭德懷)가 행사합니다. 이미 국군의 작전 지휘권이 미군에게 넘어간 것과 비슷한 상황이지요. 그래서 이때부터 전쟁은 사실상 미군과 중국군의 전쟁이 됩니다.

실전 경험이 풍부한 중국군이 밀려 들어오자 미군과 국군은 후퇴하지 않을 수 없었습니다. 미 해병 2사단은 혹한의 개마고원 '장진호 전투'에서 병력의 절반을 잃고, 12월 10일부터 24일까지 흥남 철수를 하게 됩니다. 그 유명한 '1·4 후퇴'가 시작된 것입니다. 중국군이 서울을 점령한 것이 1951년 1월 4일이기 때문에 1·4 후퇴라고 부르지요. 중국군은 1951년 1월 1일에 38도선을 돌파한 뒤 남하를 계속하여 1월 4일에 다시 서울을 점령합니다. 하지만 이때는 대부분의 시민이 피난을 가고 서울은 텅 빈 폐허에 지나지 않았습니다. 중국군과 북한군은 평택과 삼척을 잇는 선의 이남으로는 더 이상 남하하지 못하고, 결국 미군과 국군의 반격을 받아서 북으로 후퇴하게 됩니다. 3월 14일에는 미군과 국군이 서울을 재탈환하게 되는데요, 이후에는 현재의 휴전선과 비슷한 전선을 형성하지요. 1953년 7월 27일 휴전하는 날까지 2년 이상 휴전 협상을 질질 끄는 사이에 한 평의 땅을 더 차지하기 위해서 일진일퇴(一進一退) 공방전을 벌이는 사이에 쌍방에서 숱한 병사들이 죽었습니다. 1952년 10월 6일부터 10월 15일 사이에 벌어진 백마고지 전투에서는 작은 봉우리 하나를 두고 빼앗고 빼앗기기를 거듭하여 그 주인이 열흘 동안 24번이나 바뀌기도 했어요. 이 접전으로 중국군 1만여 명, 한국군 3500여 명이 전사하였습니다. 이렇게 정전협정에 서명

트루먼 미국 대통령(오른쪽)과 맥아더 장군

하는 순간까지 고지 하나를 뺏고 빼앗기는 전투가 지루하게 계속되면
서 군인들의 희생이 컸습니다.

한국전쟁을 생각할 때면 풀리지 않는 의문이 있습니다. 그 대혼란
의 와중에서 인민군이나 국방군의 모병 활동에 응한 그 숱한 사람들
은 과연 누구인가, 훈련도 제대로 받지 못하고 전선에 투입되어 죽어
간 병사들은 누구인가, 그들은 왜 살기 위해서 징집을 기피하거나 탈
영을 하지 않았을까 하는 의문입니다. 인민군 쪽으로는 과장되고 허
황한 것일지라도 이념의 깃발이 있었고 거기에 동조한 젊은이들이 있
었을지 모르지만, 국방군 쪽으로는 과연 누가 가담하였던가? 물론 국
가 권력의 강제력이 동원된 징집이었습니다. 육군사관학교 교장을 역
임한 민병돈이라는 분의 6·25 체험담이 너무나 솔직하여 여운을 남

깁니다.《60년 전, 6·25는 이랬다》라는 책에서 읽었는데요, 16세 나이의 휘문중학교 3학년 학생으로 학도의용군으로 입대하여 전투를 치르고, 인민군의 포로가 되었다가 탈출한 체험을 이야기하고 있습니다. 박현채 선생이 1934년생이신데, 이분은 1935년생입니다. 그러니까 박현채 선생과는 같은 또래인데, 한 분은 소년 빨치산으로, 한 분은 학도의용군으로, 반대편에 서서 전쟁을 경험한 것입니다.

한 구절을 읽어보겠습니다. "전쟁 영화에서 보면 병사들이 '와~' 하고 외치며 고지로 달려 올라간다. 그건 사실과 다르다. 병사들은 사기충천해서가 아니라 두려움 때문에 소리를 지르는 것이다. 그리고 병사들은 고지로 달려 올라가는 것이 아니라 걸어 올라간다. 그것도 마지못해서……. 때때로 적진에서 포탄이 날아오면 바닥에 엎드렸다. 적의 포탄이 고맙다는 생각마저 들었다. 잠시라도 우리에게 엎드릴 수 있게 해주었으니까……. 포탄이 그치면 일어나야 하나 말아야 하나 눈치를 봤다. 그러면 뒤에서 욕설이 날아왔다. '개새끼들아, 빨리 앞으로 올라가!'" 민병돈이 다시 증언하고 있습니다. "당시 하사관들은 정말 용감하게 싸웠다. 그때 하사관들이래야 국민학교(초등학교)나 제대로 나왔을까? 나는 지금도 '6·25는 촌놈과 이북 출신들이 치렀다'고 말하곤 한다. 그때 누가 이념이 뭔지 알았을까? '막연하게 민주주의는 좋은 것, 공산주의는 나쁜 것'이라는 생각밖에 없었다. 시골에서 농사짓다가 끌려 나온 촌놈들은 '가서 죽으라'고 하면 죽는 우직함으로, 이북 출신들은 공산당에 대한 적개심으로 싸웠다."

같은 책에서 마찬가지로 16세 나이로 대구농림중학교 2학년에 다니다 대를 이을 큰형님을 대신해서 입대하여 전쟁을 경험한 유형석이라는 분은 '못 배우고 가난한 사람만 죽었다'고 증언하고 있습니다. 신병들이 오면 '대학생 일어나!', '중학교 6학년 일어나!' 하고 소리쳐서 몇 사람 뽑아 사단 사령부로 데려가고, '중학교 3학년 이상 일어서!'라고 소리쳐서 몇 사람을 연대 본부로 데려가고, '중학생 일어서!', '국민학교 졸업한 사람!' 이렇게 소리쳐서 또 몇 사람을 선발하여 대대 본부로 데려가더라는 것입니다. 그러니까 "결국 배우지 못한 농촌 사람이나 가난한 사람만 죽어야 한다는 의미였다"는 것입니다. 주로 전투에 투입되는 것은 말단 중대원이었기 때문입니다. 저는 여기서 '배우지 못한 농촌 사람'에 주목합니다. 그들이 강제로 징집이 되기는 했지만, 그래도 기왕 징집되어 나와서는 용감하게 싸운 것은 그들이 바로 농지개혁으로 자기의 땅을 갖게 된 자영농의 아들이었기 때문이라고 봅니다. 그래서 아마도 많은 사람들이 "전쟁이 일어나기 두 달 전에 완료된 농지개혁이야말로 6·25 전쟁으로 대한민국이 망하지 않은 이유"라고 말하고 있는 것 같습니다.

휴전

결국 1953년 7월 27일 정전협정이 성립되어 3년간의 긴 전쟁이 끝났습니다. 하지만 포로수용소 안은 또 다른 좌우 대결의 장이었어요. 좌익 포로들이 포로수용소 안에서 시위를 하거나 폭동을 일으키기도 합니다. 이를 반대하는 우익 포로들과 패싸움을 벌이기도 합니다. 이

1953년 7월 27일, 정전협정이 성립되어 긴 전쟁이 끝났다.

승만 대통령은 1953년 6월 18일 전격적으로 반공 포로를 석방하지요. 또 정전협정 후에는 마지막에 남은 포로들의 자유의사를 묻기 위해서 중립국 인도의 군인 수천 명이 들어오기도 합니다. 그들은 휴전선에 천막을 치고 포로들을 수용하고서 북한의 정치장교로 하여금 포로와 대화를 나누게 합니다. 설득의 시간을 주는 것입니다. 그렇게 해서 다시 포로의 의사를 물어서 남과 북으로 선택하여 갈 수 있도록 하는 것입니다. 중국인 포로들 가운데 수천 명이 타이완으로 갑니다. 그리고 남한과 북한 어느 쪽으로도 가기 싫다고 하여 결국 인도나 브라질 같은 제3국으로 간 사람도 있습니다. 바로 최인훈의 소설《광장》의 주인 공 이명준과 같은 사람들이지요.

북한 지도부의 판단 착오는 두 가지입니다. ①남한에서 자신들을 지지하는 민중의 봉기가 일어날 것이다. ②미국이 개입하지 않을 것이다. 이 두 가지 모두에서 틀렸습니다. 결과적으로 전쟁을 일으킨 목적은 달성되지 못하였습니다. 대신에 그들은 '전범(戰犯)'이 되고 말았습니다. 전쟁이란 일으킨 목적을 달성하지 못하면 그렇게 되는 것입니다. 그래서 전쟁은 함부로 일으킬 수 없는 것이지요. 그들이 그런 판단 착오를 일으키는 바탕에는 어떤 조건, 어떤 시대 상황, 어떤 착각이 있었을까요? 먼저 1963년 인민군 창설 15주년 기념 연설에서 김일성이 한 이야기를 들어봅시다. 바로 전쟁 목적을 달성하지 못한 책임, 판단 착오의 책임을 박헌영에게 돌리는 말입니다.

남반부혁명은 역시 남반부 인민들의 투쟁 없이는 안 됩니다. 우리는 제 1차 남진 때에 이것을 절실히 체험하였습니다. 미국 놈의 고용간첩인 박헌영은 남조선에 당원이 20만 명이나 되고 서울에만도 6만 명이나 있다고 떠벌렸는데, 사실은 그놈이 미국 놈과 함께 남조선에서 우리 당을 다 파괴해 버렸습니다. 우리가 낙동강 계선까지 나갔으나 남조선에서는 폭동 하나 일어나지 않았습니다. 대구에서 부산까지는 지척인데 만일 부산에서 노동자들이 몇 천 명 일어나서 시위만 하였더라도 문제는 달라졌을 것입니다. 남반부 인민들이 좀 들고일어났더라면 우리는 반드시 부산까지 다 해방하였을 것이고, 미국 놈들은 상륙하지 못했을 것입니다.

1949년 6월 29일, 미국은 500명의 군사고문단을 제외한 미군을 모두 한국에서 철수시켰습니다. 그리고 소련군 역시 소수의 군사고문만 남기고 1948년 12월 북한 지역으로부터 완전 철수했습니다. 그러니까 1950년에 한반도는 미군과 소련군이 다 철수한 상태였지요. 하지만 연해주에는 소련군이, 만주에는 중국군이, 일본에는 미군이 주둔하고 있었습니다. 그래서 이런 외국군들이 개입할 것인가를 두고 여러 가지 판단을 할 수가 있었어요. 사실 미국 국무장관 애치슨이 1950년 1월 12일에 미국신문기자협회(National Press Club)에서 〈아시아에서의 위기〉라는 제목으로 연설하였는데, 여기서 그가 "동아시아의 공산권 확대를 저지하기 위한 태평양에서의 미국 방위선을 일본-오키나와-필리핀을 연결하는 선으로 한다"고 말하였습니다. 이 방어선을 '애치슨라인'이라고 해요. 애치슨의 말대로라면, 남한과 타이완과 인도차이나 반도를 포기한다는 이야기로 해석될 수 있었습니다. 그래서 이 애치슨의 말이 북한의 오판을 불러일으켰고, 6·25 전쟁 발발의 원인이 되었다는 비판을 받았지요. 하지만 이는 미국 공화당 측의 트루먼 정부에 대한 정치 공세라는 말도 있습니다. 왜냐하면 애치슨의 발언은 당시 별로 주목받지 않았고, 정확하게 보도되지도 않았다고 합니다.

제 생각으로는, 역시 애치슨라인 같은 이야기에 혹하지 않고 상황을 좀 더 신중하게 판단하기에는, 북한의 지도부는 중국 공산혁명의 성공에 크게 고무되어 있었습니다. 세계에서 인구가 가장 많은 나라, 사실상 지구에서 가장 큰 나라, 어마어마한 중국 대륙에서 공산당이 국민당을 타이완으로 몰아내는 것을 보고 흥분하지 않을 사람이 있겠습니까? 제2차세계대전이 일본의 항복으로 끝났을 때, 중국에서는 장제스의 국민당 군대가 마오쩌둥의 공산당 군대보다 훨씬 많았어요. 그래서 소련의 스탈린은 공산당이 국민당을 상대로 내전을 일으켜서 이길 승산이 없다고 보았고, 중국공산당이 제2차 국공합작(國共合作)을 깨고 내전에 돌입하는 것을 반대했습니다. 심지어 판세가 기울어서 중국공산당의 군대인 팔로군과 신사군이 양쯔 강(揚子江)을 건널 때도 스탈린은 도강(渡江)을 반대하였습니다. 여전히 승산이 없다고 보았어요. 그래서 스탈린은 미국의 지원을 받는 장제스와 좋은 관계를 유지하려고 애를 썼습니다. 하지만 중국공산당은 1946년부터 본격적으로 내전에 돌입하였습니다.

국공(國共) 내전 초기 공산당 군대에는 91만의 정규군과 200만의 민병이 있었으나 최신 무기로 무장한 430만의 국민당 군과 대적하기에는 절대적 열세였고, 1947년 3월에는 옌안마저 함락당하는 위기에 빠지기도 했습니다. 그러나 공산당은 토지 균등 분배를 핵심 내용으로 하는 〈중국토지법대강(中國土地法大綱)〉을 발표하여 국민의 대다수를 차지하고 있는 농민의 지지를 받음으로써 점차 전세를 역전시키기 시작하였습니다. 1949년 1월 장제스는 총통에서 사임하고 평화 교섭을 시도하나 공산당은 무조건 항복을 요구하고, 10월 1일 중화인민공화국(中華人民共和國) 성립을 선포합니다. 국민당은 1949년 12월 타이완으로 철수하게 되지요. 누구도 예상하지 못한 세계사적인 사건이 일어난 것입니다. 미국은 장제스에게 많은 무기를 주어서 지원했지만, 미군을 직접 중국에 투입하지는 않았습니다. 미군이 들어갔더라도 아마거대한 중국 대륙의 판세를 뒤집기는 힘들었을 것입니다.

민간인 학살의 비극

한국전쟁에서 군인이 아닌 민간인들도 많이 죽거나 다쳤습니다. 우선 국군이 후퇴하면서 형무소에 수감하고 있던 좌익 재소자를 학살하였습니다. 한국전쟁 발발 시점에 빨치산, 좌익 사범, 국가보안법 위반자들이 서울형무소 7000명, 마포형무소 3500명, 인천소년형무소 1300명, 춘천형무소 1250명, 청주형무소 1600명, 공주형무소 1000명, 대전형무소 4000명 등 전국 형무소에 3만2000명 이상 수감되어 있었다고 합니다. 이들 가운데 대다수는 희생자가 되었습니다. 그들은 적으로 간주되어 다 죽이고 후퇴하였던 것입니다. 남로당의 지도자 김삼룡과 이주하는 1950년 3월 27일 체포된 뒤 수감되어 있었어요. 전쟁 직전에 북한은 자기들이 수감하고 있던 조만식 선생과 교환하자고 제안하였지만, 전쟁이 일어나자 바로 그다음 날인 6월 26일 남한 당국이 재판도 없이 처형하고 말았습니다. 헌병사령부 뒷문 500미터 지점의 소나무에 매달아놓고 처형하였지요. 정판사위폐사건으로 구속 수감되어 있던 유명한 공산주의자 이관술은 대전형무소에서 수천 명의 재소자들과 함께 처형되었습니다. 7월 초, 인민군 부대가 대전 가까이 다가오자 헌병과 경찰이 투입되어 재소자들을 트럭에 실어서 대전 외곽지대로 끌고 가서 집단 학살하였습니다. 그때 집단 학살되어 버려진 수천 명의 시신들이 뒤엉킨 가운데는 저 불굴의 투사 이관술도 포함되어 있었습니다.

제가 어른으로 모시는 '죽산 조봉암 선생 기념사업회' 곽정근 부회장님은 충남 서산 출신이신데, 청년 시절 인천에 와서 공장 생활과 노동운동을 하신 분입니다. 그러다가 조봉암의 진보당에도 참여하신 인연으로 부회장을 맡고 계신데요, 그분이 '공주 민간인 학살 유족회' 회장이기도 합니다. 그분의 형이 공주형무소에 수감되어 있다가 학살된 수백 명 가운데 한 사람이기 때문입니다. 우리 주변에는 바로 이렇게 가족이 피해를 당한 분들이 널려 있어요. 지난 2001년 공주시 왕촌리 말머리재에서 민간인 학살 희생자의 유골이 처음 확인되었습니다. 2009년에는 '진실 화해를 위한 과거사 정리 위원회'와 유족들의 노력으로 뒤엉켜 있는 317구의 유골을 발굴하여 충북대학교 '한국전쟁 민간인 희생자 추모관'에 임시 안치하였습니다. 이어서 2013년 10월 23일에 또 61구의 유골을 발굴하였습니다. 그날 곽정근 유족회장은 "추모 공원을 조성해 작은 위령비라도 세워 희생자들을 위로할 수 있기를 소망한다"라고 말하면서 다섯 살 위의 형 곽우근에 대한 미안함과 그리움을 표했습니다.

재소자와 함께 집단 학살된 사람들은 보도연맹원입니다. 보도연맹은 좌익 운동을 하다 전향한 사람들로 조직한 단체로, 정식 명칭은 '국민보도연맹(國民保導聯盟)'입니다. 보도연맹은 1948년 12월 시행된 국가보안법에 따라 좌익 사상에 물든 사람들을 전향시켜 이들을 '보호하고 인도한다'는 취지로 1949년 6월 5일에 조직했던 반공 단체입니다. 구성원은 주로 남로당원이었던 사람들인 만큼 '대한민국 정부를 절대 지지하고, 공산주의 사상을 배격하며, 남·북로당의 파괴 정책을 폭로·분쇄한다'는 등의 내용을 주요 강령으로 삼았습니다. 1949년 말에는 가입자 수가 30만 명에 달했으며, 서울만 하더라도 거의 2만 명에 이르렀습니다. 주로 사상적 낙인이 찍힌 사람들을 대상으로 하였고, 또 거의 강제적이었으며, 지역별 할당제가 있어 사상범이 아닌 경우에도 등록되는 경우가 많았습니다. 1950년 6월 25일, 전쟁이 일어나자 정부와 경찰은 보도연맹원들이 인민군에게 협조할 염려가 있다며 예비 검속에 들어갔는데, 전황이 불리해지자 이들 가운데 상당수를 재판 없이 집단 학살하였습니다.

나중에 인천상륙작전으로 전세가 뒤집어져서 북한군이 압록강·두만강으로 쫓겨 달아날 때는 정반대의, 아니 행태는 똑같은데 가해자와 피해자가 바뀐 현상이 일어났습니다. 북한군이 평양이나 원산의 감옥에 수감되어 있던 정치범들이나 전쟁 포로들을 데리고 피난을 갈 형편이 되지 않자 집단 학살하였습니다. 물론 그렇게 대규모로 학살한 사건들 이외에도 인민군 치하에서 학살당한 민간인들은 많습니다. 국방군 치하에서는 '빨갱이'로 몰리면 끝장이었던 것과 마찬가지로, 인민군 치하에서는 누구라도 '반동'으로 몰리면 끝장입니다. 이른바 인민재판을 열어서 바로 죽였습니다. 아까 인용한 김성칠의 1950년 8월 16일 자 일기에는 이런 이야기가 나옵니다. 아직 서울이 인민군 치하에 있던 시기입니다.

세상이란 참 우스운 것이다. 나는 별반 죄지은 기억이 없고, 또 아무도 나를 잡으러 다니는 사람이 없건만, 나는 공연히 겁을 내어서 세상을 비슬비슬 피해 다니는 못난 사람이 되고 말았다. 어떤 한계의 사람이 반동으로 몰리는 것인지, 또 몰리면 어떠한 경로를 밟아서 어떠한 처단을 받는 것인지? 이런 것이 모두 분명치 아니하고 정치의 필요에 따라, 또 더러는 그 많은 끄나풀들의 감정 여하에 따라 아무라도 언제든지 반동으로 몰릴 수 있는 것이며……. (중략) 이리하여 불안을 자아내는 별별 소문이 돌고 있다. 더러는 대한민국 시절에 상당히 날치던 사람들도 아직은 아무런 일 없이 지나고 있는데, 그런가 하면 참으로 애매하다 싶은 사람들이 많이 경을 치고 허망하게 총살을 당하곤 한다. 그러니 특별한 줄이라도 닿지 않는 사람은 누구나 공포심에 사로잡히지 않을 수 없다. 이것이 바로 인민공화국의 장기(長技)인지도 모른다. 누구나 굶어 죽을 지경이 되어 생명을 유지하려면 당의 장단에 맞추어 춤추지 않을 수 없고……. 누구나 얼마쯤의 공포증에 사로잡혀 정부의 하는 일에 무조건 백지위임장을 써 바치지 아니할 수 없는……. 어떠한 의미에 있어선 정치 기술로서 만점일지도 모른다.

그래서 전쟁이 터지기 직전부터 고향으로 돌아가서 좌익 활동을 하다가 서울이 수복된 후에 돌아와보니, 그동안 자기 부인이 인민군 치하에서 식량 배급을 타기 위해서 자기 남편이 당원임을 떠들고 다니는 바람에 자신의 신분이 노출되어 숨어 지낼 수밖에 없게 된, 전 남로당원이자 사학과의 동료 교수 강대량이라는 사람이 김성칠에게 이런 이야기를 하였다고 합니다. "내가 서울 와서 가장 상심한 것은 내 형적이 탄로가 났다는 사실보다도, 인민군이 패하여 도망갔다는 사실보다도, 인민공화국의 정치가 철두철미 인심을 잃었다는 사실입니다. 그야 쫓겨 간 며느리 편드는 시어머니 없다는 격으로 인심이란 으레 그런 것이거니 짐작은 가지만, 지금 서울 시민의 적색에 대한 감정은 단순히 그러한 것 이상의 뿌리 깊은 무엇이 있는 것 같습니다. 그 때문에 우리가 발붙일 곳이 없고요. 어떻습니까, 김 선생? 김 선생은 공정한 입장에 계신 분이니 이를 어떻게 보십니까?" 김성칠은 이때는 얼버무리고 답변을 하지 않지만, 이보다 며칠 전에 박우동이라는 고향 사람을 만나서는 이렇게 말했다고 해요. "이북의 양심적인 분자들은 많이 대한민국을 그리워해서 남하하였고, 이남의 이상주의자들은 인민공화국에 절대의 기대를 가지고 많이들 월북하였는데, 이들이 다같이 커다란 실망을 품고 있지나 않을까 합니다. 그러나 이미 다시 어디로 갈 곳은 없고 해서, 말하자면 정신적인 진퇴유곡(進退維谷)에 빠져 있지나 않을까요?"

　민간인의 피해가 가장 많기로 남한에서는 전라남도 영광군이었다면 북한에서는 황해도 신천군이었습니다. 영광군에서는 인구 16만 명 중에서 5분의 1인 3만5000명이 희생된 것으로 추정됩니다. 황해도 신천군에서도 3만 명이 희생되었다고 합니다. 그래서 북한은 1958년에 황해도 신천군에 커다란 신천박물관을 만들었어요. 신천박물관은 미군이 죄 없는 북한 인민을 얼마나 잔인하게 학살하였는지 보여주는 여러 가지 자료들이 전시되어 있고, 반미 의식을 고취하기 위해서 많은 노동자와 청년, 학생들이 다녀가게 한 역사 교육의 장소이자 외국 관광객에게도 주요 관광 코스라고 합니다. '신천학살사건'은 피카소의 유명한 1951년 그림 〈한국에서의 학살〉의 소재가 된 사건입니다. 그 그림은 군인들이 벌거벗은 임산부와 아이들에게 총칼을 겨누고 있는 모습입니다. 북한 당국에 따르면, 군민 12만 명 중에서 4분의 1인 3만 명 이상이 미군에 의해 살해되었다고 합니다.

하지만 학자들이 연구를 깊이 해보니까 진실은 크게 다르다는 것이 밝혀지고 있습니다. 신천에서는 국군이 북진하자 우익들이 '광복동지회'를 결성하여 공산주의자들이 후퇴하기 전 10월 13일에 봉기를 하였습니다. 유엔군이 신천에 들어온 것은 10월 18일이었습니다. 그러니까 10월 13일부터 18일까지 5일 동안 신천·안악·재령 일대에서는 좌익과 우익이 무수히 서로 죽였던 것입니다. 원래 황해도 구월산 주변 지역에서는 우익의 세력이 강했습니다. 1950년 가을에 전세가 역전되어 인민군이 후퇴하고 유엔군이 밀고 올라온다는 소식이, 국군이 개성까지 들어왔다는 소식이 토착 우익들을 크게 고무시켰습니다. 그래서 기독교계 인사들과 교사·학생들이 중심이 되어 신천·재령·안악 등 황해도 각 지방에서 광범한 반공 봉기가 발생하였고, 이 과정에서 좌익과 우익은 숱하게 서로를 죽이고 또 보복 살해하였던 것입니다.

한국전쟁의 결과와 의미

한국전쟁을 이해하는 데 한 가지 빠트리지 말아야 할 것이 있습니다. 제공권(制空權)과 제해권(制海權)은 거의 완전하게 유엔군, 즉 미군 측이 가지고 있었다는 사실입니다. 소련은 공식적으로 참전하지 않았고, 중국과 북한은 아직 미군을 상대할 만한 그런 공군과 해군을 가지고 있지 않았기 때문에 서해는 평안북도 앞바다의 섬들까지도 미군이 장악하고 있고, 동해는 원산 앞바다 수 킬로미터 앞까지 미국 함정들이 가서 함포 사격을 가하는 형편이었습니다. 그리고 하늘에서는 미군의 폭격기들이 수시로 나타나 무수한 폭탄을 쏟아부었기 때문에 중공군과 북한군은 낮에는 움직일 수도 없었습니다. 움직이면 바로 폭격이 시작되는 것입니다. 그래서 낮에는 숲속에서 잠을 자고 밤에 행군하거나 공격을 하는 것입니다. 이렇게 제공권과 제해권을 가진 미군을 상대로 중공군과 북한군이 많은 희생자를 내면서 견뎌낸 것도 대단합니다. 그리고 요즈음도 가끔 NLL 문제로 지식인 사회에서 토론이 벌어지지만, 휴전 당시에 동해와 서해의 거의 모든 섬을, 압록강 하구에 가까운 평안북도 철산군의 가도까지도 미군이 장악하고 있었다는 사실은 참고하지 않을 수 없습니다. 백령도 이북의 섬들은 모두 포기하였지만, 백령도가 워낙 깊숙하게 북한 쪽으로 올라가 위치하고 있으니까 해주를 비롯한 황해도의 항구와 해변의 앞바다를 북한 선박들이 자유로이 왕래할 수 없고, 그래서 지금까지도 남북 간에 분쟁이 계속되고 있는 것입니다.

전쟁을 앞둔 시점, 1950년 5월 30일 총선의 결과는 한민당의 패배와 중간파의 대약진이라고 할 수 있습니다. 그 상징적인 결과는 서울 성북구에서 조소앙 선생이 전국 최다 득표를 하면서 경쟁자 조병옥을 물리치고 당선된 일이라고 할 것입니다. 사실 조소앙은 이미 1948년 12월에 김구의 한독당을 탈당하고 사회당을 창당하여, 통일 정부 수립의 미련을 버리고 대한민국에 참여할 준비를 하였습니다. 평택에서 안재홍 선생도 당선됩니다. 그 밖에도 김규식계나 여운형계 같은 중간파들도 여러 명이 당선되어 국회의 구성은 훨씬 다양해졌습니다. 이제 대한민국의 민주정치는 꽃을 피울 듯이 보였습니다. 하지만 불과 한 달 만에 전쟁이 터지자 모든 것은 물거품이 되고 말았습니다. 미처 피난을 가지 못한 국회의원 80여 명과 많은 학자·문인·예술가·종교인 들이 차례로 납북되었습니다. 납북되었을 뿐만 아니라 이들 가운데 많은 분들이 대남 방송에 이용되었습니다. 김규식·안재홍·조소앙 등 지도자들도 대남 방송에 나와서 미제와 이승만을 비난하는 방송을 하였습니다. 물론 강제에 의해 그렇게 한 것이지만, 그분들이 그렇게 함으로써 남한에 남아 있던 그들을 따르던 이들이 정치적 입지를 다 잃고 말았습니다. 이제 중간파는 남한에서 정치 세력으로서 존립하기 힘든 처지가 되었습니다. 한국전쟁은 한국을 당시 서방 언론의 표현대로 '반동적인 경찰국가'로 바꾸어놓았습니다.

고령에다 몸이 약한 김규식 선생은 평안북도 강계까지 끌려가서 1950년 12월 10일 만포의 한 병원에서 사망하였습니다. 북한 정부는 홍명희를 위원장으로 하는 장례위원회를 구성하여 예우를 갖추었습니다. 정인보 선생은 강계로 넘어가는 묘향산 근처 고개에서 사망하였습니다. 이광수도 강계까지 끌려갔다가 지병인 폐결핵이 악화되어 사망하였습니다. 조소앙 선생은 1958년, 안재홍 선생은 1965년까지 사신 것으로 알려져 있습니다. 한편 남한에서는 전쟁 중인 1952년 7월 7일 부산 피난 국회에서 대통령 직선제로 개헌을 하였습니다. 중간파는 세력을 잃었지만, 이제 한민당이 반이승만 노선으로 돌아서서 이

시영·김성수 부통령이 연이어 사임하고, 미국의 정보기관도 이승만을 몰아내고 장면같이 고분고분 말 잘 듣는 사람으로 바꾸려고 공작을 하고 있었어요. 이 때문에 이승만 대통령이 안심을 하지 못한 것입니다. 개헌안을 통과시키려고 이승만 대통령이 청년 단체들과 깡패들을 동원하여 이른바 '부산정치파동'을 일으켜서 국회의원을 협박하고 감금하는 모습을 보고서, 영국의 어느 기자가 "한국에서 민주주의를 기대하는 것은 쓰레기통에서 장미가 피기를 바라는 것과 같다"는 기사를 썼다고 합니다.

한국전쟁 이후 '반공(反共)'은 누구나 외치지 않으면 안 되는 구호가 되었습니다. 5·16 군사정변을 이야기하는 시간에도 말씀드렸지만, 박정희·김종필 등이 만든 국가재건최고회의에서 발표한 혁명 공약 제1호는 "반공(反共)을 국시의 제일의(第1義)로 삼는다"는 것이었습니다. 김종필이 혁명 공약의 초안을 잡으면서 박정희의 남로당 경력 때문에 미국이나 국내 여러 사람들에게 오해를 사지 않을까 하는 걱정에서 이를 제일 먼저 앞세웠다고 고백하고 있습니다. 그것은 박정희나 김종필이 아니라도 누구나 마찬가지였을 것입니다. "나는 북한 편이 아니다"라고 먼저 고백한 후에 무슨 이야기든지 해야만 했습니다. 또 그래서 그에 대한 반발심으로 공산주의가 무엇인지도 모르고 공산주의자를 자처하는 사람도 가끔 생겨났습니다.

한국전쟁은 조선로동당의 입장에서 보면 실패한 통일 전쟁입니다. 하지만 그들은 공식적으로는 '민족해방전쟁'이라고 말합니다. 한국전쟁은 미제와의 투쟁이고, 이는 항일 투쟁의 연장선이라고 보는 것입니다. 하지만 이런 관점은 둘 사이의 차이를 덮는 시각인 것 같습니다. 문창극 씨 같은 분은 한국전쟁을 기독교와 공산주의의 대결로 봅니다. 평안도 지방에서 강력한 세력을 형성하고 있다가 월남한 기독교인들의 입장, 조만식 선생을 지도자로 하는 조선민주당의 입장에서 바라보는 시각입니다. 가장 일반적으로는 공산주의, 전체주의와 자유민주주의 진영의 대결이고 국제 전쟁이라고 봅니다. 세계적 냉전의 시작을 알리는 전쟁이었다는 겁니다. 저는 이 모든 관점이 일리가 있고, 또 결과적으로 그렇게 발전하였다고 봅니다. 하지만 가장 근본적으로 이 전쟁은 내전(civil war), 즉 시민전쟁 또는 계급전쟁이었으며, 1894년부터 시작된 한국 부르주아민주주의혁명의 최후의 장(章)이라고 생각합니다. 혁명이 그토록 추악하고, 그토록 잔인하며 참혹할 수 있을까? 그렇습니다. 모든 혁명은 사실 그런 것입니다. 당사자들은 과도한 열정에 사로잡혀 서로를 해치는 그런 것입니다.

저는 1951년 12월 지리산에서 맞서 싸운 빨치산 부대 남부군 사령관 이현상이나 토벌 부대 백(白)야전사령부 사령관 백선엽, 그들의 지휘를 받아 서로를 죽인 병사들이 모두 자신들이 무엇을 위해 싸우고 있는지를, 그 전쟁의 의미를 다 알고 있었다고 보지 않습니다. 저 역시 잘 모르겠습니다. 하지만 바로 그렇게 큰 민족의 희생이 아무런 의미도 없다면 너무나 허망한 것이 아닐까요? 그래서 저는 바로 그 전쟁이 미루고 미루던 한국의 부르주아민주주의혁명을 대신한 것이라고, 그 혁명에 우리 민족이 바쳐야 할 대가를 치른 것이라고 의미를 부여함으로써 그 숱한 죽음과 희생을 기억하고자 합니다. 또 저는 조만간에 철원 백마고지 위령비를 찾아서, 1952년 10월 열흘 동안 28만 발의 포탄이 터진 그 고지에서 죽어간 1만5000 중국과 한국, 그리고 미국 청년들의 혼령 앞에서, 감히 이런 이야기를 한 데에 대하여 용서를 구하려 합니다. 개인에게 목숨은 전부인데, 이 모든 이야기들이 다 무슨 소용이 있겠습니까? 과연 국가는 개인에게 목숨을 바칠 것을 요구할 수 있는 존재인가요? 두서없는 이야기를 경청해주셔서 감사합니다.

북한 현대사

북한 현대사

김대식이라는 카이스트 교수가 《이상한 나라의 뇌 과학》이라는 책을 썼는데, 읽어보니 참 유식한 분이더군요. 우리나라의 사회적·정치적 현상을 뇌 과학 이론으로 풀이를 하는데, 재미있는 이야기가 많습니다. 현생인류가 더 큰 두뇌를 가지고 있고, 힘도 더 센 네안데르탈인과의 생존 경쟁에서 이긴 이유가 픽션, 즉 신화(神話)를 만들어내는 능력을 가졌기 때문이라고 합니다. 신화를 만들어서 하나의 정체성으로 묶인 커다란 무리, 인간 집단을 형성할 수 있게 되었다는 것입니다. 부족의 조상에 대한 신화, 고대 국가의 건국 신화는 거대한 무리를 만들기 위해서 필요한 것이라는 이야기입니다. 현대 국가의 건국 역사도 사실은 그 기능에 있어서 크게 다르지 않은 것 같습니다.

역사와 신화는 얼마나 다른가?

예를 들면 미국 사람들은 미국 건국의 역사를 매우 중요시합니다. 미국 건국의 역사는 완전히 지어낸 이야기는 아니지만, 하나의 이야기로 구성되어 있다는 점에서 고구려 건국 신화나 큰 차이가 없습니다. 미국 사람은 미국의 역사를 공유하고, 미국인으로서 자부심이나 애국심을 공유하는 인간 집단입니다. 우리나라도 마찬가지로 독립운동과 건국의 역사를 가지고 있습니다. 근간에 흥행에 성공하여 1000만 명이 넘는 사람들이 본 영화 〈암살〉이 있습니다. 그 영화는 과연 실제 사실과 얼마나 부합할까요? 몇 퍼센트쯤 사실일까요? 1~2퍼센트쯤이나 될까요? (웃음) 거의 허구라고 보아야 할 겁니다. 하지만 이 영화를 보면 기분이 좋습니다. 우리 독립운동가들이 서울 종로 한복판에서 일대 활극을 벌여 통쾌하게 일본놈과 친일파 들을 물리칩니다. 되도록 이런 자랑스러운 역사를 갖고 싶고, 그런 장면만을 기억하고 싶은 것이 당연한 심리입니다. 그 영화는 바로 그런 심리를 파고들어서 흥행에 성공한 것 같습니다.

그런데 남한에서는 즐기기 위한 영화는 이렇게 만들어서 보지만, 역사를 이렇게까지 뻥튀기를 해서 가르치지는 않습니다. 그런데 북한에서는 역사가 거의 영화 수준으로 과장이 되고 미화가 되어 있습니다. 아니, 어른들이 보는 영화를 넘어서 거의 어린이들이 보는 만화나 고대국가의 건국 신화와 비슷한 수준으로 과장되어 있고, 또 일인의 주인공 중심인 이야기로 변질되어 있습니다. 북한 현대사는 완전 신

북한의 '구호 나무'. 김정일 우상화의 선전 도구로 사용되고 있다.

화예요. 신화를, 이야기를 더 멋지게 만들기 위해서라면 명백한 거짓 말도 동원됩니다. 예를 들면 김정일이 백두산 밀영(密營)에서 태어났 다고 하는 이야기 같은 경우는 허구이지만, 버젓하게 사실로 기록되 어 있습니다. 김정일 국방위원장이 김일성 주석으로부터 정권을 물려 받을 즈음에는 그가 태어났다는 백두산 밀영 근처에서 계속 '구호 나 무'들이 발견(?)되었습니다. 항일 빨치산들이 나무에다 김정일의 탄 생을 축하하고, 또 그 아기가 장차 민족을 이끌 광명성 같은 지도자가 될 것을 암시하는 구호가 나무에 새겨져 있다는 것입니다. 거기는 북 한 학생들의 수학여행 코스입니다. "우리 수령님이 여기서 태어나셨 다"고 가르치는 겁니다.

3·1운동은 김일성의 아버지 김형직이 일으킨 것이고, 어머니 강반

석은 여성들의 독립운동을 지도하였고, 대동강을 거슬러 올라온 미국 해적선인지 상선인지, 아니면 둘 다인지 모를 제너럴셔먼호는 김일성의 증조부가 지도하는 평양 사람들에 의해서 불태워졌다는 식으로 서술되어 있다고 합니다. 모두 사실과는 거리가 있지요. 그러니까 〈용비어천가〉에서 이성계의 4대조부터 구국의 영웅이고, 민중의 지도자였다고 서술하는 것과 똑같습니다. 그래야만 김일성 개인이 아니라 김일성의 혈통이 훌륭하고, 아들과 손자까지 3대를 이어 나라를 다스릴 근거가 만들어지는 것이겠지요. 북한이 자기 학생들을 가르치고 있는 공식 북한 현대사는 어이가 없는 신화 또는 만화여서 믿을 수 없다는 말입니다. 아마 우리가 그 책들을 금지하지 않고, 또 그 내용을 전파하는 북한의 텔레비전이나 라디오를 국민들이 보거나 들을 수 있게 허용한다면 그보다 더 좋은 '반공 교육'은 없을 것입니다.

북한에 대해 이야기하면서 어려운 점이 있습니다. 잘 아시다시피 지금 우리나라는 북한을 비판하느냐, 북한을 되도록이면 이해해주려고 하느냐에 따라 보수와 진보로 나뉜다는 매우 특수한 상황에 있습니다. 예를 들면 북한 인권 문제에 관심을 가지면 그 사람은 곧장 보수로 분류됩니다. 이런 것은 참 독특한 한국적 현상입니다. 〈크로싱〉이라는 영화는 배우 차인표 씨가 직접 주연을 맡아서 만들었습니다. 그 영화, 한번 보십시오. 잘 만들었습니다. 그런 후에 그는 보수 인사로 분류됩니다. 사실 부인 신애라 씨와 차인표 씨는 연예인 가운데 모범적인 결혼생활을 하고, 고아 둘인가를 입양하여 찬사를 받는 크리스천이지요. 그런데 그를 보수 인사라고 하면 아마 조금 억울해할 것 같기도 합니다. 그는 그저 양심에 따라 북한 인권 문제, 탈북자 문제에 관심을 가지고 도와주는 것뿐이고, 특별히 정치적인 배경을 가지고 움직이는 것은 아니라고 저는 생각합니다. 하지만 그는 보수로 분류되고, 실제로 보수 진영 사람들과 만나고, 서로 도움을 주고받기도 하면서 점점 진짜로 보수 진영 사람이 되어가는 듯 보입니다.

탈북자가 국경을 지키는 군인들의 눈을 피해서 목숨을 걸고 압록강이나 두만강을 건너 중국으로 나가면, 공안에 쫓기는 불법 체류자 신세가 됩니다. 그런 사람들이 쫓기는 신세다보니 온갖 불리한 조건에서 사실상 인신매매가 되지요. 젊은 여성들은 중국인 노총각과 억지 결혼을 하기도 하고, 몹시 힘든 일을 하면서 지내기도 합니다. 그런 사람들을 한국으로 보내주는 일을 전문으로 하는 이들, 돈을 벌 목적으로 일을 하는 '브로커'나 인도적인 차원에서 도와주려고 활동하는 분들도 있지요. 탈북자들은 그런 분들의 안내로 몽골 국경이나 베트남 또는 라오스 국경을 넘어가서 그 나라의 한국 대사관에 들어가면 일단 한국으로 갈 수 있습니다. 지금 한국에는 탈북자가 3만 명쯤 들어와 있습니다. 만만치 않은 숫자이지요. 한국에서 돈을 벌어서 북한을 드나드는 브로커들의 도움으로 북한에 있는 가족에게 돈을 보내주고 전화 통화를 하기도 한다고 들었습니다. 이제 많은 탈북자가 한국으로 들어옴으로써 북한 내부 사정은 거의 다 알려지게 되었습니다. 또 그들 가운데 장차 통일에서 큰 역할을 할 인재가 나오리라 봅니다.

사정이 이러한데도 여전히 진보·노동·야당에서는 북한에 대해 애써 모른 척하고, 북한 인권 문제에 무관심하고, 북한에 대해서는 비판을 삼가니 국민들이 이상한 눈으로 보는 것입니다. 저는 이런 오랜 진보의 습관을 무시하고 자유롭게, 오직 저의 양심에 따라 북한과 북한 현대사에 대하여 오늘 말하려고 합니다.

김일성 우상화는 언제 시작되었나?

김정은의 공식 직책은 국방위원회 제1부위원장입니다. 아버지 김정일이 국방위원회 위원장이었기 때문에, 그 자리를 비워두는 것입니다. 김정일은 최고 통치자의 자리에 있으면서도 국가주석은 하지 않았습니다. 그 자리는 영원히 아버지 김일성의 것이라는 이야기입니다. 아니, 김일성 주석은 여전히 살아 있다, 또 김정일 국방위원장도 여전히 살아 있다고 보아야 할 것 같습니다. 실질적으로 귀신이 지배하고 있는 나라, 유전자가 지배하고 있는 나라라고 보아야 할 것 같습니다. 이른바 '백두 혈통' DNA가 지배하고 있습니다. 김정은이 중국이 지지하는 고모부 장성택을 단칼에 날려버릴 수 있는 것도 결국 장성택에게는 김일성의 DNA가 없기 때문입니다. 김일성 숭배를 너무 많이 하다보니까 결국 김일성 자손 중에서 지도자를 선택할 수밖에 없고, 마침내 왕조가 되어 단군 조선, 이성계 조선에 이어 김일성 조선이 만들어진 것입니다.

김일성 주석은 1946년 2월에 권좌에 오릅니다. 북조선임시인민위원회 위원장이 되었습니다. 그로부터 무려 48년 동안, 1946년부터 1994년까지 북한을 통치하였습니다. 대단한 기록입니다. 조선 시대 왕들의 경우에 아마 1724년부터 1776년까지 52년 동안 재위한 영조만이 유일하게 이보다 오래 집권한 것 같습니다. 사실 지금까지는 이승만이 1946년 6월에 '정읍 발언'으로 남한에서 단독정부를 먼저 수립해야 한다고 주장하여 남북 분단의 책임이 이승만에게 있는 것으로 말해왔습니다. 하지만 그것은 어디까지나 남한 내부에서 너무 빨리 이런 이야기를 한 죄밖에 없습니다. 북한에서는 이미 1946년 2월에 사실상 정부인 북조선임시인민위원회를 세우고 김일성이 그 위원장으로 취임하여 토지개혁을 단행합니다.

북한의 토지개혁은 '무상몰수 무상분배'를 원칙으로 신속하고 또 철저하게 진행되어, 남한의 지지부진하고 또 대상도 농지에 한정된 농지개혁과 비교가 되었습니다. 물론 최근에 와서 연구를 더 깊이 해본 결과 농지를 분배받은 북한 농민들이 세금으로 소출의 40퍼센트를 국가에 냈다고 하니 농민들의 입장에서 보면 거의 지주가 개인에서 국가로 바뀐 정도라는 비판도 있지요. 그리고 1950년대 중반에는 집단농장화를 하여 농민 개인의 입장에서는 다시 토지를 빼앗긴 셈이라 남한과 비교할 대상이 아닌 것도 맞습니다. 하지만 1946년 당시에는 북한에서 전광석화(電光石火)처럼 이루어진 토지개혁, 친일파 숙청 등 '부르주아민주주의혁명'의 충격적인 소식은 이를 두고 찬반의 입장으로 남한 사회를 양분시키기에 충분하였습니다. 또 북한의 토지개혁과 '민주혁명'의 여파로 한국전쟁 이전에 이미 100만 명이 월남했어요. 기독교 세력, 조만식의 조선민주당계, 지주들이 죄다 월남해버렸기 때문에 토지개혁이나 이른바 민주혁명에 대한 저항도 별로 없었습니다. 남한이라는 도피처가 있으니 서로 편했는지도 모릅니다. 대신에 남한에는 거대한 반공 세력이 형성되었습니다. 서울의 광장시장, 남대문시장, 동대문시장에서는 월남한 이북 사람들이 악착같은 근성으로 상권을 장악합니다. 해방 전부터 이미 '북청 물장수'로 유명한 이북 출신들이었습니다.

우리는 흔히 김일성의 유일 지도 체제가 1950년대 중반 이후나 이루어지고, 연안파가 숙청된 후에나 김일성 우상화가 시작된 것으로 생각해왔습니다. 그런데 그것이 아니에요. 1946년 7월에 이미 평양에 김일성종합대학이 만들어집니다. 해방된 지 채 1년도 되지 않았어요. 김일성은 1912년생입니다. 그러니까 당시 나이 35세 청년의 이름을 딴 국립대학교라니, 그것은 무엇을 말합니까? 김일성은 이미 조선의 스탈린이었습니다. 1945년 해방 직후 사진을 보면 이미 스탈린과 김일성의 대형 사진을 나란히 걸어놓고 정치 집회를 합니다. 박헌영 선생이 띠동갑인 열두 살 어린 젊은 김일성을 어떻게 생각했는지 궁금한데요, 그가 미 군정의 탄압을 피해서 월북할 때는 진퇴양난의 심정이 아니었을까 생각해봅니다. 북한으로 간다는 이야기는 바로 김일성을 조선의 스탈린으로 세운 소련의 뜻을 따를 수밖에 없다는 이야기가 아니겠습니까? 그에게는 선택의 여지가 없었던 것 같습니다. 당시의 세계 공산주의운동에서 스탈린의 권위는 지금 우리가 보는 가톨릭 교회에서 교황의 권위와 비슷한 것이 아닐까 싶습니다. 아니 현실적·물리적인 힘, 즉 경제적이고 군사적인 힘도 가지고 있었으니 교황보다 훨씬 더 강력한 존재라고 할 수 있습니다. 코민테른은 그의 휘하에 있었습니다. 그러니 세계의 공산주의자는 스탈린 대원수의 명령을 따르는 것을 명예로 알았습니다. 제2차세계대전 중 스탈린그라드에서 페테르부르크에 이르는 길고 긴 동부전선, 거기에서 수백만 소련 병사들이 "스탈린 대원수 만세!"를 외치며 죽어갔습니다.

해방 전에 스탈린은 김일성을 모스크바로 불러 면접을 본 후에 조선공작단을 만들고, 그 단장에 김일성을 임명한 것으로 알려져 있습니다. 김일성을 비롯한 동북항일연군(東北抗日聯軍)은 1941년부터 관동군에 저항하는 게릴라 투쟁을 멈추고 소련령으로 들어가서 1945년까지 5년 동안 휴식을 취한 것으로 알려져 있습니다. 블라디보스토크 근처 연해주에서 중국인 여단장 저우바오중(周保中)을 비롯하여 최용건·김일성·김책 등 조선인들도 거기에서 결혼하여 아이도 낳고, 모처럼 푹 쉬었다는 것입니다. 당시 소련은 독일과의 전쟁에 총력을 집중하기 위해서 일본과는 불가침조약을 맺고 있었습니다. 그래서 연해주는 안전한 피난처였습니다. 소련은 일본의 항복이 다가오자 거기서 조선인을 선발하여 조선공작단을 만듭니다. 와다 하루키(和田春樹) 같은 학자는 조선공작단의 명단을 140여 명 작성하였지만, 대체로 150명 정도로 봅니다. 그 조선공작단의 단장이 김일성이었습니다.

열두 살 많은 띠동갑 최용건도 역전의 노장이었지만, 소련은 젊은 김일성을 지도자로 내세웁니다. 그리고 그 팀은 정권을 잡고 권력을 휘둘러본 경험이 많은 소련이 밀어주고 지도를 했지요. 그러니 한 사람을 영웅으로 부각시켜 스타를 만들고, 이를 이용하는 대중 정치의 시스템을 잘 알았다고 보아야 할 것 같습니다. 다른 팀들은 오랜 투쟁을 통해서 겨우 하나의 팀을 만들 수 있었지요. 국내에는 박헌영을 지도자로 하는 '경성콤그룹'이 겨우 하나의 팀을 만든 것 같습니다. 하지만 사실 국내파는 고질적인 분파 투쟁을 완전히 극복하지는 못하였으며, 응집력 강한 집단으로 똘똘 뭉치지 못한 것 같습니다. 그리고 중국의 연안파(조선독립동맹)는 스타로 내세울 수 있는 무정(武亭)이 있었지만, 그를 중심으로 하나의 팀을 만들지는 못한 것 같습니다. 무정은 군인으로서는 능력이 있으나 정치가로서는 재능이 좀 떨어지는 인물인 듯합니다.

김일성과 조만식

주사파의 대부라 일컬어지는 김영환이 반(半)잠수정을 타고 북한에 올라가서 김일성 주석을 만나보고는 "너무 무식하더라, 주체철학에 대해서도 잘 모르더라" 이런 이야기를 합니다. 사실 김일성은 중국 길림의 육문중학교를 중퇴하였습니다. 하지만 당시 동북항일연군 게릴라 부대 내에서는 그래도 유식한 편이었습니다. 대다수 부대원들은 일자무식이었습니다. 문맹률이 80퍼센트가 넘었던 것으로 학자들은 봅니다. 그래서 김일성은 24세에 벌써 중국공산당 휘하의 동북항일연군에서 중대장급 지휘관, 사장(師長)이 됩니다. 사실 항일 빨치산에서 나이는 그리 중요하지 않습니다. 오히려 강한 체력을 가진 청년이 유

조만식

리하기도 합니다.

김일성이 유명해진 것은 보천보 전투 때입니다. 사실 그리 규모가 큰 전투는 아니었지만, 압록강을 건너서 파출소를 습격하여 일본 경찰 몇 사람을 죽인 사건이에요. 이를《동아일보》에서 크게 보도하여 김일성의 이름이 국내에 널리 알려지게 됩니다. 홍범도·김좌진 장군 등의 '청산리 전투' 이후 오랜만에 크게 보도된 사건입니다. 사실 조국광복회 등 국내 지하조직과 연계해서 일으킨 사건이라는 의미도 있었어요. 1937년 이 시기는 국내에서 항일운동이 매우 힘들 때입니다. 일제의 탄압에 항일운동의 맥이 거의 끊어질 듯한 시기에 그런 사건이 일어나니《동아일보》에서 일부러 크게 보도한 것이지요. 그 이후에도 만주에서 동북항일연군은 나름대로 꾸준히 게릴라 투쟁을 지속하여 관동군을 괴롭히지만, 일본군의 대토벌에 큰 타격을 입습니다. 결국 일본과 소련이 서로 다른 나라와 전쟁을 하더라도 중립을 지킨다는 '일소중립조약'을 체결하고 나서, 소련의 지시에 따라 1940년에 소만 국경을 넘어 연해주로 철수합니다.

거기에서 최용건은 중국 여성과 결혼하고, 김일성은 김정숙과 결혼하여 김정일이 태어납니다. 연해주에서 머무는 5년 동안이 김일성의 인생에서 가장 여유로우면서도 행운의 시기였습니다. 소련의 점지를 받아 결국 5년 동안 소련 내에서 생활하면서 소련공산당의 정치를 보고 배우고, 거기서 얻은 신임이 가장 큰 밑바탕이 된 것입니다. 그리고 150명 정도로 이루어진 강력한 팀의 대표 주자가 되지요. 정치에서는 팀이 이루어져야 힘을 씁니다. 아무리 똑똑하고 잘난 사람이라도 혼자서는 아무 일도 못합니다. 하나의 팀이 신뢰 관계로 뭉쳐서 역할을 분담하여 움직여야만 정치 세력이 될 수 있습니다. 김일성 팀은 게릴라 투쟁으로 뭉친 강력한 팀일 뿐만 아니라 소련이 밀어주어서 성공할 비전이 확실한 팀이기도 하였습니다. 그러니까 더 잘 뭉치고, 또 가세하는 사람이 더 늘어나게 되었던 것입니다.

연안파는 한글학자이기도 한 노(老) 독립투사 김두봉, 경성콤그룹의 투사 김형선의 누이인 여장군(女將軍) 김명시, 그리고 최창익·박일우 등 경력도 화려하고 유명한 인물도 많을 뿐만 아니라 숫자도 더 많았습니다. 그런데 몇 가지 약점이 있었습니다. 우선 그들은 국내로 들어온 것이 늦었습니다. 이미 판이 짜인 이후라는 이야기입니다. 더구나 대중적 스타로 부각시킬 만한 항일 영웅으로 무정(1905년생), 성을 붙여서 김무정(金武亭)이라고도 하는 이가 있었지만, 그는 최창익(1896년생)

이나 박일우(1903년생) 같은 선배와 사이가 좋지 않았습니다. 무정은 대장정에 참가한 20명의 조선인 가운데 당시까지 살아남은 유일한 인물이었어요. 팔로군에서도 유명한 포병 지휘관이었으며, 주더(朱德)나 펑더화이(彭德懷)를 비롯한 중국공산당의 지도자들과도 친분이 두터웠습니다. 하지만 중국공산당은 아직 소련의 공산당에 대항하여 친중정권을 북조선에 세우겠다는 생각을 할 여유도 없고 힘도 없었습니다. 국공 내전에서 승리하는 것이 급선무였습니다. 사실 제2차세계대전이 끝났을 때, 중국에서 최종 승자가 공산당이 되리라고 보는 사람은 드물었습니다. 심지어 스탈린조차 마오쩌둥보다는 장제스와의 관계를 더 중시하고 있었습니다.

소련이 김일성을 점지하여 민다는 것이 확실해지자 곧바로 북한에서 그를 조선의 스탈린으로 만들려는 움직임이 나타났습니다. 각 나라에는 소련과 마찬가지로 스탈린과 같은 존재가 있어야 한다고 생각했던 것입니다. 그래서 김일성이 처음 북한에 들어왔을 때, 김일성 우상화에 가장 앞장선 사람들이 소련파였어요. 그것이 당연하다고 생각한 것입니다. 그래야 대중의 지지를 받는 정권을 세울 수 있으니까요. 김창만 북조선공산당의 선전부장과 소련파 박창옥이 앞장서서 이를 추진합니다. 작가 한설야가 소설 〈영웅 김일성 장군〉을 씁니다. 시인 조기천이 서사시 〈백두산〉을 씁니다. 당연히 김일성을 찬양하는 문학 작품들이지요. 그런 소설과 시가 이미 1946년도에 쏟아져 나오는 겁니다. 우리가 흔히 생각하는 것과 많이 다릅니다. 김일성 우상화 문학은 나중에 나온 것이 아닙니다. 해방 직후에 바로 쏟아져 나옵니다. 시인이나 소설가 중에도 시류를 잘 타는 사람들이 있습니다.

1946년부터 이미 김일성을 '위대한 영도자'라고 부르기 시작합니다. 북조선임시인민위원회가 만들어지고 김일성이 그 위원장으로 추대된 것이 1946년 2월 8일이니, 1945년 9월 19일에 원산항으로 조선공작단이 들어온 지 불과 5개월도 되기 전입니다. 소련 군정이 밀어주니 일사천리로 일이 진행됩니다. 북조선임시인민위원회 위원장이 된 김일성은 그로부터 죽을 때까지 48년 동안 권좌에서 내려온 일이 없습니다. 김일성은 1912년 4월 15일생입니다. 김일성의 선대는 지주 집안의 묘지기였다고 합니다. 양반 귀족이 아니었으니 쉽게 기독교를 받아들이지 않았을까 싶습니다. 아버지는 김형직인데, 평양의 유명한 미션스쿨, 기독교 학교인 숭실중학교를 졸업하였습니다. 어머니는 강반석입니다. '반석(盤石)'이라는 이름은 '베드로'에서 따온 것입니다. 그러니까 부모가 모두 기독교인이었다는 이야기입니다. 참 아이러니가 아닙니까? 스탈린이 신학대학 출신인 것만큼이나 말입니다.

김일성은 처음에는 조선공산당 북조선 분국을 만드는데, 이는 서울의 조선공산당 중앙과 그 지도자 박헌영을 인정한다는 뜻이었습니다. 1945년 10월 13일이니 귀국한 지 한 달도 되기 전입니다. 하지만 권력 장악은 빠른 속도로 진행됩니다. 특히 재미있는 것은 최용건이 조만식 선생의 조선민주당을 접수하기 위해서 일부러 입당하여 조선민주당의 당수가 된다는 사실입니다. 거듭 말씀드리지만, 북한 지역에서는 공산주의운동보다는 오히려 기독교가 더 세고, 우익의 힘이 더 강했습니다. 조선민주당의 당원은 30만 명을 헤아리고, 조만식 선생의 영향력은 소련 군정도 무시하지 못했습니다. 또 소련 군정은 처음에는 민족통일전선의 전략에 따라 우파와 연합 정권을 세우려는 쪽이었습니다. 하지만 1945년 12월에 불어닥친 모스크바삼상회의 소식은 남한과 마찬가지로 북한의 정국도 소용돌이로 몰아넣었습니다. 조선민주당은 반탁운동에 나섰고, 소련 군정은 더 이상 참지 못하고 조만식 선생을 감금합니다. 그러고는 공작을 해서 조만식을 조선민주당에서 축출하고, 대신에 조만식이 오산학교 교장을 하실 때 사랑하는 제자였던 최용건이 조선민주당으로 입당하여 조선민주당의 당수가 됩니다. 그는 1955년까지 조선민주당을 관리하는 책임을 맡게 됩니다. 가슴 아픈 역사입니다. 최용건도 얼마나 마음이 아팠겠습니까? 여기서 잠시 김소월의 시를 감상하고 넘어가시지요. 조만식이라는 분의 인품을 아득하게 느껴보자는 것입니다.

JMS

김소월

평양서 나신 인격의 그 당신님, 제이 엠 에스
덕 없는 나를 미워하시고
재조 있던 나를 사랑하셨다.
오산(五山) 계시던 제이 엠 에스

십년 봄 만에 오늘 아침 생각난다

근년 처음 꿈 없이 자고 일어나며.

얽은 얼굴에 자그만 키와 여윈 몸매는

달은 쇠끝 같은 지조가 튀어날 듯

타듯 하는 눈동자만이 유난히 빛나셨다.

민족을 위하여는 더도 모르시는 열정의 그 님.

소박한 풍채, 인자하신 옛날의 그 모양대로,

그러나, 아아 술과 계집과 이욕(利慾)에 헝클어져

십오 년에 허주한 나를

웬일로 그 당신님

맘 속으로 찾으시오? 오늘 아침.

아름답다 큰 사랑은 죽는 법 없어,

기억하되 항상 내 가슴속에 숨어 있어,

미쳐 거츠르는 내 양심을 잠 재우리,

내가 괴로운 이 세상 떠날 때까지.

그리고 1946년 8월 28일에는 조선공산당 북조선 분국과 연안파의 조선신민당을 합당하여 북조선노동당을 만들게 됩니다. 사진을 보십시오. 소련의 군정 장관 스치코프, 김두봉, 김일성, 여맹위원장 박정애, 이렇게 앉은 것 같습니다. 김두봉이 위원장이고 허가이와 김일성이 부위원장인데, 스탈린과 김일성의 대형 초상화 그림을 뒤에 붙여 놓고 기념 촬영을 하였습니다. 위원장으로 선출된 환갑에 가까운 나

1946년 8월 28일 북조선노동당을 만들 당시 스탈린과 김일성의 대형 초상화 아래 나란히 앉은 소련의 군정 장관 스치코프, 김두봉, 김일성, 여맹위원장 박정애(오른쪽부터)

이의 김두봉(1889년생)은 대회장에서 "김일성 장군 만세"를 불렀습니다. 마침내 1948년 9월 9일 조선민주주의인민공화국이 탄생하자 김일성은 내각 수상에 취임합니다. 그리고 1949년 6월 북조선로동당과 남조선로동당이 합당하여 조선로동당이 되었을 때, 김일성이 중앙위원회 위원장이 됩니다. 박헌영과 허가이가 같이 부위원장이 되고요. 한국전쟁이 발발하기 직전의 긴박한 정세 속에서 내각 수상인 김일성이나 내각 부수상이자 외상으로 일하는 박헌영은 정부 일에 전념하고, 당조직은 허가이가 주로 전담을 합니다.

소련파·연안파·국내파의 숙청

여기에서 잠깐 김두봉 선생 이야기를 하면, 그는 국어학자 주시경 선생의 제자이자 유명한 한글 학자이기도 합니다. 3·1운동 이후에 중국으로 망명하여 임시정부에서 활동하다가, 김구와 독립운동의 노선을 달리하여 옌안으로 가서 조선독립동맹을 만들고 주석이 됩니다. 독립동맹은 해방 당시까지 실제로 총을 들고 일제와 싸운 유일한 팀이지요. 1945년 12월 19일에 쓴 글에서 박헌영은 이렇게 말합니다. "독립동맹의 특징은 말로만 아름다운 주장을 내세움에 그치는 것이 아니라, 실지에 있어서 약속한 말을 실천에 옮기었다는……. 해외 안전지대에 있어서의 유한(有閑)한 망명객의 유랑 생활이 아니라 실지 전선에 나가서 생명을 아끼지 않고 일군(日軍)과 용감히 싸웠다는 그 사실을 경시한다면 우리는 큰 잘못을 범할 것이다." 우익의 이승만·김구에 대비시켜 말하는 듯이 들리는군요. 국내 여운형의 독립동맹과도 연락을 취하고 있었다는 이야기도 있습니다. 귀국해서는 조선신민당이라는 당을 만듭니다. 나중에 김구 선생과 김규식 선생이 분단을 막기 위한 마지막 시도로서 남북협상을 위하여 평양으로 갔을 때, '4김 회담'을 하지요. 이때 '4김'이란 김두봉·김일성·김구·김규식을 가리킵니다. 평양을 수도로 하는 조선민주주의인민공화국의 수립에 역할을 한 사람으로 김일성·김두봉·박헌영·허가이, 네 사람을 꼽을 수도 있어요. 이는 만주파·연안파·국내파·소련파 네 팀을 각각 대표하는 인물들입니다.

허가이(1904년생)는 소련파입니다. 그는 연해주로 이주해서 농사짓고 살던 고려인의 아들로 태어났어요. 아마 스탈린이 1937년경 연해주의 고려인들을 강제 이주시킬 때 중앙아시아로 옮겨 간 것 같습니다. 그는 북조선로동당이 만들어질 때만 하더라도 소련파를 대표하여 김일성과 나란히 부위원장이 됩니다. 그는 귀국하기 전에 우즈베키스탄 타슈켄트 등에서 지방당 간부 생활을 한 적이 있기 때문에 조선공산당 북조선 분국 시절부터 당 조직부장을 맡습니다. 그리고 '당 박사'로 불리면서 조선민주주의인민공화국 탄생 이후 당 조직을 전담합니다. 하지만 그는 전쟁 중에는 1951년부터 김일성과 갈등을 일으켜 당권을 잃게 됩니다. 그는 아마 소련공산당 시절에 보고 배운 당 조직의 원칙을 조선에서 곧이곧대로 적용하려고 한 것 같습니다. 김일성은 같은 소련파인 박창옥을 내세워서 그를 공개 비판하지요. 처음에는 농업 담당 부수상으로 좌천되고, 계속 권력에서 멀어지다가 1953년 7월에 결국 자살하고 맙니다. 전쟁 중에 만주 하얼빈으로 피난을 보냈던 그의 아들은 러시아에서 살았는데, 1995년경 한국에 들어와서 자기 아버지가 자살한 것이 아니라 김일성이 보낸 자객에 의해 타살되었다고 주장합니다. 사실 알 수 없는 일이기는 합니다. 다만 북한 당국의 발표가 "허가이는 자살했다"라는 것이었을 뿐입니다.

1953년에는 전쟁이 끝나기 전에 이미 통일전쟁, 그러니까 남조선해방전쟁의 목적 달성에 실패한 데 대한 책임을 남로당계에 묻기 시작합니다. 이주하와 김삼룡은 전쟁이 시작되자마자 남한의 이승만 정권이 피난을 가면서 두 사람을 서대문형무소에서 데리고 나와서 사살합

박헌영(왼쪽)과
여운형

니다. 그리고 정판사 위조지폐 사건으로 대전 감옥에 갇혀 있던 이관술은 함께 있던 수백 명과 함께 무더기로 학살됩니다. 이현상 선생은 잘 아시다시피 지리산에서 빨치산 투쟁을 하다가 죽습니다. 그런데 지금 와서 생각하면 가장 비참하게 죽은 사람들은 북한으로 넘어가서 조선로동당에 참여한 이들인 것 같습니다. 1953년 초 아직 전쟁이 끝나기 전에 이승엽·이강국·임화 등 남로당계 12명을 반혁명·반국가 간첩죄로 체포합니다. 국내파 공산주의자들을 대거 숙청한 것입니다. 박헌영 선생도 1955년 12월에 동갑의 최용건이 재판장을 맡은 공판에서 미국의 간첩 행위, 남한 내 민주 세력 파괴 행위, 북한 정권 전복 음모 등 세 가지 조작된 혐의로 사형선고를 받았습니다. 그리고 1956

년 여름에 소련공산당이 박헌영 재판에 대하여 김일성 북한 지도부에 유감의 뜻을 전달하는 편지를 보낸 직후에 사형 집행이 이루어졌다는 이야기도 있습니다. 사실 남로당계의 숙청은 전쟁을 일으킨 모든 책임을 그들에게 지우면서, 연안파의 무정이나 소련파의 허가이에 이어 박헌영까지 제거함으로써 김일성 유일 체제에 대한 잠재적 도전 세력은 거의 정리가 됩니다.

그런데 1956년 2월에는 큰 변화가 오게 됩니다. 소련공산당 제20차 대회에서 흐루쇼프가 스탈린의 개인숭배를 공개적으로 비판하기 시작하였습니다. 스탈린은 이미 1953년에 사망하였습니다. 스탈린의 여러 가지 악행이 폭로되자 세계 여러 나라의 '작은 스탈린'들이 곤란한 처지에 빠졌습니다. 헝가리에서는 1956년 10월에 소련으로부터 벗어나서 서방식 민주화를 하고자 하는 '헝가리 사태'가 일어나지요. 결국 소련이 군대를 투입하여 진압하는 과정에서 2500명의 헝가리 시민이 죽기도 합니다. 사실 스탈린은 사람을 너무 많이 죽였습니다. 스탈린이 숙청하여 죽인 사람의 숫자는 몇 백만인지 모릅니다. 그는 혁명이 성공하기 전에는 정말 강인한 투사였습니다. 그런 사람이 혁명 후에 정권을 잡자 동료들을 죽이기 시작하였습니다. 레닌은 말년에 스탈린의 이런 잔인한 성격을 알고 그에게 후계자 자리를 물려주지 않으려고 노력했다는 말도 있습니다. 하지만 스탈린은 노련한 사람이었습니다. 그는 결코 자신의 의견을 내세우거나 자기의 주장을 고집하는 일이 없었습니다. 당의 모든 의견들이 다 드러나기까지 토론이 이루어지고 난 후에 가장 중간의, 가장 많은 사람들의 의견에 자기도 찬성합니다. 그래서 당원들이 스탈린을 지도자들 가운데 가장 합리적이고 무난한 사람, 가장 사고 치지 않을 사람으로 생각합니다.

그에게 중요한 것은 어떤 의견이 아니라 자신이 권력을 차지하는 것이었습니다. 정책에서는 정적(政敵)을 죽여놓고 태연하게 정적의 주장을 실천에 옮기기도 합니다. 트로츠키를 죽여놓고 트로츠키가 주장한 정책을 실천하고, 부하린을 죽여놓고 부하린이 주장한 정책을 실천합니다. 트로츠키야 너무 잘난 척하고, 레닌 다음으로 혁명에 공이 많다고 자부하여 말을 듣지 않는 사람이니 숙청할 수도 있다고 칩시다. 그래도 부하린은 그야말로 동지들 중에서 가장 막내이고 고분고분하며 똑똑한 후배였는데, 결코 살려두지 않습니다. 그런 점에서 덩샤오핑을 살려두었던 마오쩌둥과는 비교가 되지요. 마오쩌둥은 자기가 죽고 나면 4인방이 아니라 덩샤오핑을 비롯한 우파가 정권을 잡을 것을 알았다고 합니다. 그러나 덩샤오핑을 하방(下放) 보내어 고생시키기는 하면서도 죽이지는 않았습니다. 결국 나중에 복귀한 덩샤오핑이 혁명 1세대의 권위를 가진 사람이 아니면 누구도 할 수 없는, 거대한 전환, 마오쩌둥의 노선을 뒤집는 결단을 합니다. 그러면서 대약진 운동과 문화대혁명으로 숱한 사람들이 죽고, 많은 지식인들이 고초를 겪었는데도 마오쩌둥에 대하여 공칠과삼론(功七過三論)으로 퉁치고 넘어갑니다. 중국인들의 이런 면모는 소련의 경우와 확실히 다른 것 같습니다.

여하튼 흐루쇼프가 스탈린의 개인숭배를 비판하니 졸지에 전 세계의 공산주의 운동 진영의 분위기가 바뀐 거예요. "소련에서 개인숭배를 비판하니 우리도 해야 하지 않나?" 하는 분위기가 일어납니다. 아무래도 소련파들이 영향을 크게 받고 동요를 합니다. 연안파도 동조하는 분위기였습니다. 그래서 일어난 사건이 '8월 종파 사건'입니다. 1956년 8월 30일 조선로동당 전원회의에서 윤공흠이 김일성의 독재를 비판합니다. 그러나 뒤에서 불평하던 사람은 많았지만 막상 회의에서 나서서 호응하는 사람은 적었습니다. 모두들 무서워서 적극적으로 발언하지 않습니다. 오히려 김일성 충성파들이 들고일어나 회의는 아수라장이 되고 최창익·윤공흠·서휘·리필규·박창옥 등이 출당되거나 당직 또는 정부직을 박탈당했습니다. 윤공흠·서휘·리필규·김강은 중국으로 도망갔습니다.

1956년 10월에는 헝가리 사태가 일어나고, 1957년 중·소 분쟁이 시작됩니다. 그리고 1958년 3월 전원회의에서는 다시 수백 명의 연안파·소련파·화요파·ML파 등 일제하 조선공산주의운동의 모든 분파 출신들이 숙청됩니다. 이로써 마음속으로 김일성 독재에 대하여 불평을 가진 모든 사람이 제거되지요. 이론상의 프롤레타리아 독재는 진작에 소련에서부터 일당독재로 변질했지만, 북한에서 일당독재는 다시 김일성 개인 독재로 변질되었습니다. 보통 대중정치의 필요에 의해 스타를 내세우기도 합니다. 하지만 내부의 의사결정은 정치국 회의, 중앙위원회 등에서 비교적 자유로운 토론에 의해 집단적으로 결정되는 것이 그나마 여러 나라 공산당의 관습입니다. 그러나 북한에서 그런 당 기관들은 김일성 개인의 권위 밑에 놓이게 됩니다.

주체사상은 종교, 북한은 신정 체제인가?

그리고 중·소 분쟁 와중에 김일성은 주체사상을 내세우기 시작합니다. 중국과 소련이 대립하니 그 틈바구니에서 중립을 지키고, 그 틈을 타서 소련과 중국으로부터 간섭을 안 받겠다고 작정합니다. 그래서 그때부터 본격적으로 주체사상을 내세웁니다. 저는 1970년대에 북한에서 송출하는 대남 방송을 호기심에서 듣기도 하였습니다. 당시에는 대남 방송을 듣다가 들키면 반공법 위반으로 감옥에 들어가는 위험한 일이었습니다. 그리고 금지된 책들도 어렵게 구해서 보았습니다. 그런데 주체사상의 내용 중에는 모택동 사상을 그대로 베낀 것이 많았습니다. 동아시아의 상태를 식민지반봉건사회로 보는 관점이나 그 사회에서 어떤 혁명을 어떻게 일으킬 것인가에 대해 논하는 대목에서는 모택동 사상과 특별히 다른 점은 없었습니다. 모택동 전집을 제가 다 읽어보았는데요, 주체사상의 주요 내용은 거기에 거의 다 있었습니다. 그러니까 주체사상이라는 새로운 사상으로 세상을 바라보아도 특별히 달라 보이는 점은 없었다는 이야기입니다. 그래서 저는 솔직히 아직도 황장엽 선생 등이 말한 주체사상이라는 것에 관념적 인간론 이외의 어떤 내용이 있는지 잘 모르겠습니다.

주체사상은 일종의 종교로 분류되기도 합니다. 신도의 수로 보면 세계 종교 가운데 10위권이라는 이야기도 있습니다. 사실 북한은 정교(政敎) 분리가 되지 않은 시절로 돌아갔습니다. '어버이 수령님'은 '아버지 하나님'을 대체하였습니다. 일당독재는 원래 공산당이 집권한 나라에서는 대다수 나라에서 한 일이지만, 일인 독재 왕조의 창설은 세계적으로 유례가 없는 일이지요. 더욱이 왕조를 뒷받침하기 위해서 김일성을 창시자이자 신(神)으로 하는 종교가 만들어진 점에서 매우 독특한 체제를 갖춘 것입니다. 정치학자 전인권이 성리학의 나라 조선을 일컬어서 '진리의 나라'라고 불렀지만, 그런 면에서 본다면 북한은 더 격렬한 '진리의 나라'가 아닌가 싶습니다. 이런 체제는 너무 단단하고 유연성이 없어서 스스로 변하지 못하는 것 같습니다. 김대중 대통령의 햇볕 정책에 대해서도 여러 가지 평가의 말이 있지만, 워낙 상대가 '북한 체제'라는 너무나 독특한 체제이기 때문에 외국 이론이나 합리적인 추론과 기대가 들어맞지 않는 것 같습니다. 차가운 바람이든, 따뜻한 햇볕이든 외투를 벗길 수는 있습니다. 그러나 결국 최종적 순간에 외투를 벗는 것은 그 외투를 입고 있는 자기 자신인데, 불행하게도 외투가 딱딱한 철제 외투라면 벗고 싶어도 벗을 수가 없는 거지요.

세계 사람들이 비웃고 희롱하는, 코미디의 소재로 삼는 북한이 같은 동포이고, 바로 서울에서 수십 킬로미터만 북으로 자동차를 타고 가면 거기에 존재한다는 사실은 항상 우리를 깊이 고민하게 합니다. 원로 영화배우 최은희 씨와 신상옥 감독이 납치되어 북한에 몇 년 가 있었잖아요. 두 사람 중 한 사람이 먼저 갔어요. 처음에 최은희 씨는 강제로 납치되고, 나중에 신상옥 감독은 부부간이니까 자의반 타의반으로 갔는지도 모릅니다. 나중에 미국으로 탈출하여 잠시 미국에서 살았어요. 지금 신상옥 감독은 죽었지만 최은희 씨는 아직 살아 있거든요. 최은희 씨가 본 김정일은 스스로도 굉장히 힘들어한다는 것입니다. 특히 왜 자기가 가야만 움직이는지, 자기가 지시해야만 무언가를 만드는지, 사람들이 왜 알아서 창작하고 자발적으로 움직이지 않는지 모르겠다는 것입니다. 결재 서류가 산더미처럼 쌓여 있습니다. 누구도 책임지지 않습니다. 김정일이 결정해주어야 무언가를 합니다. 그것은 주체사상이 말하는 인간과는 다른 모습입니다. 그것은 지독한 모순입니다. 사람들은 수동적입니다. '수령님'은 공화국의 수뇌입니다. 인민은 손발입니다. 그러니 수뇌가 판단하고 결정해주어야 손발이 움직입니다.

'현지 지도'라는 것을 다닙니다. 그러면 신기하게도 그 공장, 그 농장은 며칠 잘 돌아갑니다. 역시 '수령님의 영명(英明)하신 지도력'이 대단합니다. 일일이 깨알같이 지시를 하고 간부들은 받아 적습니다. 그런데 수령님이 현지 지도를 나갈 공장으로 인근에서 원자재와 전력이 집중 공급됩니다. 그러니 얼마간 돌아가는 거지요. 모든 것은 '수령님의 영명하신 지도력'으로 움직일 수 있습니다. 북한 전역에 흩어져 있는 김일성 3대의 동상이 3만 개쯤 된다는데요, 통일이 된 뒤 전부 철거하여 녹이면 상당한 동과 철을 얻을 수 있지 않을까 싶습니다. 하지만 묘향산·금강산·칠보산 등 큰 바위에 새긴 김일성 3대를 찬양하는 글자들은 일일이 다 지워야 할지 그냥 두어야 할지 모르겠습니다. 참으로 의문입니다. 북한은 왜 중국의 개혁·개방이나 베트남의 '도이 머이(쇄신)' 정책을 따라하지 않았을까요? "틀림없이 그렇게 할 것이다. 아니, 그렇게 할 수밖에 없다"가 햇볕 정책의 전제입니다. "북한을 도

352

와주자. 그러면 틀림없이 개혁·개방으로 갈 것이다"라는 매우 상식적인 전제로부터 출발했지만, 북한은 거꾸로 갔습니다. 기대했던 개혁·개방은 안 하고 핵무기를 만든다고 하니 김대중 대통령의 햇볕 정책은 빛을 잃고 말았습니다.

북한 현대사에서 가장 아픈 단어는 '고난의 행군'이라는 말입니다. '고난의 행군'이란 원래 김일성 빨치산 부대가 만주에서 1938년 말부터 1939년 봄까지 추위와 굶주림에 시달리면서 일본군의 토벌 작전을 피하여 100일 동안 행군했다는 데서 나온 말입니다. 이때의 정신을 되살려서 배급제가 무너진 식량난의 어려움을 극복해나가자는 것이지요. 1990년대 중반 북한의 식량난과 대규모 아사(餓死)는 흔히 1995년과 1996년 대홍수, 1998년 가뭄이 직접적인 원인이라고 일컬어지고 있습니다. 하지만 노벨 경제학상을 받은 인도인 경제학자 아마르티아 센에 의하면, 아무리 큰 가뭄이나 홍수가 나도 다수가 굶어 죽는 경우는 민주주의 나라에서는 없다고 합니다. 실상이 곧바로 국제사회에 알려지기라도 하면 긴급 구호가 이루어지기 때문입니다. 하지만 독재국가에서는 무슨 일이 벌어지고 있는지 외부에 알려지지 않습니다. 북한의 경우도 제대로 알려지지 않았고, 구호는 적시에 이루어지지 않았습니다. 그래서 수많은 사람들이 굶어 죽었습니다. 아사자의 숫자는 30만 명에서부터 300만 명까지 여러 주장이 있습니다. 당시 성장기에 있던 사람들은 남한 사람보다 키가 머리 하나만큼 작다고 합니다. 그 많은 사람을 굶겨 죽인 정치가가 무슨 핑계로 책임을 면할 수 있겠습니까? 무슨 낯짝으로 그 자리에 앉아 있습니까?

북한은 큰 가뭄과 홍수가 일어난 해가 아니어도 만성적인 식량난에 시달리고 있습니다. 왜 그럴까요? 깊이, 만약 사회주의자라면 더 깊이 고뇌하지 않을 수 없고, 우리의 인간관을 재검토하지 않을 수 없습니다. 덩샤오핑이 펼친 개혁·개방의 핵심은 바로 집단농장 해체였습니다. 대약진운동으로 수천만이 굶어 죽는 참상을 목도한 덩샤오핑이 "검은 고양이든 흰 고양이든 쥐만 잘 잡으면 된다"는 '흑묘백묘론'을 제기합니다. 그의 흑묘백묘론은 책상에 앉아서 지어낸 말이 아닙니다. 집단농장 해체는 그의 위대한 결단이었습니다. 사실 그 넓은 우크라이나의 흑토대와 러시아의 끝없는 대지를 가진 소련이 1917년 혁명이후 1992년 연방이 해체될 때까지 한 해도 식량을 자급한 적이 없습니다. 북한도 집단농장을 해체하면 농업 생산량이 두 배는 늘 수 있다는 주장도 있습니다. 하지만 북한은 김일성 왕조의 기초가 흔들릴 것이 두려워 집단농장을 해체하지 못하고 지금까지 머뭇거리고 있습니다. 최근에 다섯 농가씩 묶어서 하나의 경영 단위를 만들어 집단농장을 나누어 주는 실험을 하고 있다고는 합니다만, 더 지켜보아야 하겠습니다. 그동안 북한은 집단농장을 해체하는 대신에 야산의 높은 지대까지 다락밭을 개간하고, 또 나무를 취사와 난방을 위한 땔감으로 죄다 베어버려 모든 산이 민둥산처럼 되고 말았습니다. 그러자 산은 물을 저장하지 못하고 가뭄과 홍수에 더욱 취약해졌습니다.

1970년대 초까지는 남한보다 북한의 국력이 우세하였다고 알려져 있습니다. 정확한 계산은 불가능합니다. 일단은 일본 제국주의가 남겨놓은 유산이 달랐습니다. 해방 당시로 돌아가보면 북한과 남만주가 일본 본토에 이어 당시의 동아시아에서 가장 산업화된 지역이었습니다. 일본 제국주의가 중국을 침입하고 미국을 상대로 태평양의 패권을 다투려고 할 때, 일본 본토의 자원만으로는 턱없이 부족하였습니다. 그래서 수풍수력발전소와 푸순(撫順)탄전을 개발하여 장춘·선양 등에 있는 공장을 돌리고, 개마고원에서 물을 동해로 떨어트리는 장진강·부전강 발전소의 전력으로 흥남질소비료공장을 돌리고, 무산철광산을 개발하여 청진제철소를 가동시켰습니다. 원산과 성진·나진에도 중화학 공장들이 들어섰습니다. 자연히 함경도 지방에는 일본인들 기술자도 많이 들어오고, 조선 사람 가운데에서도 기술자들이 많이 있었습니다. 영화 〈국제시장〉에서 주인공의 아버지, 딸을 찾으러 돌아간 뒤 헤어져 끝내 다시 만나지 못한 아버지는 흥남질소비료공장의 간부로 나옵니다.

그런데 남북한의 국력은 1970년대 초반에 역전된 이후에 매우 빠른 속도로 차이가 벌어졌습니다. 지금은 30 대 1, 또는 40 대 1이라는 비교 수치들이 있지만 10 대 1을 넘어서고부터는 체제 경쟁이라는 관점에서 비교하는 일은 더 이상 의미가 없는 것 같습니다. 지금의 북한 경제는 기묘한 형태로 나아가고 있는 것으로 보입니다. 배급이나 월급이 제대로 안 나오니까 출근했다 도장 찍고서는 장마당에 나가서 장사를 한다는 겁니다. 그렇게 해서라도 먹고살아야 하니까요. 그래서 북한에는 장마당이 발전하고 있다고 합니다. 흡사 우리가 조선 시대에 자본주의 맹아(萌芽)를 찾으려고 장시(場市)가 발전하였다는 바로 그런 현상이 북한에서 일어나고 있습니다. 어쩌면 북한에서도 자본주의의 맹아가 자라고 있는지도 모르겠습니다.

'꽃제비'라는 말은 들어보셨습니까? 부모가 죽고 고아가 되어 장마당에서 구걸하며 사는 거지 아이들입니다. 고난의 행군 시절을 거치면서 온정은 사라지고 인심은 각박해진 것 같습니다. 굶어 죽는 생지옥 속에서 사람들은 눈치 백단이 되고, 각자도생하게 된 듯합니다. 당을 믿기보다는 돈을 믿게 되었고요. 또 뇌물이, 특히 달러가 정말 잘 통하는 사회가 된 듯합니다. 돈만 있으면 사람을 빼내 올 수 있습니다. 브로커들이 국경을 지키는 군인들에게 뇌물을 주고 들어가서 탈북자의 가족들을 데리고 나올 수도 있다는 것입니다. 또 많은 탈북자들이 북한에 있는 가족에게 돈을 보냅니다. 중국인 브로커에게 돈을 송금하면, 이들이 북한 내 화교에게 연락해 현지에서 수수료를 뗀 액수를 곧바로 북한 가족에게 내준다고 합니다. 수수료는 많게는 30퍼센트나 뗀다고 합니다. 그리고 북한 내 화교는 돈을 보낸 남한의 탈북자에게 전화를 걸어서 북한의 가족에게 바꾸어줍니다. 그래야 돈이 전달되었는지 확인이 되니까요. 그래서 이제는 오히려 탈북자 가족이 이웃의 부러움을 사기도 한답니다. 외국 돈이 들어오니까요.

이 정도면 기강이 무너진 것 아니냐, 그런데 왜 민주화 운동은 일어나지 않는가 하고 생각할 수도 있지요. 사람이라는 존재에 대해서 다시 생각하게 됩니다. 조그만 권력을 가진 사람들, 하급 당 간부, 반장 비슷한 권력이라도 가지고 있는 사람은 그 조그만 권력을 향유하면서 살고 있다는 것입니다. 그리고 참, 북한에서는 조금만 반체제적인 언동을 하거나 이상한 행동을 하면 바로 삼족(三族)을 멸해버리니까, 집단적이거나 조직적인 민주화 운동 같은 것은 엄두도 내지 못하는 것입니다. 사실 제가 젊은 시절 민주화 운동을 했다지만, 당시의 탄압이라는 것은 청년들 간덩이를 키워주기 적당했는지도 모릅니다. '서울의 봄'이라는 특수한 때이기는 했지만, 부마항쟁 후에 출소해보니 저는 작은 영웅이 되어 있었습니다. 그런 맛이 있어야 청년들이 민주화 운동을 하게 되는데, 북한은 너무 가혹한 탄압을 하니 민주화 운동이 일어날 수 없는 것입니다. (웃음)

북한에 대해 관찰하면서 가장 풀리지 않는 의문은 고난의 행군 시기에 왜 무너지지 않았느냐 하는 것입니다. 아직 명쾌한 설명이 없습니다. 항상 북한이 곧 무너질 것이라는 주장과, 북한은 그리 쉽게 무너지지 않는다는 주장이 맞서왔습니다. 지금까지는 무너지지 않는다는 주장이 맞았습니다. 실제로 무너지지 않았으니까요. 하지만 언제까지 무너지지 않을까요? 어떤 분은 북한의 지배층이 워낙 잘 단결되어 있다는 점을 들고 있습니다. 서울대학교의 이영훈 교수는 고려가 대몽 항쟁을 할 때의 고려 무인 정권과 비슷하다고 하였습니다. 당시 고려에는 개성에 사는 사람 10만 명을 국인(國人)이라고 하였다고 합니다. 지금의 평양 시민들과 같은 하나의 특권 계급이에요. 그들은 워낙 잘 단결되어 있고, 또 그들 이외의 백성들이 몽골 군대에 짓밟히거나 오랜 전란에 고통을 받는 것에 대해서는 눈도 깜짝하지 않았다고 합니다. 그래서 예상과는 달리 몽골 부대가 강화섬을 제외한 전 국토를 휩쓸어도 고려는 수십 년 동안 끈질기게 저항하였다는 것입니다. 그래서 몽골에서는 고려를 다른 지역처럼 점령하여 직할 영토로 만들지 못하고 부마국의 지위를 인정하고 말았다는 이야기입니다.

보통 남북 관계가 풀리면 남한의 요인들이 북한을 방문하고 돌아옵니다. 갔다 와서 하는 가장 흔한 이야기가 "아, 거기도 사람 사는 곳이더라" 하는 것입니다. 하지만 그들이 본 것은 평양 시내일 뿐이지요. 그들이 만난 사람들은 특권층입니다. 평양에 가서 북한 당국이 보여준 사람들만 만나고서 마치 북한을 다 본 것처럼 말한 것입니다. 하지만 평양 바깥에는, 아니 평양 안이라도 북한 당국이 보여주는 곳 바깥에는 전혀 다른 세상이 있습니다. 우리는 막연한 추측보다는 팩트(fact)에 대하여 더 관심을 가져야 할 것 같습니다. 여러분, 개성공단에서 일하는 북한 노동자가 5만 명이 넘습니다. 그분들이 받는 임금이 얼마인지 아십니까? 개성공단의 최저임금은 처음에 아마 미화 50달러로부터 시작하여 해마다 5퍼센트씩 인상하기로 계약을 했을 겁니다. 2004년부터 개성공단에서 첫 제품이 생산되기 시작하였으니 10년쯤 지났습니다. 올해는 남북 간에 최저임금을 협상하여 74달러로 정한 것으로 알고 있습니다. 지금 환율이 얼마인가요? 그러면 우리나라 돈으로 대충 8만 원 정도 될까요? 물론 기업 입장에서는 초과근무 수당과 사회보험료도 15퍼센트씩 가산하여 부담하기 때문에 1인의 노동자당 평균적으로 155달러를 부담한다고 합니다. 임금은 노동자들에게 직접 지급되지 않아요. 북한 당국이 받아서 일부는 현금으로,

일부는 배급표로 나누어 준다고 합니다. 물론 당국이 챙기는 부분도 많겠지요.

2007년인가, 당시 개성공단 최저임금이 57달러쯤 된 것으로 기억되는데요, 이른바 '주사파'라고 하는 민주노동당 내 친북 성향의 당원들과 새해맞이 등산을 갔다가 내려온 뒤 뒷풀이하는 자리에서 제가 작은 상품을 걸고 퀴즈를 냈습니다. "개성공단 노동자의 임금이 얼마나 되는지 알아맞혀보세요. 정답에 가까운 답을 하신 분에게 선물을 드리겠습니다"라고 말이지요. 그분들은 북한 동포에 대한 애정이 남다른 분들이고, 통일 이야기만 나오면 눈물을 흘리는 분들이 아닙니까? 그런데 그분들 중에서 가장 가까운 답을 하신 분, 제가 준비한 선물을 받아 가신 분의 대답은 정답의 열 배였습니다. 그러니까 다른 분들은 그보다 더 큰 차이가 나는 답을 하셨지요. 그분들의 관념은 현실과 열 배 이상 차이가 났던 것입니다. 하지만 그분들 중에서 자신의 관념과 현실의 차이가 그렇게 큰 차이가 난다는 사실을 깨닫고 깊이 성찰하여 자신의 세계관을 바꾼 사람은 없는 것 같습니다. 그런 성찰은 개인에게 지극히 위험한 일입니다. 혹시 나중에 집단 전체가 위험에 처하게 될지도 모르지만, 그 위험보다는 내가 집단으로부터 왕따를 당할 위험은 더 확실하지요. 그러므로 아무리 황당한 교리의 종교 집단이나 종파라도 일단 150명 이상의 집단을 형성한 이후에는 쉽게 깨어지지 않는 것 같습니다.

백석대 한화룡 교수는 1990년대 후반 탈북자의 수기와 면담을 통해서 북한 주민들의 의식 구조가 '4대 신화'로 구성되어 있음을 발견했습니다. ①김일성이 일본 제국주의 식민 통치에서 조선을 해방시켰다는 '해방 신화', ②북한이 1950년 북침한 미제와 남조선 괴뢰 도당을 물리치고 승리했다는 '승리 신화', ③북한은 세계가 부러워하는 사회주의 국가를 건설했다는 '낙원 신화', ④미제와 남조선 괴뢰 도당의 압제 아래 신음하는 불쌍한 남조선 동포를 해방시켜야 한다는 '통일 신화', 이렇게 네 가지입니다. 그것이 북한이라는 나라를 지탱하는 4대 신화입니다. 특히 북한 사람들은 '한 시대의 두 제국주의', 즉 일본과 미국을 물리쳤다는 엄청난 자부심을 가지고 있었습니다. 하지만 근간에 외부 세계의 정보가 들어가면서 이 신화는 다소 흔들리고 있는 것 같습니다. 지금까지 북한의 전체주의 체제는 언론의 자유를 탄압하고 정보를 통제하는 가운데 유지되고 있습니다. 하나의 큰 동굴 속에 2500만 명이 살고 있습니다. 참으로 현대 세계에서 가장 독특하고 기괴한 나라가, 신정(神政) 체제가 바로 우리나라의 북한 지방에 존재하고 있습니다.

드라마는 끝나지 않았다

북한을 공부하면서 또 많이 듣는 말이 있습니다. 선군정치(先軍政治), 많이 들어보았지요? 그 뜻이 무엇인지 아십니까? 어떤 분은 성군정치(聖君政治)와 혼동을 하시더군요. 노동운동의 투사로 유명한 분인데 말입니다. 너무 깊은 뜻이 있을 거라고 기대하던 사람에게는 믿을 수 없을 만큼 단순하여 유치하게 느껴지기도 합니다. 군대를 우선으로 한다는 말입니다. 물자든지 인력이든지 군대에 먼저 배정한다는 방침이지요. 지금 저의 머릿속에 문득 《논어》의 한 구절이 떠오릅니다. 안연 편 7장인데요, 공자께서 군대, 식량(경제), 백성의 믿음, 이 세 가지 중 정치에서 가장 중요한 것은 백성의 믿음이고, 그다음으로 중요한 것은 경제라고 말씀하시는 대목입니다. 북한의 선군 정치는 공자의 가르침과는 달리 군대가 아닌 경제를 먼저 포기합니다. 그럼에도 오늘 북한이 무너지지 않은 것은 가장 중요한 '백성의 믿음'을 지킨 때문이 아닌가 싶습니다. 물론 그 백성의 믿음은 사실과는 거리가 먼 신화에 바탕을 둔 것이었습니다. 그래서 신화가 무너지면 백성의 믿음도 흔들릴 것입니다. 위정자의 입장이 아닌 백성의 입장에서 바라보면, 역시 믿음이란, 그것도 신화에 바탕을 둔 맹목적 믿음이라면 위험합니다. 저는 "그러니 사람들이여, 모든 것을 의심하라!"라고 말하고 싶습니다. (웃음)

우리나라 역사는 지금까지 그야말로 드라마틱한 드라마였습니다. 그러나 아직 드라마가 끝나지 않았습니다. 통일이 남았거든요. 지금 북한하고 남한의 소득 격차는 아마 30 대 1쯤이나 될 겁니다. 하지만 그보다 더 끔찍한 사실은 북한에는 '인권'이라는 개념조차 없다는 사실입니다. 1948년 유엔총회에서 채택된 〈세계인권선언〉 제1조에서 "모든 사람은 태어날 때부터 자유롭고, 존엄성과 권리에 있어서 평등하다"라고 규정하였습니다. 1789년의 〈프랑스 인권선언〉 제1조에도 같은 말이 있습니다. 바로 그런 인권 개념이 북한에는 없습니다. 얼마인지도 모르는 '정치범'들이 사소한 실언 때문에 정치범 수용소에서

짐승처럼 살아가고 있습니다. 아니, 북한이라는 나라 전체가 하나의 거대한 감옥입니다. 거기에서 탈출한 사람이 중국에 수십 만 명이 있어요. 그중에서 일부는 제3국을 거쳐서 한국으로 넘어오지요. 그분들을 돕는 일을 하는 사람도 많을 것 아닙니까? 민간 차원에서도 하고, 국가 차원에서도 하는데, 모두들 힘들어해요. 그분들에게는 우리가 흔히 말하는 시민 의식 같은 것, 자기가 알아서 하는 그런 것이 통 없대요. 처음에는 쓰레기 분리수거도 안 하려고 해요. 그리고 어떻게든 힘 있는 사람과의 관계 속에서 문제를 해결해볼까, 그런 머리는 잘 돌아가는데, 북한 사회가 그렇게 돌아가니 그런 것이 아닐까 싶습니다. 인간이 스스로 자유롭고 당당한 권리를 갖지 못하니 또한 자립하지도 못하는 것입니다.

오래전《논어》에도 나오는 이야기입니다. 자립적 인간이 되는 것이 중요합니다. 공자는 '설 립(立)' 자를 강조합니다. 다른 사람과 평등한 관계를 맺고, 누구에게도 종속되지 않으며, 스스로 자기 노력으로 자립하는 것을 '立'이라고 하더라고요. 공자 자신이 바로 피나는 노력으로 자립한 인간입니다. 혜당 황승우 스님의 자서전《가시밭도 밟으면 길이 된다》를 다들 읽어보셨지요? 혜당이 그 가난 속에서도 영어를 배워서 '立'을 하잖아요. 이게 되지 않으면 근대인이 안 되는 겁니다. 근대 시민이 안 되는 거예요.

앞으로 통일을 이루어나가는 데 있어서 우리가 풀어야 할 일이 많을 것이라고 봅니다. 하지만 역시 저는 낙관합니다. 우리나라 역사는 많은 이야기를 만들어왔습니다. 반전에 반전을 거듭해왔고, 가장 절망적인 순간에도 우리가 모르는 그 무엇인가가 나타났습니다. 1987년에 노태우가 집권했을 때는 황당하고 DJ도 밉고 YS도 미웠지만, 그래도 시간이 흐르니까 그분들도 순서대로 대통령을 하고, 참 알 수가 없지요. 이렇게 역사라는 것은 큰 흐름과 작은 스토리들이 엮여서 이야기를 만들어가는 것입니다. 아마 해방 정국 '10월 폭동' 때가 아닐까 싶은데요, 대구가 '한국의 모스크바'라는 이름을 얻었지요. 그보다 훨씬 전이기는 하지만 평양이 '조선의 예루살렘'이라고 불리기도 했어요. 참 까마득한 이야기지요. 그것은 근대화의 주도권을 두고 기독교와 공산주의가 헤게모니를 다투던 시절의 이야기입니다. 이렇게 변화무쌍한 우여곡절을 보여주는 것이 역사가 아닌가 싶습니다. 또 새로운 시대는 새로운 갈등으로 새로운 장을 써내려갈 것입니다. 지금 우리나라에는 자본주의 양극화를 극복하고, 통일을 이루어내어야 한다는 커다란 과제들이 밀려들고 있습니다. 그래서 한국 현대사의 드라마는 끝나지 않았다고 생각합니다. 다음 세대가 만들어갈 미래는 우리가 알 수 없습니다.

그동안 여러분과 함께한 시간이 저에게는 큰 행복이었습니다. 감사합니다.

뉴레프트 대한민국 사관(史觀)을 약술하다
— 50·60세대를 위하여, 특히 50대에 이른 1964년생 친구 H·K·P를 위하여

미래는 하늘에서 떨어지지 않는다. 미래의 씨앗은 과거 속에 있다. 고대 중국 사람들이 유토피아를 말하기 전에 요순시대(堯舜時代)를 먼저 말했던 것은 하늘에 떠 있는 환상이 아니라 땅에 근거를 가진 미래를 말하기 위해서가 아니었을까? 요순시대는 만들어진 것이다. 아니, 요순시대는 과거가 아니라 미래다.

오바마는 며칠 전 취임사에서 230여 년 전의 〈미국독립선언서〉를 인용하여 "'모든 사람은 평등하게 창조되었다'는 자명한 진리가 여전히 우리를 인도하는 별"이라고 말하였다. 그리고 '중산층의 나라'라는 건국 이래 미국의 정체성을 상기하였다. 그래서《워싱턴포스트》는 "오바마는 이번 연설에서 미국의 기원과 현재 당면한 현안들을 직접 연결시키면서 미국의 미래에 대한 대담한 진보적 청사진을 제시했다"

고 평했다.

주(周)나라의 예(禮)와 악(樂)은 원래 존재하기도 하였지만, 공자에 의해 재발견되기도 하였다. 우리가 말하는 어떤 위대한 가치라도 원래 대한민국 속에 유전자로서 존재하지 않았다면 우리가 그것을 만들어낼 수는 없다.

우리가 '평등'을 말하기 위해서는 '평등'이 이미 대한민국의 역사 속에 존재하였음을 먼저 증명해야 한다. 미래는 과거의 회귀이고, 미래는 과거에 근거를 가지고 있다. 희망은 현실에서 근거를 가져야만 관념의 유희로부터 벗어난다.

마찬가지로 선지자들이 솔로몬과 다윗의 나라를 말했던 것은 희년(禧年)의 율법이 지켜지는 미래를 말하기 위해서였다. 바로 우리나라 대한민국의 건국은 희년의 율법이 지켜진 인류 역사에서 매우 희귀한 사건이었다.

경제 발전의 발원지는 토지개혁

중화인민공화국의 건국(중국의 공산화)과 북한의 토지개혁의 압력 하에서 미 군정이 토지개혁의 불가피성을 인정하고 이를 건국의 주역들에게 건의(지시)하였다. 그리고 토지개혁은 독립운동 시절부터 대부분의 좌우 독립운동가들의 합의이기도 하였다.

이승만은 토지개혁을 방해하는 한민당을 누르기 위해서 조봉암을 초대 농림부 장관으로 등용하였다. 일찍이 자본가로 변신한 한민당의 리더 김성수는 지주 출신이지만 토지개혁의 불가피성이라는 대세를 인지하고 이를 방조하였다.

그리하여 평년작 기준으로 한 해 소출의 3할(이전의 소작료에 비하면 훨씬 낮다)을 5년에 걸쳐 지가로 상환하는 조건으로 농지를 분배하니, 어떤 농민도 지가 상환의 부담 때문에 자기에게 분배된 농지를 포기하지는 않았다. 그 결과 전강수 교수에 따르면, 1960년까지도 토지 소유의 평등 지수는 대한민국이 세계 제일이었다.

일본과 타이완이 근접하였지만 한국이 가장 평등하였으며, 아르헨티나·브라질 등 중남미의 대다수 나라들과 필리핀은 매우 불평등하였다. 그리고 1960년 이후 40년 동안의 경제성장률은 거의 정확하게 1960년의 토지 소유 평등 지수와 정비례하였다.

이런 연구에 힘입어 나는 2008년,《한국 사회와 좌파의 재정립》이라는 책에서 "토지개혁으로 조그만 땅뙈기를 갖게 된 수많은 자영 농민들의 자발적 중노동과 창의력이, 그 말릴 수 없는 교육열이 오늘날 대한민국의 자본주의 경제 발전의 기적을 만든 에너지의 원천"이라고 주장하였다.

이러한 경제적 평등에 더하여 사회문화적 평등까지 이루어졌으나 물론 엄청난 대가를 치렀다. 그것은 인구의 10분의 1이 사망하고 수백만이 고향을 잃고 이산가족이 되는 민족상잔의 대학살 전쟁이었다.

이 전쟁이 끝날 때쯤에는 전 국민이 양반이 되었다. 아니, 서로 반상(班常)을 물을 처지가 아니었고, 살아남은 것을 천만다행으로 생각하게 되었다. 조선 말기에 이미 양반이 많이 늘고, 식민지 시기를 거치면서 반상의 구별이 희미해진 위에, 농지개혁과 6·25 전쟁은 시골 구석의 상민은 물론이고 천민까지도 다 양반으로 만들었던 것이다.

전 국민이 양반인 나라

1950년대에는 전쟁으로 불탄 모든 가문의 족보들이 새롭게 편집되고, 기왕이면 왕족이 되기를 원하는 사람들이 많아서 전주 이씨의 숫자가 가장 많이 불어났다는 이야기도 있다. 물론 박씨나 김씨도 신라 또는 가야 왕족이다. 그렇다면 국민의 절반은 왕족(王侯의 후손), 절반은 귀족(將相의 후예)인 나라가 탄생한 것이다. 중인·상민·노비·백정의 후손은 아무도 없다.

대한민국의 건국이라는 사건을 누구의 눈으로 바라볼 것인가? 새롭게 양반이 된 노비의 후손이나 대대로 소작농이었다가 마침내 자영농으로서 새 나라의 국민이 된 사람의 눈으로 바라보면 대한민국의 건국은 기적이다. 홍길동의 눈으로 바라보면 홍길동의 꿈은 마침내 이루어지고, 대한민국은 바로 '율도국'이 아닌가? (소외된 독립운동가의 후손의 눈으로 바라보면 친일파와 기회주의자들이 득세한 나라이지만 말이다.)

흔히 산업화·민주화가 대한민국의 기적이라고 하지만, 사실 더 큰 기적은 평등한 자영농의 나라 대한민국의 탄생이었다. 대한민국은 아무도 기획·의도하지 않고 오로지 역사의 간지(奸智)가 만든, 세계사의 격동과 제2차세계대전의 부산물에 불과하지만, 바로 그렇기 때문에 기적이다.

중국과 북한의 공산화가 결정적인 압력으로 작용하여 예방 혁명으로서 토지개혁을 미 군정이 서둘렀다. 하지만 중국이나 북한에서 농민에게 분배되었던 토지는 곧 집단농장으로 바뀌어, 중국은 덩샤오핑의 개혁에 이르기까지 수천만 명이 굶어 죽고, 북한은 오늘날까지도 만성적인 식량 부족에 시달리는 것과는 참으로 아이러니한 대비가 아닐 수 없다. 그러므로 우리나라 토지개혁은 30년의 시차가 나는 1979년 덩샤오핑의 개혁과 비교해야 할 사건이다.

10년도 안 되는 짧은 기간에 정신없이 이어진 대한민국의 건국과 토지개혁, 그리고 한국전쟁은 역설적으로 세계사에서 가장 완벽한 부르주아민주주의혁명이었다. 정치와 경제, 그리고 사회문화혁명까지 숨 가쁘게 이어진 것이다.

대한민국 건국은 우리 민족의 역사에서 가장 큰 사건이다. 위대한 나라가 탄생하였다. 그러나 그 탄생 과정은 부끄럽고 참담하여 차마 말할 수 없다. 그래서 대한민국의 탄생은 사생아의 탄생과 비유할 수 있다. 하지만 사생아라고 해서 좋은 유전자를 가지고 태어나지 말라는 법은 없다. 공자도 사생아였다.

개인도 그러하지만 나라의 경우에도 생년월일, 사주팔자가 중요하다. 대한민국은 세계사의 진보적 민주주의 시대에 탄생하였다. 반파쇼 연합전선의 승리로 끝난 제2차세계대전이 종결된 시점에 태어났다는 점이 중요하다.

그래서 세계 최첨단의 바이마르헌법을 참고하고, 임시정부의 건국

강령과 중화민주공화국의 헌법 등을 참고하여 진보적 내용의 헌법을 만들었다. 보통선거권이나 여성의 참정권은 당연한 것으로 주어졌지만, 실은 세계사에서 그리 늦은 편이 아니다.

인류의 위대한 발명품이라고 할 수 있는 삼권분립과 다당제, 인간에 대한 불신(不信)에 기초하여 서로를 견제하게 한 정치제도를 채택하고, 거기에다 언론의 자유까지 확보하니, 말인즉 이승만 독재라고는 하였지만 그것이 조선로동당 일당독재 위에 위치한 김일성 독재와는 비교할 수 없었다.

바로 그렇기 때문에 하루도 조용할 날이 없이 시끄러워 '개판'이라는 인상을 주었으나 일사불란한 조선민주주의인민공화국이 급속히 활력을 잃어가는 것과는 달랐으며, 국부(國父)라고 일컬어지던 이승만의 독재를 하루아침에 무너뜨린 4·19 혁명도 가능했던 것이다. 말하자면 국부의 손자에게 권력이 승계되어 3대 세습까지 이루어진 북한을 바라보면서 새삼 4·19 혁명의 깊은 의미를 느낄 수 있다.

배신자 신익희와 조봉암을 역사는 용서하였다

대한민국 건국에 참여한 신익희·조봉암은 배신자였다. 신익희와 조봉암은 1946년에 각각 임정계(한독당)와 공산당으로부터 이탈하여 이승만(및 한민당)과 손을 잡고 대한민국 건국에 참여하였다. 그분들이 제헌국회의원 선거에 참여한 것은 목숨과 명예를 건 모험적인 대결단이었다.

나중에 뒤늦게 2대 국회의원 선거에 참여한 사람들조차 그들의 결단을 선각자의 행동이라 인정하지 않고, 두고두고 신익희와 조봉암을 변절자·배신자라고 비난하였다. 신익희는 한독당의 배신자, 조봉암은 공산당의 배신자였다.

이승만과 친일파가 세우는 단독정부 수립에 참여하다니, 그것은 명백한 배신이었다. 그래서 오늘의 우리도 단독정부 수립에 참여한 노선과 단독정부 수립에 참여하지 않은 노선 사이에서 하나를 선택하여 지지하지 않을 수 없다.

그래서 용기를 내어 과감히 인정해야 한다. 김구 중심의 역사 서술은 허무주의다. 김구-장준하 중심의 역사는 이승만-박정희 중심의 역사의 허전한 부분을 메우는 장식에 지나지 않는다. 대한민국 국민들은 오랫동안 현실에서는 이승만의 통치를 받아들이면서 정신적으로는 부족한 부분을 김구로 메우는 이중생활을 해왔다. 게바라의 사진을 붙여놓고 카스트로의 통치를 받는 쿠바 사람들의 이중생활과 비슷한 것이 아닌가?

김구에게는 독자적이고 현실적인 노선과 비전이 없다. 그래서 대한민국 건국에 참여한 신익희·조봉암 중심의 역사 서술을 할 필요가 있다. 그리고 독립운동사와 분리하여 건국 이후 대한민국 역사를 서술할 수밖에 없다. 주(周)나라의 역사를 쓰면서 백이숙제(伯夷叔齊)를 주인공으로 할 수는 없다.

신익희·조봉암 중심의 역사 서술은 건국의 주역들인 이승만·김성수·신익희·조봉암 중에서 김성수가 여러 가지 이유로 전면에 나서지 않았기도 하고, 건강이 좋지 않아 결국 신익희와 조봉암이 이승만의 경쟁자로 등장하였다는 사실에 근거한다.

신익희와 조봉암은 처음 옛 동지들과 결별하였을 때는 거의 혈혈단신이었으나 시대를 앞서간 결단으로 대중의 지지를 받고 1955년경, 해방 후 10년 만에 결국에는 이승만의 강력한 경쟁자로 성장한 것이다. 이 또한 격동의 시기에 일어난 드라마틱하기 이를 데 없는 일이다. 1956년 대선에서 신익희의 한강 유세장에 모여든 30만 인파(당시 서울시민 150만 명), 민주당의 지지 거부에도 불구하고 쏟아진 조봉암의 표는 드라마의 극적인 장면이 아닐 수 없다.

이미 전쟁 중에 신익희를 추대하려는 쿠데타 모의, 전쟁 후에 조봉암을 추대하려는 쿠데타 모의가 한 건씩 적발되었다. 이는 물론 조작된 사건이었지만, 당시부터 이승만이 신익희와 조봉암을 경쟁자로 의식하고 있었다는 것을 보여준다. 미국은 친미파인 장면을 추대하려는 쿠데타 모의를 사주하나 장면은 정치가로서 무언가가 부족한 인물이었고, 본인도 사양했다. (바로 이 미수에 그친 쿠데타 모의에 박정희가 가담하고 있었으니, 훗날의 5·16 쿠데타의 정신적 뿌리가 된다.)

신익희와 조봉암의 제헌국회의원 선거 참여, 대한민국 건국 참여는 옳았는가, 틀렸는가? 한독당과 공산당의 눈으로 역사를 바라볼 것인가, 신익희와 조봉암의 눈으로 역사를 바라볼 것인가? 지금까지 올드레프트(Old Left)는 민족주의=후진국형 진보 사관으로, 한독당과 공산당의 시선으로 건국 전후사를 보았다. 반면에 뉴레프트(New Left)는 민주주의=선진국형 진보 사관으로, 해공과 죽산의 시선으로 대한민국 역사를 서술한다.

더 분명하게 극적 대비를 보여주는 두 사람은 죽산과 벽초이다. 좌익이었던 조봉암은 대한민국 건국에 참여하여 농림부 장관이 되고, 우익이었던 홍명희는 조선민주주의인민공화국 건국에 참여하여 부수상이 되었다. 모든 현실의 선택은 불편하다. 판단하고 선택해야 할 시점에 우물쭈물하다가 나중에 불평이나 늘어놓고 남 탓이나 하는 사람들과 그분들은 달랐다.

대한민국과 조선민주주의인민공화국 중에서 어느 편을 선택할 것인가? 누가 무어라고 해도 자기 나름의 기준을 가지고 분명한 선택을 하여 자신의 길을 간 사람은 조봉암과 홍명희였다. 한 사람은 민주주의의 잣대, 다른 한 사람은 민족주의의 잣대를 가지고 판단하였다.

그들은 소설 〈광장〉의 주인공 이명준과는 달리 현실을 살아간 사람이었고, 무엇보다 대중과 함께한 정치인이었다. 두 분은 결코 그들의 선택을 후회하지 않을 것이며, 언젠가는 각기 나름대로 역사의 평가를 받을 것이다. 물론 지금 우리가 보기에 조봉암의 선택이 옳았다.

평등은 대한민국의 유전자

다시 이야기를 간추리면 다음과 같다. 독립운동의 역사와 건국의 역사는 사실(史實)로서 단절되었으며, 그러므로 어쩔 수 없이 구별되어야 한다. 한독당과 공산당 중심의 역사는 신익희·조봉암 중심의 역사 서술과 크게 다르다. 그것은 올드레프트(후진국형 진보)의 민족주의 사관과 뉴레프트(선진국형 진보)의 민주주의 사관의 차이에서 비롯된다.

뉴레프트 대한민국 사관(史觀)으로 보면 평등은 대한민국의 본질이고 유전자다. 보수 진영 사람들이 강조하는 자유만큼이나 중요하고 당당한 유전자다. 평등하지 않으면 대한민국이 아니다. 한국인 특유의 평등주의는 사회경제적 뿌리가 없는 문화적 현상이 아니다.

한국인의 유별난 평등주의는 건국 당시에 세계사에서 유례를 찾기 힘들 만큼 '평등한 나라'로 출발했던 대한민국의 현실에 근거를 두고 있다. 평등한 사회 현실이 먼저이지, 평등주의 의식이 먼저가 아니다. 그러므로 우리는 역사와 사회 현실에서 근거를 찾아서 평등을 주장하고, 이를 통해서 자유를 주장하는 사람들과 더불어 양대 흐름으로 분별, 정립해야 한다.

이렇게 사상과 정치가 양립하면 선진국형 진보와 보수로 거듭날 수 있다고 생각한다. 후진국 시절에 우리는 반미·친북 민족주의를 진보라 하고 친미·반공을 보수라고 하였다. 이런 대립 구도는 20·30세대에게는 지극히 낯선 것이다. 그들은 이미 선진국에서 태어난 선진국 사람들이고 우리 같은 후진국 사람들이 아니다.

그런데 후진국 사람들이 감히 선진국 사람을 가르치려 하니 대화가 잘 안 되는 것이다. 그들의 정서와 고민은 다른 데 있고, 그들의 정서는 후진국 사람들과 많이 다르다. 그들은 집안에서 부모와도 대화가 되지 않고 '이상한 소리'를 하는 486 정치인들에게도 정서적 거리감을 느끼고 대안으로 안철수를 발견한 것이 아닐까?

문제는 글로벌 스탠더드의 진보와 보수, 사회경제 정책의 차이로 구별되고 대립하고 타협하는 좌우가 필요하고 또 가능한 지점까지 한국 사회가 발전하고 한국 자본주의가 발전하였다는 사실이며, 후진국 아이로 태어났던 우리 50·60세대는 이제 선진국 사람으로 거듭나야 한다는 것이다.

주대환의 시민을 위한 한국현대사

1판 1쇄 발행일 | 2017년 2월 6일
1판 3쇄 발행일 | 2020년 6월 1일

지은이 | 주대환
펴낸이 | 배문성
표지디자인 | 스튜디오 헤이,덕
마케팅 | 김영란
편집 | 홍영사

펴낸곳 | 나무+나무
출판등록 | 제2012-000158호
주소 | 경기도 고양시 일산서구 송포로 447번길 79-8 (가좌동)
전화 | 031-922-5049
팩스 | 031-922-5047
이메일 | likeastone@daum.net

© 주대환, 2017

ISBM 978-89-98529-14-7-03910